Gisa Pauly
Die Tote am Watt

PIPER

Zu diesem Buch

Blau wölbt sich der Himmel über Sylt, der Frühling steht über dem Watt. Kleine Wellen kräuseln sich dem Haus entgegen, in dem die Tote liegt – missbraucht und anschließend mit einer Wäscheleine erdrosselt. Obwohl es sich bei dem Opfer um eine reiche Witwe handelt, scheint ein Raubmord ausgeschlossen. Hauptkommissar Erik Wolf hofft jedoch auf einen leichten Fall, denn die DNA-Analyse müsste den Täter eigentlich schnell überführen. Seine italienische Schwiegermutter, die derzeit auf Sylt zu Besuch ist, hält nichts von solchen modernen Ermittlungsmethoden. Viel lieber verlässt sie sich auf ihre Intuition und mischt sich zum Schreck der Beamten in die Ermittlungen ein. Doch dann kommt es zu einem weiteren rätselhaften Mord, und Mamma Carlotta gerät bei ihren Nachforschungen in Lebensgefahr …

Gisa Pauly hängte nach zwanzig Jahren den Lehrerberuf an den Nagel und widmete sich ganz dem Schreiben. Seitdem lebt sie als Autorin, Journalistin und Drehbuchautorin in Münster, ihre Ferien verbringt sie am liebsten auf Sylt oder in Italien. Sie wurde mehrfach ausgezeichnet, darunter mit der Goldenen Kamera des SWR. Die Leser der Fernsehzeitschrift rtv wählten sie zur beliebtesten Autorin des Jahres 2018. Ihre Krimireihe um Mamma Carlotta stürmt Jahr um Jahr die Bestsellerliste.

Gisa Pauly

DIE TOTE AM WATT

Ein Sylt-Krimi

PIPER

Mehr über unsere Autoren und Bücher:
www.piper.de

Von Gisa Pauly liegen im Piper Verlag vor:

Mamma-Carlotta-Reihe:

Band 1: Die Tote am Watt
Band 2: Gestrandet
Band 3: Tod im Dünengras
Band 4: Flammen im Sand
Band 5: Inselzirkus
Band 6: Küstennebel
Band 7: Kurschatten
Band 8: Strandläufer
Band 9: Sonnendeck
Band 10: Gegenwind
Band 11: Vogelkoje
Band 12: Wellenbrecher
Band 13: Sturmflut
Band 14: Zugvögel

Siena-Reihe:

Band 1: Jeder lügt, so gut er kann
Band 2: Es wär schon eine Lüge wert

Dio Mio! Mamma Carlottas himmlische Rezepte
Der Mann ist das Problem
Venezianische Liebe

Ich danke meinem Sohn Jan,
Polizei-Oberkommissar in Münster,
der mir mit seiner Fachkompetenz
unermüdlich zur Seite gestanden hat.

FSC www.fsc.org
MIX
Papier aus verantwortungsvollen Quellen
FSC® C083411

Originalausgabe
ISBN 978-3-492-24768-9
1. Auflage Mai 2007
24. Auflage Mai 2020

Umschlaggestaltung: Eisele Grafik-Design, München, unter Verwendung der Fotos von Tobias Helbig / Photodisc / Getty Images (Leuchtturm) und Adrian Burke / Getty Images
Satz: EDV-Fotosatz Huber / Verlagsservice G. Pfeifer, Germering
Gesetzt aus der Rotis Serif
Druck und Bindung: CPI books GmbH, Leck
Printed in the EU

1

Für Carlotta Capella führte nur ein Weg nach Rom. Den Berg hinab und dann lange geradeaus.

Als die ersten Verkehrsschilder zur A1 wiesen, fragte sie ihren Sohn zum ersten Mal, ob sie auch wirklich pünktlich am Flughafen ankommen würden. Guido versicherte es ein ums andere Mal, aber seiner Mutter entging nicht, dass auch er immer unruhiger wurde und das Lenkrad immer fester umklammerte.

Als sie bei Orvieto auf die Autobahn fuhren, begann Mamma Carlotta, ihr Blümchenkleid glatt zu streichen, das sie sich extra für diese Reise genäht hatte, und als der Verkehr vor Rom immer dichter wurde, zupfte sie an ihrer neuen Lockenfrisur herum, bis die ganze Pracht, an der ihre Schwiegertochter stundenlang gearbeitet hatte, zum Teufel war. Als der Petersdom in Sicht kam, bereute sie, dass sie den Rosenkranz in den Koffer und nicht in ihre Handtasche gesteckt hatte.

Sie griff nach Guidos Hand, der sie nur ungern vom Lenkrad löste, ließ sie aber schnell wieder los, als sie sah, dass die Augen ihres Ältesten sich mit Tränen füllten.

»Erik hat mich eingeladen«, rechtfertigte sie sich ein weiteres Mal. »Und ich muss doch einmal an Lucias Grab beten.«

Guido nickte und wechselte auf die rechte Spur, wo gerade ein schnittiger Alfa Romeo seinen klapprigen Lieferwagen überholen wollte. Das gefährliche Bremsmanöver, die quietschenden Reifen und das schrille Hupen bekam Guido nicht mit, der mit den Tränen zu kämpfen hatte.

»Lucia ist nach Deutschland gegangen, um zu sterben«, brachte er schließlich hervor.

Seine Mutter machte ihn darauf aufmerksam, dass seine Schwester nicht explizit zu diesem Zweck nach Deutschland gezogen war, sondern dass nur bedauerlicherweise ihr Leben dort geendet hatte. Und sie versuchte, Guido davon zu überzeugen, dass nicht jede Reise nach Deutschland notgedrungen mit dem Tod enden müsse.

»Ob Papa das gewollt hätte?«, fragte Guido.

Mamma Carlotta wusste, was er meinte. Nein, Dino wäre sicherlich nicht damit einverstanden gewesen, dass seine Frau allein nach Deutschland reiste. Aber Dino Capella war tot, und seine Witwe hatte kurz darauf beschlossen, dass nun die Zeit gekommen sei, eigene Entscheidungen zu treffen.

Carlotta Capella hatte mit sechzehn geheiratet, sieben Kinder bekommen und mit der Pflege ihres schwerkranken Mannes begonnen, noch ehe das jüngste Kind aus den Windeln heraus war. Sie hatte alles getan, was von ihr erwartet wurde. Tag für Tag und bald auch Nacht für Nacht hatte sie an Dinos Bett gesessen, hatte darauf verzichten müssen, Lucia in ihrer neuen Heimat zu besuchen, und war sogar, als ihre Tochter beerdigt wurde, an der Seite ihres Mannes geblieben, weil Dino keinen einzigen Tag ohne sie auskam.

Sie hatte sich in tiefschwarze Kleidung gehüllt, als er starb, und ihr Bestes getan, die Erleichterung über das Ende der ehelichen Pflichten nicht über die angemessene Trauer siegen zu lassen. Aber dann hatte sie sich ganz langsam wieder an das Glück gewöhnt. An das Glück, eine Nacht durchschlafen zu können, ohne von einem stöhnenden Kranken geweckt zu werden, an das Glück, mit ihren

Enkeln zu spielen, ohne von einem stöhnenden Mann ins Haus zurückgeholt zu werden, und der Sonne beim Untergehen zuzusehen, ohne die Angst, zu lange auf das Stöhnen gewartet zu haben.

Mamma Carlotta griff nach ihrer Handtasche und kontrollierte zum hundertsten Mal, ob sie auch wirklich nichts vergessen hatte. Den Lippenstift, den sie sich kurz vor ihrer Abreise gekauft hatte, steckte sie schnell wieder weg. Guido würde nicht verstehen, dass seine Mamma jedes Mal einen Moment des Glücks genoss, wenn sie ihn auftrug, Ober- und Unterlippe gegeneinanderrieb und lange, sehr lange, das erstaunliche Ergebnis im Spiegel betrachtete. Ob es im Flughafen einen Spiegel geben würde?

Als Mamma Carlotta die Abflughalle betrat, dachte sie nicht mehr an den ersten Lippenstift ihres Lebens. Lucia hatte ihr oft vom römischen Flughafen erzählt, aber so groß, so hell, so imposant hatte sie ihn sich nicht vorgestellt.

Ihr Gesicht war bleich, aber ihr Mund lächelte tapfer, als sie sich von ihrem Ältesten verabschieden musste, um sich von den Wartehallen verschlingen zu lassen. Sie warf keinen Blick zurück, um Guidos Tränen nicht sehen zu müssen, sondern folgte mit festen Schritten den Reisenden, die den Eindruck erweckten, sich auszukennen. Manchmal warf Mamma Carlotta einen Blick in eine der unzähligen Glasscheiben, an denen sie vorbeiging. War sie das wirklich? Diese dralle Person, die sich so flink bewegte wie ein junges Mädchen? Deren Augen blitzten, als hätte sie Spaß an diesem Abenteuer?

Auf wundersame Weise kam Mamma Carlotta genau in dem Warteraum an, den die reizende Bodenstewardess ihr genannt hatte. Plötzlich war sie wieder voller Zuversicht, dass sie ins richtige Flugzeug steigen und tatsächlich in Hamburg ankommen würde. Sie fand sogar ohne langes

Suchen ihren Sitzplatz. Als die Stewardess ihr erklärte, wie die Sicherheitsgurte anzulegen waren, hielt sie es ohne Weiteres für möglich, auch auf dem Rückflug das richtige Flugzeug zu erwischen und wieder in Rom anzukommen, statt in Peking oder in Timbuktu. Nun mussten nur noch Erik und die Kinder pünktlich in Hamburg am Flugplatz erscheinen, um sie abzuholen ...

»Müssen Sie auch nach Sylt?«, fragte sie ihren Sitznachbarn erst auf Italienisch, dann auf Deutsch. Zu ihrer Freude stellte sich schnell heraus, dass sie sich in ihrer Muttersprache unterhalten konnte.

Der römische Geschäftsreisende bedauerte. »Ich habe in Hamburg zu tun.« Dann erkundigte er sich mitfühlend, ob etwa niemand in Hamburg bereitstehen würde, um sie abzuholen.

Mamma Carlotta beeilte sich zu versichern, dass ihr Schwiegersohn und die beiden Enkelkinder schon darauf brannten, sie in die Arme zu schließen. »Aber man kann ja nie wissen. Sie könnten einen Autounfall haben ...« Prompt fiel ihr Lucia ein, die ihr Leben auf einer deutschen Landstraße gelassen hatte. »Eine unübersichtliche Kurve«, seufzte sie und suchte nach ihren Taschentüchern. »Sie war sofort tot. Madonna! Aber wenigstens hat sie nicht leiden müssen, la mia piccola.«

Der Sitznachbar legte seine Zeitung zur Seite und fragte nach den Einzelheiten. Als das Flugzeug sich in Bewegung setzte, wusste er bereits von Mamma Carlottas Kummer über Lucias Entschluss, mit einem deutschen Touristen in den Norden zu ziehen. Außerdem hatte er Einzelheiten der Hochzeit, der Besuche der Enkelkinder in Umbrien und viel über den Beruf des Schwiegersohns erfahren. »Un Commissario!«

Gerade wollte sie schildern, wie wenig ihr die deutsche Polizeiuniform gefiel und um wie viel schnittiger sie italienische Polizisten in ihren dunkelblauen Uniformen fand, da leitete der Pilot die Startphase ein. Erschrocken drückte sich Mamma Carlotta in den Sitz und entschloss sich zu einem leisen »Gebenedeit seist du, Maria«, das sie abrupt beendete, als sie sich traute, einen Blick aus dem Fenster zu werfen. »Madonna! Wir sind über den Wolken!«

Dann knüpfte sie an das Gespräch an. Dem Sitznachbar blieb nichts anderes übrig, als die Zeitung erneut zur Seite zu legen und sich Mamma Carlottas Lebensgeschichte anzuhören. Keine der sieben Geburten blieb unerwähnt, und Dinos Krankheit konnte Mamma Carlotta sogar mit medizinischen Fachausdrücken schmücken. Zwischendurch lobte sie das Essen, das die Stewardessen servierten, und konnte sich nicht genug darüber wundern, wie die ganze Kocherei in einem fliegenden Flugzeug zu bewerkstelligen war. Dann fuhr sie fort, einen Überblick über die Familie Capella zu geben. Als sie bei den Lebensläufen ihrer Schwiegertöchter angekommen war und sich gerade anschicken wollte, die schwere Erkrankung der ältesten Tante von Guidos Frau zu schildern, setzte das Flugzeug zum Landeanflug auf Hamburg an. »Wir sind schon da?«

Der Sitznachbar, der jede Gegenwehr längst aufgegeben hatte, bot Mamma Carlotta an, den Platz zu tauschen, damit sie am Fenster sitzen und sich Hamburg von oben ansehen konnte.

»Sprechen Sie überhaupt deutsch?«, fragte er besorgt.

»Ma sì!« Mamma Carlotta machte Anstalten, die gesamte Unterhaltung, die sie bisher auf Italienisch geführt hatten, in Deutsch zu wiederholen. Aber zum Glück wurde sie durch die Aussicht auf den Hamburger Hafen davon abgehalten.

Den römischen Geschäftsreisenden streifte die Ahnung, dass diese italienische Mamma aus Umbrien eine erfolgreiche Frau geworden wäre, wenn das Schicksal sie an einen anderen Platz gestellt hätte. Dabei wusste er nicht einmal, dass Carlotta Capella niemals Unterricht erhalten, sondern die deutsche Sprache neben dem Bett ihres schwer kranken Mannes erlernt hatte. Dort hatte sich Lucia zu ihr gesetzt, wenn sie zu Besuch in Umbrien war, und ihrer Mutter Deutschunterricht erteilt, damit sie ihre Enkel verstehen konnte. Dort hatte auch die Nachbarin mit ihr deutsch gesprochen, eine junge Frau, die als Touristin von Berlin nach Umbrien gekommen war, sich dort verliebt und einen italienischen Weinbauern geheiratet hatte. Sie war glücklich, wenn sie Deutsch reden konnte, und Mamma Carlotta war glücklich, wenn sie Deutsch lernen durfte. Je weiter sie mit ihren Fähigkeiten fortschritt, umso häufiger kam die Nachbarin zu Besuch, um mit Mamma Carlotta in ihrer Muttersprache zu plaudern.

Dann war Carolin herangewachsen, die schon früh beschloss, Lehrerin zu werden, und ihre Großmutter als erste Schülerin entdeckte. Während der Ferien paukte sie unermüdlich Vokabeln mit der Nonna, fragte sie ab, ließ sie kleine Tests schreiben, versorgte sie mit Büchern und vergewisserte sich zu Beginn der nächsten Ferien, dass die Nonna alle Aufgaben, die man ihr zurückgelassen hatte, sorgfältig gelöst hatte. Und Mamma Carlotta hatte ihre Sprachkenntnisse vertieft, indem sie während der vielen eintönigen Stunden am Bett ihres Mannes mit dem geöffneten Fenster, den Blumentöpfen davor und den vorüberziehenden Wolken deutsch geredet hatte. Auf diese Weise hatte sie es zu erstaunlicher sprachlicher Gewandtheit gebracht.

Mamma Carlotta sah so aus, als suchte sie nach einem Griff, um das Flugzeugfenster zu öffnen. Ihre Begeisterung über alles, was sie von oben erspähen konnte, war nun so groß, dass sie sämtliche Passagiere und Flugbegleiter an ihrer Freude teilhaben ließ. Auch die, die der Landebahn nicht gern entgegensahen, wurden über jede Phase der Annäherung informiert.

»Madonna! Wir werden mitten im Hafenbecken landen! Oder auf einem der Hochhäuser? Per l'amor di Dio, mitten im Wald! No, no ... auf dem Flugplatz! Ich sehe ihn! Da! Da ist er! Tatsächlich, dieser Pilot ist genial! Er landet genau ... veramente genau auf dieser langen, langen Straße.«

Mamma Carlottas Begeisterung bekam allerdings einen gewaltigen Schock, als ihr beim Verlassen des Flugzeugs der kalte Wind ins Gesicht blies. »Madonna! Und ich dachte, der Winter wäre vorbei!«

Erik Wolf fuhr nicht gern nach Hamburg. Wie allen Inselbewohnern waren ihm Grenzen vertrauter als anderen Menschen. Und Sylt war ihm derart vertraut, dass alles andere ihm fremd war. Erst recht eine große Stadt wie Hamburg. Und Erik Wolf liebte das Vertraute zu sehr, um sich woanders wohlzufühlen als auf Sylt.

Er war ein kantiger Mann, groß, mit breiten Schultern. Alles an ihm war breit, der Körper, der Kopf, die Stirn, der Mund. Sein Schnauzer betonte das Breite noch, ebenso wie die Breitcordhosen, die er mit Vorliebe trug. Seine Frau hatte ihn sogar den Mann mit dem breiten Herzen genannt. Und obwohl es ihm nicht gefiel, hatte er gelächelt, wenn sie ihn so nannte. Aber da er wusste, dass sie nie einen anderen Mann wollte als den mit dem breiten Herzen, hatte es ihm schließlich auch gefallen.

Vom Rücksitz drang das Pochen der Musik aus Felix' Kopfhörer. Manchmal stimmte der Rhythmus mit dem des Scheibenwischers überein, dann erschienen Erik die Geräusche erträglicher. Er liebte nun einmal die Stille, das leise Atmen des Windes bei Flaute und auch sein heftiges Schnaufen. Sogar ein Sturm war für ihn Teil dieser Stille, die das Leben auf einer Insel von dem auf dem Festland unterschied.

»Ich bin jetzt schon froh, wenn wir wieder zu Hause sind«, sagte er.

Die sechzehnjährige Carolin, die schweigend neben ihm hockte, lächelte zustimmend. Carolin war genau wie ihr Vater. Sie dachte wie er, empfand wie er, war genauso schweigsam wie er.

Ihr blasses Gesicht war ihrer Mutter stets ein Anlass zur Sorge gewesen. Fast jeden Morgen hatte sie die Wangen ihrer Tochter gerieben, damit sie sich endlich rosig färbten. Zum Glück hatte Carolin auf den Beistand ihres Vaters bauen können, als es kurz nach ihrem zwölften Geburtstag darum ging, dort mit ein wenig Rouge nachzuhelfen, wo die Natur versagt hatte. Und mit einer Dauerwelle dort, wo sich absolut kein Löckchen kringeln wollte. Ungezählte Male an jedem Tag hatte Lucia ihrer Tochter die Haare aus dem Gummiband gezupft, das sie im Nacken zusammenhielt, und genauso oft hatte Carolin sie wieder zusammengerafft und geduldig alles verweigert, was aus ihr eine verlockende Ragazza machen sollte.

Erik wusste, dass Carolin ihre Mutter nicht nur geliebt, sondern auch gefürchtet hatte. Schon als kleines Mädchen hatte sie sich versteckt, wenn das Temperament wieder einmal mit Lucia durchging, und war erst wieder hervorgekommen, wenn ihre Mutter nicht mehr tobte, schrie und ihre Muttersprache benutzte wie ein Maschinengewehr.

Felix dagegen, der das Ebenbild seiner Mutter war, konnte die Stille nicht ertragen. Notfalls erschlug er sie mit seiner lauten Hiphop-Musik, die selbst seine Mutter nervös gemacht hatte, oder er füllte das Schweigen, das sich um seinen Vater und seine Schwester ausbreitete, mit seiner Stimme. Felix war es gewöhnt, in schweigende Gesichter zu reden, in erstaunte Augen, verständnislose Blicke und heimliches Seufzen.

»Bleibt die Nonna bis zu den Sommerferien?«, erkundigte er sich.

Carolin hob die Schultern, und Erik seufzte, als wollte er es nicht hoffen.

»Dann fahre ich mit ihr zusammen zurück«, verkündete Felix und zupfte an seinen schwarzen Locken, die von seinem Käppi auf die Stirn gedrückt wurden. Felix verzichtete selten auf seine Kopfbedeckung. Lucia hatte ihm das Käppi manchmal nach dem Einschlafen abgenommen. Nur dann hatte er es nicht gleich wieder auf den Kopf zurückgeschoben, so wie vor, während und nach den Mahlzeiten. Erik hatte lange fasziniert zugesehen und die Hartnäckigkeit seiner Frau bewundert. Lucia nahm Felix das Käppi ab, er setzte es wieder auf. Nach einigen Wochen hatte er gewonnen.

»Willst du auch die Ferien in Italien verbringen?«, fragte er seine Schwester.

Als Carolin den Kopf schüttelte, lachte er triumphierend. »Ach nee, in Umbrien sind dir ja alle zu laut, ich vergaß. Und du ... du warst dem Nonno sogar dann noch zu leise, als er keinen Lärm mehr vertragen konnte.«

Der vierzehnjährige Felix rutschte auf dem Rücksitz hin und her und freute sich auf seine Nonna mit dem ganzen Körper, der ganzen Seele und allen Gefühlen, die aus ihm herausdrängten.

»Da, der Flughafen!«, schrie er und kümmerte sich nicht darum, dass Carolin zusammenzuckte und Erik vor Schreck das Steuer verriss.

Als im selben Augenblick auch noch Eriks Handy ging, war die Sicherheit des dunkelblauen Ford Escort in akuter Gefahr. Aufgeregt fingerte Erik über die Tastatur seines Handys, bis er den grünen Knopf gefunden hatte.

Die Stimme seines Assistenten erklang über die Freisprecheinrichtung: »Moin, moin. Müssen Sie denn ausgerechnet heute nach Hamburg fahren?«

»Sie wissen doch, Sören, meine Schwiegermutter ...«

»Ja, ja, aber wir brauchen Sie hier.«

»Was ist denn passiert?«

»Eine Leiche. In Kampen.« Sören Kretschmer war auf Sylt geboren worden und genauso wortkarg wie sein Chef.

»Ermordet?«, fragte Erik.

»Sieht so aus. Anscheinend erdrosselt.«

Erik warf einen Blick zu Carolin, die erschrocken den Kopf einzog, während Felix seinen MP3-Player in die Ecke warf. »Geil! Endlich passiert mal was auf Sylt! Wer hat das getan?«

»Wann können Sie zurück sein?«, wollte Sören wissen.

Erik Wolf warf einen Blick auf die Uhr. »Schwer zu sagen, Sören. Wenn der Flieger pünktlich ist, landet er in einer Viertelstunde. Aber er kann ja auch Verspätung haben. Und dann noch das Warten auf die Koffer, anschließend die Rückfahrt ... Nein, es ist wohl am besten, Sie fahren ohne mich zum Tatort. Ich kann meine Schwiegermutter ja auch nicht gleich allein lassen, wenn wir wieder in Wenningstedt angekommen sind.«

»Das werden Sie wohl müssen.«

2

Erik sagte sich später, dass er seine Schwiegermutter wohl deshalb nicht gleich erkannt hatte, weil er nicht nach einer Frau in männlicher Begleitung Ausschau gehalten hatte, sondern nach einer hilflos wirkenden Person, die, wenn nicht allein, so höchstens in Begleitung einer fürsorglichen Stewardess war. Aber natürlich hatte er Mamma Carlotta auch deswegen nicht auf den ersten Blick erkannt, weil sie sich stark verändert hatte. Männer mögen es nicht, wenn eine Witwe nach der ersten Trauer aufblüht, vielleicht wollte er deswegen von der positiven Veränderung seiner Schwiegermutter nichts wahrhaben. Eine italienische Mamma von sechsundfünfzig Jahren war eine alte Frau, zumindest in Umbrien, und seine Schwiegermutter war ihm nie anders als alt erschienen. Nun jedoch beobachtete er durch die Glasscheibe staunend die forsche, lebhafte Person, die in Begleitung eines eleganten Herrn zum Gepäckband schritt, während sie sich höchst angeregt mit ihm unterhielt. Die Witwe Capella sah mindestens zehn Jahre jünger aus als die Ehefrau Capella. Die war gut zehn Kilo schwerer gewesen, hatte niemals ein Blümchenkleid getragen, sondern sich nur in schwarze Stoffe gehüllt, hatte die Haare im Nacken zu einem Knoten gedreht und sich niemals um Lockenwickler und Lippenstift gekümmert. Beides schien nun jedoch zu ihrer Ausstattung zu gehören.

Der römische Geschäftsreisende holte für Carlotta die Koffer vom Laufband, besorgte einen Gepäckwagen und dirigierte sie in die Ankunftshalle, wo Felix seiner Großmutter mit einem hellen Schrei entgegensprang. »Nonna!«

Der römische Geschäftsreisende blieb stehen, weil er erwartete, der Familie seiner Reisebekanntschaft vorgestellt zu werden. Aber während Felix an Carlottas Hals zappelte, wurde ihm schnell klar, dass sie ihn längst vergessen hatte. Behutsam stellte er den Gepäckwagen neben Carlotta Capella ab, nahm sein eigenes Gepäck herunter, murmelte einen Abschiedsgruß und ging zum Ausgang. Dort sah er sich noch einmal um, aber seine Hoffnung, dass Carlotta ihm doch noch einen Abschiedsgruß nachwinken würde, erfüllte sich nicht. Oma und Enkel hielten sich an den Händen, lachten sich an und redeten aufeinander ein. Da war kein Platz mehr für eine flüchtige Reisebekanntschaft. Der römische Geschäftsreisende wandte sich ab und ging davon. Leicht enttäuscht, aber gleichzeitig auch irgendwie erleichtert.

»Felice!«, rief Mamma Carlotta ein ums andere Mal. »Was bist du groß geworden!«

»Sag doch nicht immer Felice zu mir«, lachte Felix.

Nun endlich war es Carolin gelungen, die Großmutter auf sich aufmerksam zu machen. »Moin, Nonna!«

»Carolina!«

»Carolin.«

»Wie hübsch du geworden bist, Carolina.«

»Carolin.«

»Aber ein bisschen blass.« Mamma Carlotta kniff ihrer Enkelin in die Wangen, wo sich prompt zwei rote Punkte zeigten. »Ecco! Schon besser.«

Und dann fand sich Carolin dort wieder, wo alle landeten, die in Mamma Carlotta Emotionen auslösten: an ihrer Brust. Sie wartete geduldig ab, bis sie ihre Nase wieder aus dem Ausschnitt der Nonna lösen durfte, dann kam Erik an die Reihe, der kerzengerade dastand, als habe er sein Rückgrat verstärkt, um sich gegen Mamma Carlottas Überschwang zu wappnen.

Doch es half nichts. Auch er wurde an das weich verpackte Herz seiner Schwiegermutter gedrückt. »Enrico! Wie glücklich bin ich, dich zu sehen!«

Dann umschlangen sich Carlotta und Felix wie ein Liebespaar und strebten, eng aneinandergeschmiegt, dem Ausgang entgegen, während Carolin und Erik mit dem Gepäckwagen folgten.

»Madonna!«, erklang es von vorn. »Wie groß! Wie vornehm!« Carlottas ausladende Geste hätte beinahe einem konsternierten Hanseaten den Hut vom Kopf gefegt. »Wie grau! Wie kalt! Genau wie Lucia es immer beschrieben hat!«

Vor dem Ausgang blieb sie abrupt stehen. »Ich hoffe, auf eurer Insel ist das Wetter etwas ... wie sagt man? ... etwas angenehmer.«

Erik bekannte, dass es dort eher noch kälter sein würde. »Der Westwind weht vom Meer herüber. Aber du wirst noch merken, wie gut so ein kühler Seewind tut. Außerdem gibt es auf Sylt mehr Sonne als hier auf dem Festland. Auf unserer Insel scheint sie im Jahr zweihundert Stunden länger als in Hamburg.«

Mamma Carlotta war zufrieden. »Il sole! Wenn sie auch auf Sylt scheint, ist alles in Ordnung.«

Erik verzichtete auf den Hinweis, dass die Sonne auf Sylt eine andere Wirkung hatte als in Umbrien. Seine Schwiegermutter würde es ja selber merken.

»Du sprichst sehr gut Deutsch«, sagte er, als sie auf dem Parkplatz angekommen waren und er das Auto aufschloss.

Mamma Carlotta nickte stolz. Und dann folgte wieder eine ihrer großen Gesten, vor denen Erik sich gern in Sicherheit brachte. »Ich habe mit Signora Mandini geübt.

Du weißt doch – meine Nachbarin, die Giovanni Mandini geheiratet hat.«

Erik hatte keine Ahnung, von wem die Rede war, aber er nickte, weil er gelernt hatte, dass nonverbale Zustimmung das Leben mit einer Italienerin leichter machte.

»Außerdem hatte ich ja Carolinas Briefe«, fuhr Mamma Carlotta fort, »und die Bücher in deutscher Sprache. Und all die vielen Aufgaben, die meine Enkelin mir gestellt hat.« Sie warf ihr einen zärtlichen Blick zu. »Und Lucia hat mich ja oft angerufen, als sie noch lebte. Dann habe ich meistens deutsch mit ihr gesprochen, um zu üben. So wie mit den deutschen Touristen, die in unser Dorf kommen. Und außerdem hatte ich ja Zeit zu lernen, während ich Dino pflegte. Er verstand mich schon lange nicht mehr, also konnte ich genauso gut deutsch mit ihm reden. Hauptsache, er hörte meine Stimme und wusste, dass ich bei ihm war.«

Aber kaum saßen sie im Auto und versuchten, über abbiegende, kreuzende und übereinanderherführende Straßen dem Flughafengewirr zu entkommen, da brach in Mamma Carlotta die Erregung auf, für die es keine deutschen Vokabeln gab. Es mussten italienische her, um mitzuteilen, wie groß ihr Erschrecken über den Verkehr war, der so klaren Gesetzen folgte, dass er ihr viel mehr Angst machte als das Fahrzeuggewimmel in Rom. Dort regierten die Gesetze des Zufalls, die in einem Italiener weit mehr Sicherheit erzeugten als genaue Vorschriften, die nur funktionieren konnten, wenn man sich mustergültig daran hielt.

Zum Glück beruhigte sie sich, als der Verkehr auf der Autobahn übersichtlicher wurde. Und auf der Höhe von Kaltenkirchen fand sie wieder zu ihrem deutschen Wortschatz zurück.

Die A7 war nur schwach befahren, und Erik fuhr langsam, um seine Schwiegermutter zu schonen. Er gehörte ohnehin nicht zu denen, die sich am Tempo berauschten, aber wenn er jetzt allein gewesen wäre, hätte er das Gaspedal sicherlich tiefer heruntergedrückt. Der Anruf seines Assistenten ging ihm im Kopf herum. Ein Mord auf der Insel! Nicht auszudenken, welche Fehler Sören in seiner Unerfahrenheit machen konnte!

Bei Flensburg bog er gen Westen ab auf die Bundesstraße, die nach Niebüll führte, wo der Autozug auf sie wartete. Die Fahrt wurde immer angenehmer, denn Mamma Carlotta war nun gelegentlich sogar sprachlos vor Staunen. Die karge Landschaft, die weiten Flächen, die bis zum Horizont reichten, die stoischen Schafherden und über allem der Wind, der die wenigen Bäume geneigt hatte und die vielen Windräder drehte. So etwas hatte Mamma Carlotta noch nie gesehen. Sie schien zu spüren, dass die Stille der Landschaft etwas mit dem Schweigen der Menschen zu tun hatte, die hier lebten. Mamma Carlotta wurde ruhiger, sprach langsamer, ihre Gesten wurden sparsamer.

Ob sie bemerkte, dass Eriks Schweigen kurz vor Niebüll eisig wurde? Dass Carolin die Augen schloss und sich noch tiefer in ihren Sitz drückte? Dass Felix in seinem Rucksack herumsuchte, ohne den Blick zu heben? Ja, Mamma Carlotta schien die Kälte zu spüren, die durch das Auto rieselte, aber sie fragte nicht. Und zum Glück sah sie auch das kleine Holzkreuz nicht, das in einer Kurve stand.

Erik hatte sich oft gewünscht, seine Kollegen hätten eine andere Form gefunden, das Andenken an Lucia zu bewahren. Dieses Kreuz zwang ihn immer wieder, an dieser Stelle in die Baumkronen zu blicken und sich zu fragen, ob sie das Letzte gewesen waren, was Lucia gesehen hatte. Aber er wusste, dass die Kollegen des Polizeireviers Westerland es gut gemeint hatten, als sie auf diese Weise dafür sorgten, dass der Name seiner Frau nicht in Vergessenheit geraten konnte. Und deswegen ertrug Erik das

Kreuz, den zersplitterten Baumstumpf dahinter und die frischen, jungen Zweige, die aus den Wunden des Baums wuchsen.

Die Niebüller Abfertigungsanlage mit der Verladerampe für die Autozüge nach Sylt musste für eine Italienerin ein Schock sein. Wer sich auf Sylt freute, genoss den Wind, der ins Auto fuhr, kaum dass sich die Türen geöffnet hatten, und fror aus Prinzip nicht. Aber wer nicht wusste, was ihn erwartete, öffnete nur einmal kurz das Fenster und mochte sich mit dem Gedanken tragen, auf der Stelle umzukehren und nach einem behaglicheren, windstillen Ort Ausschau zu halten. Mamma Carlottas Gesicht war abzulesen, zu welcher Sorte sie gehörte. Sie schickte einen sorgenvollen Blick gen Himmel.

Erik öffnete noch einmal die Fahrertür, steckte den Kopf ins Wageninnere und zählte ein paar beruhigende Details des Sylt-Shuttles auf, der Tag für Tag Niebüll verließ und Tag für Tag sicher in Westerland ankam. »Ob bei Hoch- oder Niedrigwasser, er fährt immer. Selbst bei Frost oder Sturm.« Erik fand, dass nun auch einer Italienerin jede Angst genommen sein musste. »Du wirst es gleich sehen, Mamma Carlotta! In einer Viertelstunde geht es los.«

Er drückte die Tür wieder ins Schloss und entfernte sich ein paar Schritte vom Auto. Dann zog er sein Handy aus der Tasche und wählte Sörens Nummer. »Seid ihr schon am Tatort?«

»Ja, schon seit einer Stunde. Eine böse Sache, Chef.«

»Männliche oder weibliche Leiche?«

»Weiblich.«

»Eine Einheimische oder eine Touristin?«

»Von beidem ein bisschen. Sie heißt Christa Kern, kaufte sich vor Jahren zusammen mit ihrem Mann in Kampen ein Ferienhaus. Kurz darauf starb ihr Mann, und sie zog ganz hierher.«

»Christa Kern? Nie gehört.«

»Ihre Putzfrau sagt, sie kannte nicht viele Leute auf Sylt. Sie lebte sehr zurückgezogen.«

Erik warf einen Blick zu seinem Auto, wo Felix auf seine Großmutter einredete, Mamma Carlotta mit großen Gesten antwortete und Carolin sich in die Polster drückte und die Lippen zusammenpresste. Wie blass sie war! Nicht nur, dass sie helle Haut und aschblonde Haare hatte, auch ihre Kleidung war blass. Die bunten Pullis, die Lucia ihr gekauft hatte, die gemusterten T-Shirts, die grünen, roten und pinkfarbenen Baumwollhosen – sie alle lagen unberührt in Carolins Schrank.

Erik wandte sich wieder um und ging langsam auf den Imbiss zu, in dem sich viele Wartende die Zeit mit Kaffee und Snacks vertrieben. Doch er blieb vor der Tür stehen und hielt das Gesicht in den Wind. »Wie ist diese Frau ermordet worden?«

»Erdrosselt, Chef. Mit einem Stück Wäscheleine. Anscheinend aus dem eigenen Badezimmer.«

»Wann?«

»Schwer zu sagen. Aber Dr. Hillmot meint, sie ist schon seit mindestens zwei Tagen tot. Genaueres wird er uns später erzählen.«

»Und wer hat sie gefunden?«

»Ihre Putzfrau. Die kommt jeden Montag. Sie hat einen eigenen Schlüssel.«

»Irgendwelche Verdächtigen?«

»Bis jetzt nicht. Aber wir fangen ja auch gerade erst an.«

In der Imbissstube wurden die Zeitungen zusammengefaltet, die Tassen zur Seite geschoben, die Jacken vom Haken genommen. Einige Autofahrer liefen zu ihren Wagen, die ersten Motoren wurden gestartet. »Es geht los, Sören. Ich liefere meine Schwiegermutter zu Hause ab, dann komme ich nach Kampen.«

Als der Wagen auf den Autozug rollte, war das Meer schon ein Stück näher gekommen. Erik liebte diesen Augenblick. Er öffnete das Fenster einen Spalt und sog die Luft ein, die in kleinen übermütigen Böen hereinfuhr.

Mit einem Mal wurde Carolin redselig. »Mit dem Bau des Hindenburgdamms wurde 1923 begonnen«, teilte sie ihrer staunenden Großmutter mit. »Aber schon im Spätsommer kam eine Sturmflut und machte alles wieder kaputt.«

»Dio mio!« Mamma Carlotta griff sich ans Herz.

»Keine Sorge«, warf Erik ein, »heute ist keine Sturmflut zu erwarten.«

Mamma Carlotta nickte beruhigt und lauschte weiter den Erklärungen ihrer Enkelin: »Am 1. Juni 1927 war alles fertig. Und da der Damm vom damaligen Reichspräsidenten Hindenburg eingeweiht wurde, nannte man ihn Hindenburgdamm.«

»Madonna, was bist du doch für ein kluges Mädchen, Carolina. Genau wie deine Mamma!«

Der Zug setzte sich langsam in Bewegung, rumpelte dann immer lauter und schneller, strebte dem Meer entgegen, das schon wie eine Verheißung hinter den Weiden zu erahnen war. Der Wind, der das Auto voller frischer Nordseeluft pumpte, wurde immer kühler, immer dreister. Mamma Carlottas Augen wurden größer, ihre Gesten immer pathetischer, bis sie schließlich die Hände vor der Brust faltete, als das Wattenmeer sich öffnete. Es sah so aus, als wollte sie ein Dankgebet zum Himmel schicken. Erik empfand in diesem Augenblick eine ganz neue Sympathie für seine Schwiegermuter angesichts dieser gefalteten Hände. Vielleicht würde Mamma Carlotta, die zu Hause bei fünfundzwanzig Grad im Schatten schon zu frösteln begann, ja doch das raue Klima der Nordseeinsel ertragen, ohne täglich mehrmals die Madonna anzurufen und um eine andere Strafe zu bitten.

Lucia hatte sich selbst im Hochsommer demonstrativ eine Strickjacke übergeworfen, wenn sie an den Strand ging. Aber dann hatte Erik einmal beobachten können, wie sie lächelnd, mit sanften, verträumten Augen, den Möwen nachblickte, die kreischend den Sylt-Shuttle verfolgten – und in diesem Augenblick wurde ihm klar, dass sie nach einem Urlaub in Umbrien genauso heimkehrte wie er selbst. Sylt war Lucias Heimat geworden. Diese Erkenntnis war einer der glücklichsten Momente in Eriks Leben gewesen.

Eigentlich hatte er vorgehabt, einen Umweg zu fahren, Mamma Carlotta die schönsten Seiten von Westerland zu zeigen, ihr einen Blick auf die Dünen und den Strand zu gönnen, dann ganz gemächlich nach Wenningstedt hinein, am Kurzentrum vorbei, bei Gosch an der Kliffkante frischen Fisch fürs Abendessen kaufen, vielleicht sogar einen Prosecco trinken, damit Mamma Carlotta sich heimisch fühlte ... Aber nun wollte er so schnell wie möglich nach Kampen. Der Mordfall ließ ihm keine Ruhe.

Sie hatten kaum das Ortseingangsschild passiert, da lachte Mamma Carlotta so befreit auf, als habe sie plötzlich entdeckt, dass Sylt eine Region Italiens sei. Aufgeregt wies sie auf ein Schild: »Da! Vino rosso! Vino aus Montepulciano!«

Erik warf nur einen kurzen Blick zur Seite. »Das ist der Imbiss am Hochkamp. Der Inhaber brüstet sich damit, viel herumgekommen zu sein. Deswegen bietet er Wein aus Italien, Genever aus Holland und Rum aus Martinique an. In Käptens Kajüte soll es weltmännisch zugehen. Aber die Kajüte ist genauso wenig weltmännisch, wie Tove ein Kapitän ist.«

Damit waren sie an der Einmündung zum Süder Wung angekommen und Erik bog rechts ab. »Ein kühles Jever passt sowieso viel besser zu unserem Klima als Rotwein«, sagte er noch. Dann hielt er vor einem spitzgiebeligen gelben Haus. Als er sah, wie Mamma Carlottas Augen sich mit Tränen füllten, nickte er schweigend und blickte so angestrengt zur Eingangstür, als könnte er erzwingen, dass sie sich öffnete und Lucia in der Tür erschien. »Sie hat sehr gern hier gelebt«, murmelte er, ehe er ausstieg.

Mamma Carlotta wischte sich über die Augen, dann kletterte sie aus dem Wagen und sah sich um. Ihre Wehmut war so schnell verflogen, wie sie gekommen war. »Che bello!«, rief sie, streckte die Arme aus, umfasste den ganzen Süder Wung und drückte ihn an ihr Herz. »Und in diesem großen Haus wohnt ihr ganz allein? Wie ist das möglich? Wo sind deine Eltern, Enrico? Deine Tanten, Onkel, Neffen, Nichten ...?«

Erik antwortete nicht, hob das Gepäck aus dem Auto und trug es zur Haustür, während Felix aufzählte, in welche Winde die Verwandten der Wolfs verstreut waren.

»Das weiß die Nonna doch«, warf Carolin ein, die nicht verstehen konnte, dass längst bekannte Tatsachen immer wieder erörtert werden mussten. »Jeder muss doch selbst wissen, wo er leben will.«

»In einem wunderschönen Haus wie diesem natürlich!«, rief Mamma Carlotta. »Wo sonst?«

Und dann ließ sie sich von Felix durch die Tür ziehen, während sie weiter den Entschluss jedes einzelnen Mitglieds der Familie Wolf beklagte, woanders zu wohnen als am Süder Wung in Wenningstedt. »Meine arme Lucia! Zu wem ist sie gegangen, wenn sie nicht wusste, was sie kochen sollte, oder kein Basilikum im Hause hatte?«

Erik stellte die Koffer in die Diele und sah seine Kinder so lange eindringlich an, bis sie zu wissen schienen, was er von ihnen erwartete. Dann wandte er sich an seine Schwiegermutter. »Ich habe dir doch auf der Fahrt von dem Mord erzählt. Ich muss nach Kampen, verstehst du? Die Kinder bleiben bei dir, sie werden dir alles zeigen.«

»Erzählst du uns dann später alles von diesem Mord?«, schrie Felix. »Das ist die Bedingung! Jede grausige Einzelheit!«

»Ein Mord auf dieser Insel!«, seufzte Mamma Carlotta, schien aber nicht mehr bei der Sache zu sein. Mit großen Augen blickte sie sich um und nahm in wenigen Augenblicken alles auf, was sie umgab – die Gemütlichkeit, die ihre Tochter geschaffen hatte, die Landschaftsfotografien, die Lucia gerahmt hatte, die Familienbilder, die sie aufgehängt, die Vorhänge, die sie genäht, die Wände, die sie angestrichen, den Teppichläufer, den sie ausgesucht, die Behaglichkeit, die Lucia zum Leben erweckt hatte und die nicht mit ihr gestorben war.

Bevor Mamma Carlotta ins Wohnzimmer ging, um dort mit großer Geste und vielen schönen Worten die Einrichtung zu loben, sagte sie: »Felix hat Recht, Enrico. Du musst uns unbedingt alles erzählen, wenn du zurückkommst.«

Dann öffnete sie den kleinsten ihrer drei Koffer und holte ein Buch hervor, das sie den Kindern mit Tränen in den Augen reichte. »Ich habe es zufällig vor ein paar Tagen gefunden. Es war unter den Küchenschrank gerutscht. Als ich nach Nonnos Tod das Haus gründlich gelüftet und aufgeräumt habe, ist es mir wieder in die Hände gefallen. Eure Mamma hat es als Kind geliebt.«

Felix warf einen kurzen Blick darauf und lachte spöttisch. Wie man eben lacht, wenn man vierzehn ist und ein Märchenbuch präsentiert bekommt. Die sechzehnjährige Carolin konnte es sich in ihrem Alter schon leisten, einem Märchen größere Aufmerksamkeit zu schenken, ohne Gefahr zu laufen, ihr Gesicht zu verlieren.

»Cappuccetto Rosso«, las sie und lächelte. »Das Rotkäppchen auf Italienisch. Echt witzig.«

3

Das Haus lag ganz in der Nähe des Wattenmeeres, nicht weit vom Lokal Kupferkanne entfernt. Es stand am Ende eines Weges, an dem es nur wenige Häuser gab und dahinter nichts als die endlose Weite des gerade trocken gefallenen Meeresbodens. Das Haus war reetgedeckt, wie es das Kampener Ortsstatut seit 1920 für alle Neubauten vorgab. Es stand auf einem großen Grundstück, das mit Heckenrosenwällen eingefasst war. Mehrere Autos hatten sich am Zaun aufgereiht, direkt vor der großen weißen Holzpforte stand ein dunkler Kombi mit undurchsichtigen Scheiben, die ein Palmenzweig zierte. Der Wagen des Bestatters, den die Kripo gerufen hatte.

Erik blieb an der Pforte stehen und sah aufs Watt hinaus. Es lag stumpf und grau vor ihm. Drei Austernfischer mit ihren runden schwarzen Köpfchen flitzten über den feuchten Sand, nur wenige Wanderer, weitläufig über das friedliche Watt verteilt, waren zu sehen. In der Ferne konnte Erik eine Kindergruppe mit einem Wattführer erkennen, ein kleiner weißer Hund vertrieb einen Möwenschwarm.

Erst nachdem Erik die Ruhe des Wattenmeeres in sich eingesogen hatte, ging er auf die Eingangstür des Hauses zu. Sören öffnete sie, bevor Erik nach der Klinke greifen konnte. »Gut, dass Sie da sind.«

Er trat einen Schritt zur Seite und sah seinen Chef abwartend an. Sören war ein junger Mann von Mitte zwanzig, noch unerfahren, aber zu Eriks Freude eifrig und wissbegierig. Seine vollen roten Wangen sahen aus wie frisch polierte Winteräpfel.

Erik blieb in der Diele stehen und sah sich um. So hatte er sich das Haus einer alleinstehenden Frau in Kampen vorgestellt. Es war teuer eingerichtet, aber das Bemühen, nicht zu protzen, war durchaus zu erkennen. Für die Möbel hatte Christa Kern sich vielleicht nach Besuchen in den einschlägigen Restaurants, Teehäusern und Bars von Kampen entschieden. Kein Sessel, kein Schrank sollte den Verdacht erregen, dass die Bewohnerin nichts vom Geschmack der Sylter wüsste.

Erik betrat das Wohnzimmer, wo Dr. Hillmot sich über die Tote beugte. Der schwergewichtige Gerichtsmediziner richtete sich schnaufend auf, als er Erik bemerkte, und begrüßte ihn kurz. »Ich schätze, dass sie seit zwei Tagen tot ist«, meinte er. »Heute ist Montag, also ist sie Sonnabend ermordet worden. Genaueres erfahren Sie morgen oder übermorgen.« Er hielt Erik eine Plastiktüte hin, in der ein Stück Kunststoffleine steckte. »Das Tatwerkzeug.«

Erik betrachtete die Tote auf dem Sofa. Ihr Alter war schwer zu schätzen, denn ihr Gesicht war bläulich verfärbt und aufgedunsen, er konnte die Spur an ihrem Hals erkennen, die die Wäscheleine hinterlassen hatte. Christa Kern war auffallend schlank. Sie trug ein dunkelbraunes zweiteiliges Strickkleid, an ihren Fingern glitzerten mehrere Brillantringe, die Nägel waren äußerst gepflegt und rot lackiert. Die blondierten Haare waren in unnatürliche Wellen gelegt, die kaum in Unordnung geraten waren. Auf dem Tisch neben dem Sofa standen drei Nagellack-Fläschchen in verschiedenen Farben.

»Sie muss von dem Angriff total überrascht worden sein«, sagte Dr. Hillmot. »Anscheinend ist sie nicht mehr dazu gekommen, sich zu wehren.« Er wies mit dem Kugelschreiber auf den Hals der Toten. »Die Drosselmarke verläuft annähernd horizontal und ziemlich tief.«

Erik blickte zur Terrassentür. »Der Täter könnte dort eingedrungen sein und Frau Kern überrascht haben.«

»Die Tür war geschlossen«, mischte sich Sören ein. »Alle Türen waren geschlossen, als die Putzfrau kam. Wir haben keine Spuren eines gewaltsamen Eindringens feststellen können.«

Wieder nickte Erik. »Dann könnte es also jemand gewesen sein, den Frau Kern kannte. Dem sie selbst die Tür geöffnet hat.« Er sah sich um. »Wo ist die Putzfrau?«

»In der Küche.«

An der Wohnzimmertür blieb Erik stehen und drehte sich noch einmal um. Der Raum war in einem mustergültigen Zustand. Die Sessel standen exakt nebeneinander, der Tisch genau auf das Muster des Teppichs ausgerichtet, die Kerzenleuchter darauf in einem sauberen Quadrat aufgestellt, und die dreieckige Obstschale am anderen Ende des Tisches wies mit einer der drei Spitzen genau in den Abstand zwischen zwei Leuchtern. Von den wenigen Büchern standen alle so da, dass kein Buchrücken über das Regalbrett hinausragte, die Nippes in den Schrankfächern waren wie Zinnsoldaten aufgereiht. Die zweiteilige Gardine vor dem Fenster öffnete sich in der Mitte gerade so weit, dass eine prunkvolle Begonie zwischen den Gardinenhälften Platz hatte, hinter ihnen schimmerten Muscheln und Steine in ordentlichen Dreiergruppen auf der Fensterbank.

Erik konnte kaum den Blick von dieser vollkommenen Ordnung wenden. Wenn er da an sein eigenes Wohnzimmer dachte! Vor seiner Ehe hatten auch bei ihm die Bücher gerade und nach dem Alphabet geordnet in den Regalen gestanden und von seinen geliebten grünen Kissen immer zwei in jeder Sofaecke, jeweils ein hellgrünes und ein dunkelgrünes. Als Lucia in sein Haus am Süder Wung zog, hatte es damit ein Ende gehabt. Wenn sie von einem Besuch bei ihren Eltern in Italien zurückgekommen war, hatte sie, noch während sie erzählte, die Ordnung, die Erik während ihrer Abwesenheit hergestellt hatte, mit wenigen Handgriffen wieder zerstört. Gedankenverloren hatte sie das sorgfältig zusammengefaltete Spültuch zerdrückt und auf den Tisch geworfen, sich anschließend die Hände abgetrocknet und das Spültuch mit dem Handtuch zugedeckt. Sie konnte sich nur in einem gemütlichen Durcheinander wohlfühlen. Sobald Mamma Carlotta die Herrschaft in seiner Küche übernommen hatte, würde sie wohl wieder in Windeseile in den Zustand versetzt sein, den sie zu Lucias Zeiten gehabt hatte. Er wusste ja, wie der Haushalt in Umbrien aussah.

Erik betrat die Küche. Die Putzfrau Heide Pedersen saß am Tisch und starrte aufs Watt hinaus. Obwohl sie sich nicht rührte und den Blick nicht wandern ließ, bot sie ein Bild voller Unruhe. Ihre Nasenflügel bebten, ihr Mund zuckte, die Hände auf der Tischdecke vibrierten. Als Erik die Tür aufdrückte, fuhr sie zusammen, als wäre sie bei heimtückischen Gedanken ertappt worden.

Erik stellte sich vor und ließ sich dann umständlich und zeitraubend ihr gegenüber am Tisch nieder. Das machte er immer so, um den ersten Eindruck, den er von einer Person hatte, eine Weile auf sich wirken zu lassen. Heide Pedersen starrte ihn misstrauisch an, während er seinen Schnauzer und seinen Pullover glattstrich und den Stuhl hin und her rückte. Sie war eine Frau von gut fünfzig Jahren mit eingefallenen Wangen. Ihre Augen hatten die Farbe des Meeres an einem trüben Herbsttag, die beiden kohlschwarzen Striche darüber überraschten den Betrachter wie ein plötzlich aufziehendes Gewitter den Touristen.

»Wohnen Sie in Kampen, Frau Pedersen?«, fragte Erik.

Sie nickte. »Am Esling Wung. In der Nähe des Wasserwerkes.«

»Und wie sind Sie zu Frau Kern gekommen? Mit dem Auto?«

Heide Pedersen glotzte ihn an. »Mit dem Auto? Hören Sie mal, ich bin keine Touristin, ich bin Putzfrau! Von wegen mit dem Auto! Mit dem Fahrrad komme ich. Selbst als wir noch ein Auto besaßen, hat mein Mann mich nicht damit fahren lassen.«

»Was macht Ihr Mann beruflich?«

»Er ist arbeitslos. Früher hat er mal bei Gosch gekellnert. Aber er musste ja immer seine Klappe so weit aufreißen. Irgendwann hat er sie dann nicht mehr zugekriegt. Vor lauter Staunen! Als die ihn nämlich gefeuert haben wegen seiner ewigen Stänkerei.«

»Haben Sie Kinder?«

Aus der Bitterkeit in ihrem Gesicht wurde milde Enttäuschung. »Einen Sohn. Sechsundzwanzig, auch arbeitslos.«

»Hat er auch bei Gosch die Klappe zu weit aufgerissen?«

»Der hat's gar nicht erst bei Gosch versucht. So eine Arbeit war ihm nicht gut genug. Er will sich mal selbstständig machen. Mit einem Computerladen! Oder einem Internetcafé!« Sie spuckte ein freudloses Lachen aus. »Und bis es so weit ist, liegt er auf der faulen Haut und mir auf der Tasche.«

»Müssen Sie deswegen putzen gehen?«

Plötzlich kam Bewegung in Heide Pedersen. »Sagen Sie mal, bin ich hier die Leiche, um die es geht? Oder bin ich eine Tatverdächtige, die Sie verhören wollen?«

»Schon gut!« Erik blieb ernst und sachlich. »Erzählen Sie mir, was Sie von Christa Kern wissen. Und wie das war, als Sie heute Mittag hier ankamen.«

»Also …« Heide Pedersen berichtete mit müder Stimme, dass sie immer montags und freitags zu Christa Kern kam.

»Immer erst mittags, damit Frau Kern ausschlafen konnte und nicht durch mich gestört wurde. Sie schlief gern lange. Tja, wenn man es sich leisten kann ...«

»War heute etwas anders als sonst?«

»Na, das mögen Sie wohl sagen! Dass die Chefin tot auf dem Sofa lag, war bis heute nun wirklich noch nicht vorgekommen.«

»Ich meine, bevor Sie Frau Kern gefunden haben ... Ist Ihnen etwas aufgefallen, als Sie aufs Haus zufuhren, als Sie die Tür öffneten, das Haus betraten ...?«

»Nee, alles wie immer. Bis ... ja, bis ich ins Wohnzimmer kam.«

»Sind Sie gleich nach dem Betreten des Hauses ins Wohnzimmer gegangen?«

»Nee, erst bin ich in die Küche. Da habe ich mich gewundert, dass die Reste des Frühstücks nicht herumstanden. Frau Kern hat noch nie das Frühstücksgeschirr in die Spülmaschine geräumt, wenn sie mich erwartete. Ich habe gerufen, aber niemand hat geantwortet. Und dann bin ich ins Wohnzimmer gegangen ...«

»Also auch im Haus hat nichts darauf hingedeutet, dass ein Unglück geschehen war? Keine Spuren? Keine Veränderungen?«

Heide Pedersen schüttelte den Kopf. »Es war alles tipptopp in Ordnung. Wie immer.«

»Ja, die mustergültige Ordnung ist mir auch gleich aufgefallen«, nickte Erik.

Heide Pedersen schien diese Bemerkung als Lob für ihre Arbeit zu verstehen, jedenfalls blickte sie nun freundlicher drein und wurde zugänglicher. »Viel war hier eigentlich nicht zu tun«, teilte sie Erik in vertraulichem Ton mit. »Eine einzige Person in diesem großen Haus! Da wird ja kaum etwas schmutzig. Besuch hatte sie nie, die Frau Kern.«

Erik sah sie erstaunt an. »Keinen Besuch? Hatte Frau Kern keine Freunde auf der Insel?«

Heide Pedersen schüttelte energisch den Kopf. »Nee, die hatte keine Freunde. Hier kam nie jemand zu Besuch, und sie wurde auch nie irgendwo eingeladen. Ob das früher auch schon so war, als ihr Mann noch lebte, kann ich nicht sagen. Damals habe ich noch nicht hier geputzt. Aber seit ich für sie arbeite – und das tu ich nun schon seit zwei Jahren –, hat es hier nie einen Gast gegeben.«

»Können Sie sich das erklären?«, fragte Erik.

»Und ob! Wer will schon was mit einer so bösen, garstigen Frau wie Christa Kern zu tun haben? Die Einzige, die sich gelegentlich bei ihr blicken ließ, war ihre Schwester.«

Erik zückte sein Notizbuch. »Frau Kern hatte eine Schwester? Und die wohnt auch auf Sylt?«

»Oben in List. Bernadette Frenzel heißt sie. Die Adresse weiß ich aber nicht.«

»Die kriegen wir raus.« Erik klappte sein Notizbuch wieder zu und sah eine Weile schweigend aufs Watt hinaus. »Böse, garstige Frau, sagen Sie ... Aber Sie haben trotzdem für sie gearbeitet?«

Heide Pedersen zuckte die Achseln. »Ich brauchte das Geld. Wenn man bereit war, sich dafür schlecht behandeln zu lassen, konnte man bei ihr mehr verdienen als woanders.«

»Und Sie waren bereit, sich schlecht behandeln zu lassen?«

»Ich bin seit dreißig Jahren verheiratet, Herr Hauptkommissar. Mein Mann behandelt mich schlecht, mein Sohn auch. Ich bin daran gewöhnt. Wenn Frau Kern sich über mich lustig gemacht hat, habe ich die Ohren auf Durchzug gestellt. Wenn sie mir immer wieder was versprochen hat, was ich dann doch nie bekam, habe ich auch die Ohren auf

Durchzug gestellt. Und wenn sie Unmögliches von mir verlangte, habe ich's getan.«

»Unmögliches?«, unterbrach Erik. »Was zum Beispiel?«

»Wenn sie schlecht gelaunt war, hat sie mir den Schrubber weggenommen. Ich musste dann den Boden auf Knien wischen. Ich triebe ja sonst keinen Sport, hat sie gesagt, diese Betätigung wäre gesund für mich.« Heide Pedersen blickte auf. »Es war natürlich reine Schikane. Aber ich hab's gemacht. Ich wusste, dass sie mir später einen Zehn-Euro-Schein extra geben würde. Sonst hätte ich es nicht getan. Aber so ... Sie hatte eben Spaß daran, andere zu demütigen.«

»Und ihre Schwester?«

»Der ging es nicht viel besser. Sie besuchte Frau Kern regelmäßig, weil sie darauf hoffte, gelegentlich von ihr unterstützt zu werden. Wenn es Bernadette Frenzel gut gegangen wäre, hätte sie ihre Schwester vermutlich keines Blickes gewürdigt. Aber Bernadette Frenzel ist auch Witwe, wie Frau Kern. Doch sie hat von ihrem Alten nur Schulden geerbt. Und ein baufälliges Häuschen in List. Da gibt es zwei Zimmer, die sie im Sommer vermietet. Damit und mit der kleinen Rente kommt sie knapp über die Runden. Und wenn nicht, dann musste sie eben ihre Schwester anbetteln. Manchmal bekam sie was, manchmal auch nicht. Aber wenn, dann immer erst nach vielen Erniedrigungen.«

Die Tür öffnete sich, Sören Kretschmer kam in die Küche. »Raubmord scheidet aus. Das Haus ist nicht durchsucht worden, es scheint auch nichts zu fehlen. Der Schmuck ist da, ein paar hundert Euro Bargeld, wertvolle Bilder, viele Antiquitäten – alles noch vorhanden.«

Erik erhob sich, bat Heide Pedersen um ihre Adresse und drückte ihr seine Visitenkarte in die Hand. »Wir werden sicherlich demnächst noch ein paar Fragen haben.«

Sören wartete ungeduldig darauf, dass Heide Pedersen sich ihre Jacke überzog und zur Haustür ging. Dann griff er nach Eriks Arm. »Kommen Sie mal, Herr Wolf! Ich habe gerade den Anrufbeantworter abgehört.«

Er zog Erik in ein kleines Zimmer, das neben dem Wohnzimmer lag und Christa Kern wohl als Arbeitszimmer gedient hatte. Das Telefon mit dem Anrufbeantworter stand auf einem Tischchen vor dem Fenster, ein kleiner Sessel daneben, dessen vier Beine sich akkurat in das Muster des Teppichbodens fügten.

Sören drückte auf eine Taste, kurz darauf erklang eine ärgerliche Männerstimme: »Hier Matthias Braun! Guten Tag, Frau Kern! Es ist Sonntag, zwanzig Uhr. Ich warte nun seit drei Stunden vergeblich auf Sie. Sie wollten spätestens um siebzehn Uhr in Hamburg sein, um das Bild abzuholen. Sie wissen, dass ich die vierzigtausend Euro dringend brauche. Sie haben mir zugesagt, heute das Geld in bar mitzubringen. Sie wussten, dass das wichtig für mich war. Aber Sie kommen einfach nicht, melden sich nicht bei mir, gehen nicht ans Telefon ... Also, mir reicht das jetzt. Wenn ich morgen früh das Geld nicht habe, brauche ich es nicht mehr. Dann behalte ich das Bild eben, basta!« Eine kurze Pause trat ein, in der sich der Anrufer zu überlegen schien, ob eine unzuverlässige Geschäftspartnerin wie Christa Kern höfliche Abschiedsworte verdient hatte. Dann hatte er sich wohl entschieden und ergänzte in moderatem Tonfall: »Ich erwarte, dass Sie mich wenigstens anrufen und mir Ihr Verhalten erklären. Ich wünsche Ihnen noch einen angenehmen Sonntag. Auf Wiederhören.«

Sören sah seinen Chef mit großen Augen an. »Vierzigtausend! In bar! Die wollte sie ihm gestern bringen! Da war sie aber schon tot.«

»Also müssten die vierzigtausend Euro noch hier im Haus sein.«

Sören zog die Augenbrauen hoch. »Oder sie hatte das Geld noch gar nicht von der Bank abgehoben, weil sie nicht so lange so viel Bares im Haus aufbewahren wollte.«

Erik schüttelte den Kopf. »Wenn sie wirklich am Sonntag in bar zahlen wollte, muss sie das Geld spätestens am Freitag abgehoben haben. Sonnabends haben die Banken geschlossen, und der Bankautomat spuckt nicht so viel Geld aus.« Er sah sich um. »Habt ihr irgendwo die Handtasche der Toten gefunden? Ihr Portmonee? Ihre Brieftasche? Ich brauche die EC-Karte.«

Vetterich, der Chef der Spurenfahndung, meldete sich zu Wort. »Die EC-Karte steckt in ihrer Geldbörse.«

»Von welcher Bank?«

»Sparkasse!«

Erik wandte sich an Sören. »Rufen Sie in der Sparkasse von Kampen-Mitte an und fragen Sie nach, ob Christa Kern in den letzten Tagen einen größeren Geldbetrag abgehoben hat. Sicherlich ist sie dort bekannt.«

Sören nickte und verschwand. Nur wenige Minuten später erschien er wieder hinter Erik. »Die wollen sich am Telefon nicht äußern. Ohne Dienstausweis geht gar nichts.«

Erik nickte. »Verständlich. Wir fahren nachher dort vorbei.«

Sören atmete geräuschvoll ein und aus. »Wenn die Kern das Geld am Freitag abgeholt hat, müssen wir das Haus gründlich auf den Kopf stellen. Dann ermitteln wir in einem Raubmord.«

»Eher unwahrscheinlich bei der Ordnung, die hier herrscht«, entgegnete Erik. »Wenn Christa Kern wegen des Geldes gestorben ist, dann muss der Täter genau gewusst haben, wo es lag.«

»Aber wer?«, überlegte Sören. »Mir fallen da nur Heide Pedersen und die Schwester der Toten ein. Beide sind in Geldverlegenheit. Beide könnten gewusst haben, dass

Christa Kern ein Gemälde für vierzigtausend Euro kaufen und bar bezahlen wollte. Und beide kennen sich in diesem Haus aus.«

»Bernadette Frenzel sollten wir so bald wie möglich aufsuchen«, nickte Erik. »Machen Sie die Adresse ausfindig, Sören. Und dann kümmern Sie sich um diesen Matthias Braun. Anscheinend wohnt er ja in Hamburg. Kann nicht schwierig sein, seine Adresse und Telefonnummer herauszufinden.« Er winkte Sören mit dem Kopf aus dem Haus. »Die Telefongespräche können Sie unterwegs erledigen, während wir nach List fahren.«

Sie verließen das Haus und gingen auf Eriks Auto zu. Plötzlich stutzte Sören. »Was war das?« Er wies auf das Ende des Weges, der im Gras verlief, und reckte den Hals.

Erik schüttelte den Kopf. »Ich habe nichts gesehen.«

Doch er hatte kaum ausgesprochen, da erhob sich jemand hinter einem Busch, zog sein Fahrrad heran, richtete es auf und klopfte sich umständlich die Hosenbeine ab. Als er merkte, dass Erik und Sören keine Anstalten machten, in den Wagen zu steigen und abzufahren, kam er mit einem Lächeln auf sie zu, das wohl harmlos aussehen sollte.

»Fietje!«, rief Erik ihm entgegen. »Was machen Sie hier?«

»Moin, Herr Hauptkommissar.« Fietje Tiensch zuckte die Schultern. »Was soll ich schon hier machen? Na ja, was man eben so macht.«

»Und das wäre?«

»Es gibt Sachen, die erledigt man lieber hinter einem Busch als in der Öffentlichkeit. Jawoll!«

»Soll ich mal nach dem Corpus delicti sehen oder kann ich mir die Mühe sparen?«

»Um Himmels willen, Herr Hauptkommissar! Das wäre mir aber unangenehm.«

»Nun geben Sie schon zu, warum Sie wirklich hier sind, Fietje.«

Fietje schob seine Mütze in die richtige Position. »Hier soll ja was passiert sein.«

»Und? Haben Sie was beobachtet?«

»Ich? Nö, ich doch nicht.«

»Dann darf ich Sie bitten«, sagte Erik sehr förmlich, »den Tatort umgehend zu verlassen. Neugierige können wir hier nicht gebrauchen.«

»In Ordnung, Herr Hauptkommissar.«

Erik stieg in den Wagen und startete, kaum dass Sören sich neben ihn gesetzt hatte. »Wo was passiert, ist Fietje nicht weit.«

»Fietje Tiensch?« Sören blickte noch einmal zurück. »Der ist doch Strandwärter in Wenningstedt, oder?«

Erik nickte. »Am Aufgang an der Seestraße. Und neugierig ist er wie kein Zweiter. Einmal habe ich ihn sogar im Garten eines Ferienhäuschens erwischt, wo er ein junges Pärchen beobachtete, das sich im Freien liebte.«

»Ein Spanner also«, grinste Sören. »Wahrscheinlich wird er deshalb am Textilstrand eingesetzt.«

In der Sparkasse empfing sie der Filialleiter persönlich, der anscheinend schon von der jungen Mitarbeiterin, mit der Sören telefoniert hatte, auf den Besuch der Kriminalpolizei vorbereitet worden war. »Entsetzlich, der Tod von Frau Kern! Sie war eine gute Kundin, uns allen sehr vertraut.«

Erik runzelte die Stirn und betrachtete den Filialleiter ausgiebig. Er war der Erste, der so etwas wie Bedauern zeigte angesichts der Tatsache, dass Christa Kern nicht mehr unter den Lebenden weilte. Sein Blick wanderte zu der jungen Sparkassenangestellten, die ihrem Chef anscheinend nicht zustimmen wollte. Alles sah ganz danach aus, als wäre dem Filialleiter nur Christa Kerns Kontostand vertraut, während die Erinnerungen der jungen Angestellten woanders waren. Erik fielen wieder Heide Pedersens

Worte ein. Anscheinend hatte Christa Kern wirklich nicht viele Freunde.

»Sie haben also Frau Kern vierzigtausend Euro in bar ausgehändigt?«

Die junge Frau nickte. »Ja. Sie kam gegen sechzehn Uhr.«

»Haben Sie sich nicht gewundert, dass sie eine so große Summe in bar haben wollte?«

»Sie hat mir erzählt, dass sie beabsichtigte, ein Bild zu kaufen. Und dass der Verkäufer das Geld in bar brauchte.«

»Aha.« Erik sah sich in der Schalterhalle um und strich seinen Schnauzer glatt. »Kann es sein, dass jemand die Auszahlung des Geldes beobachtet hat?«

Nun mischte sich der Filialleiter ein. »Derart große Summen werden nicht am Schalter ausgezahlt. Frau Kern ist das Geld in einem unserer Büros übergeben worden. Niemand war Zeuge. Das wäre ja viel zu gefährlich.« Er sah seine Mitarbeiterin scharf an. »Oder war das etwa nicht so?«

»Doch, natürlich war das so«, bestätigte die junge Frau.

»Hat Frau Kern ihren Wunsch nach den vierzigtausend Euro laut und deutlich geäußert? Kann das jemand mitbekommen haben?«

Die Angestellte dachte nicht lange nach. »Frau Kern legte keinen großen Wert auf Diskretion. Sie hat nach den vierzigtausend gefragt wie andere nach vierzig Euro.«

»Bitte, denken Sie nach.« Erik sah sie eindringlich an. »War jemand in der Schalterhalle, als Frau Kern nach den vierzigtausend Euro fragte?«

Der Filialleiter betrachtete seine Mitarbeiterin nervös, aber die behielt die Nerven und dachte gründlich nach. Dann nickte sie.

»Ja, es stand jemand am anderen Ende der Schalterhalle.« Sie wies auf einen Ständer, wo Werbeschriften und

Prospekte auslagen. »Da blätterte ein Mann in einem Prospekt. Ich glaube, er wartete auf jemanden. Aber er war zu weit weg. Der kann das nicht gehört haben.«

»Sind Sie sicher?«, fragte Sören.

Die Angestellte hob die Schultern. »Ich glaub's jedenfalls.«

»Kannten Sie den Mann?«, wollte Erik wissen.

Sie nickte. »Ja, flüchtig. Wie er heißt, weiß ich nicht. Aber er hat eine Imbissbude in Wenningstedt, das weiß ich. In der Nähe des Aufgangs zur Seestraße.«

»Tove Griess ist kein unbeschriebenes Blatt«, überlegte Erik, als sie wieder vor der Tür standen. »Wenn er nun doch mitbekommen hat, dass Christa Kern sehr viel Geld abholte, und ihr dann gefolgt ist ...«

»Dann hätte er sie unterwegs überfallen.«

»Das war vielleicht nicht möglich. Unterwegs gab es Zeugen.«

»Aber es ist nicht anzunehmen, dass Christa Kern einen Kerl wie Tove Griess ins Haus gelassen hat. Nein, nie im Leben!«

»Und wenn doch? Vielleicht kannten die beiden sich. Zugegeben, es ist nicht sehr wahrscheinlich ...«

»Selbst wenn sie ihn ins Haus gelassen hat«, erklärte Sören, »dann müsste sie ihm außerdem noch erzählt haben, wo sie das viele Geld aufbewahrt hat. Vergessen Sie nicht, Herr Wolf! Das Haus war picobello aufgeräumt. Keine rausgerissenen Schubladen, keine durchgewühlten Schränke.«

»Stimmt«, nickte Erik. »Trotzdem sollten wir Tove Griess bei Gelegenheit fragen, ob er Christa Kern kannte. Am besten noch heute. Ehe in allen Zeitungen steht, dass sie ermordet wurde. Wenn er nichts mit der Sache zu tun hat, wird er uns vielleicht die Wahrheit sagen, solange er nicht weiß, dass die Kern tot ist. Wenn er es weiß, wird er auf keinen Fall zugeben, dass er sie kannte.«

»Erst recht nicht, wenn er der Mörder ist«, ergänzte Sören. »Tove weiß, dass er leicht in Verdacht gerät – bei seinem Vorstrafenregister ...«

4

Mamma Carlotta wanderte durchs Haus, brach bei jeder technischen Ausstattung, die es in Umbrien nicht gab, in Begeisterung und bei allem, was an Lucia erinnerte, in Tränen aus. »Ach, hätte ich doch einmal mit eurer Mamma durch dieses Haus gehen können!«

Felix folgte ihr, führte ihr stolz alles vor, worin der Inselhaushalt dem umbrischen überlegen war, und tröstete sie, wenn Mamma Carlotta ein Wäschestück aufnahm, das zu Lucias Aussteuer gehört hatte, oder einen Silberrahmen, der das Foto ihrer Tochter enthielt.

Carolin blieb am Fuß der Treppe stehen, sah ihrer Großmutter und ihrem Bruder nach, wie sie in die erste Etage gingen, und verdrückte sich in die Küche. Sie setzte sich an den Tisch und starrte das Kochbuch in italienischer Sprache an, das alle Rezepte enthielt, die auf Sylt sonst niemand kochte. Wenn Carolins Klassenkameraden mittags zum Essen eingeladen waren, wurde sie beneidet um ihre Mutter, die so ganz anders war als die Mütter ihrer Freunde. Carolin dagegen hatte sich heimlich gewünscht, Lucia hätte so wortkarg wie die anderen Mütter ein gebratenes Fischfilet auf den Tisch gestellt und eine Schüssel mit Kartoffelsalat. Ihre Mutter jedoch hatte dampfende Spaghetti und eine feuerrote Soße vor die Kinder gesetzt und sie mit lauter Stimme aufgefordert: »Lasst es euch schmecken. Wenn die Tomatensoße nicht bis an die Schränke spritzt, ist die Köchin beleidigt.«

Mamma Carlotta bemerkte auf der obersten Treppenstufe, dass ihre Enkeltochter nicht an ihrer Seite war. »Carolina! Wo bleibst du denn?« Sie beugte sich übers Treppengeländer und wartete so lange, bis Carolins Fuß auf der ersten Stufe erschien. Erst dann betrat Mamma Carlotta das Zimmer, das früher Lucias Nähzimmer gewesen war. Jetzt sollte es der Raum sein, der sie während ihres Besuches in Wenningstedt beherbergte. Ein Gästezimmer, dem allzu Persönliches genommen worden war, das aber dennoch voller Erinnerungen steckte.

»Wisst ihr, was eure Mutter gesagt hat, als ihr Nonno gestorben war?« Mamma Carlotta blickte erst Carolin, dann Felix fragend an. »Ich hatte ihr erklärt, dass der Nonno nun im Himmel sei. Wie es der Zufall wollte, hingen die Wolken gerade sehr tief, bis ins Tal hinein, unser Berg war ganz in die Wolken eingehüllt. Und da sagte meine kluge kleine Lucia: ›Der Himmel ist nah, der Nonno ist also nicht weit weg.‹« Mamma Carlotta wischte sich über die Augen, drängte aber den Tränenstrom so lange zurück, bis Carolin neben ihr stand. Dann endlich hielt sie in jedem Arm ein Enkelkind und war gewappnet. »Der Himmel ist nah«, flüsterte sie. »Lucia wird immer in unserer Nähe bleiben.«

Mamma Carlotta drückte die beiden so fest an sich, dass Felix aufstöhnte und Carolin sich kategorisch aus der Umklammerung befreite. Dass Lucia selten zu Besuch nach Umbrien gekommen war, hatte Mamma Carlotta insgeheim Erik angelastet. Und dass er seine Frau nur wenige Male begleitet hatte, war auf dem Platz ihres Dorfes ein nie endendes Gesprächsthema gewesen. Immer wieder hatte Carlotta erklären müssen, warum ihr Schwiegersohn sich in Italien wie ein Fremder fühlte, und ihn verteidigt, weil man doch von einem Menschen, der in der eiskalten Nordsee lebte, nichts anderes erwarten konnte. Auf die

Frage, warum Erik dennoch Lucias Liebe gewinnen konnte, war ihr allerdings nie eine Antwort eingefallen. Wenn sich aber jemand erkundigte, ob Lucia mit Erik glücklich geworden sei, gab es für Mamma Carlotta nur eine richtige Antwort: »Sì!« Nicht, dass sie es wirklich verstanden hätte, aber nie war in ihr ein Zweifel gewesen, dass Lucia an Eriks Seite auf Sylt ihr Glück gefunden hatte.

»Ich muss Hausaufgaben machen«, sagte Carolin und machte zwei Schritte rückwärts.

»Naturalmente, Carolina!« Mamma Carlotta ließ den vielen Tränen der Trauer noch einige der Rührung folgen. »So fleißig, so gewissenhaft! Deshalb bist du auch so ein kluges Mädchen geworden!«

Felix schickte seiner Schwester einen undefinierbaren Blick hinterher, dann drängte er seine Großmutter in einen Sessel. »Lass uns ein wenig über Mama reden, Nonna. Erzähl mir von der Zeit, als sie so alt war wie ich.«

Mamma Carlotta schnaufte, als gälte es, den Erinnerungen neuen Atem einzuhauchen. Nur wenige Minuten später saß Lucia zwischen ihnen, sie hörten ihre Stimme, ihr Lachen, ihre Sprache, die noch italienisch klang, als sie das Deutsche längst perfekt beherrschte. Mamma Carlotta weinte, während sie erzählte, wie gern Lucia zur Schule gegangen war, Felix weinte, während er von der Verzweiflung seines Lehrers berichtete, der dem Temperament seiner Mutter nicht gewachsen gewesen war, und beide lachten sie, während sie noch weinten, über Eriks Kollegen, die den Hauptkommissar um seine leidenschaftliche Frau beneidet und ihn wegen ihrer Heißblütigkeit genauso oft bedauert hatten.

»Wir müssen bald zum Friedhof gehen«, sagte Mamma Carlotta. »Ich möchte zu Lucias Grab.«

Als sie ihre Koffer auspackte, dehnte sie die Erinnerungen auf ihren Mann aus. »Gott hab meinen Dino selig!

Dein Nonno war sehr traurig, Felice, als seine Lieblingstochter einem Touristen nach Deutschland folgte.«

Auch Felix fielen nun seine Hausaufgaben ein. Vorsichtig fragte er: »Wirst du allein zurechtkommen, Nonna, wenn ich in mein Zimmer gehe? Ich kann auch in der Küche meine Englischvokabeln lernen, während du das Abendbrot machst.«

Mamma Carlotta sah auf die Uhr. »Dafür ist es doch noch viel zu früh! Nein, du kannst arbeiten, und ich werde mich ein bisschen umsehen. Ich will jetzt unbedingt alles kennenlernen, wovon Lucia mir erzählt hat. Das Meer, den Strand, die Dünen ... Ist es weit bis zum Meer, Felice?«

Felix schüttelte den Kopf. »Du brauchst nur die Westerlandstraße zu überqueren und dann immer geradeaus zu laufen.«

»Und der Friedhof?«

»Der ist hinter dem Dorfteich. Auch nicht weit. Aber lass uns lieber zusammen dorthin gehen.« Felix betrachtete seine Nonna unsicher, als sie eine dicke Strickjacke hervorholte und sie über ihren Pullover zog. »Du wirst frieren, Nonna. Mama hat auch immer gefroren, wenn sie zum Strand ging. Hast du denn keine warme, winddichte Jacke mitgebracht?«

Mamma Carlotta zeigte auf das, was sie trug. »Etwas anderes habe ich nicht. In Umbrien brauche ich keine wärmere Jacke.«

»In Umbrien ist alles ein bisschen anders als hier auf Sylt«, erklärte Felix mit weiser Miene.

Und Mamma Carlotta wusste, dass er Recht hatte, noch ehe sie die Westerlandstraße überquert hatte. Sie würde sich warme Kleidung kaufen müssen. Wenn sie auch nur zwei Wochen bleiben würde, es war nicht damit zu rechnen, dass sich während dieser Zeit das Wetter grundlegend änderte. Und es gab ja keinen Ehemann mehr, der ihr unnötige Geldausgaben vorhalten konnte.

Sie schickte einen Blick zum Himmel und seufzte pflichtschuldig im Gedanken an ihren guten alten Dino. Dann versuchte sie, ihn zu vergessen. Und das gelang ihr von Schritt zu Schritt besser. Spätestens in dem Augenblick, in dem sie das Meer zwar noch nicht sah, aber es schon riechen und hören konnte, dachte sie nicht mehr an Dino. Zügig schritt sie aus und genoss die unbekannten Dimensionen. Die Breite der Straße, die Größe der Grundstücke und Häuser, ihren eindrucksvollen Abstand zueinander und schließlich die Weite des fahlen Himmels mit den zerrissenen Wolken, der nichts zu behüten hatte, unter dem der Sturm mit dem Meer umgehen durfte, wie er wollte.

Als sie auf die Dünenstraße stieß, entschloss sie sich, links abzubiegen, bis der Weg vor einem Gartenzaun endete. Sie wandte sich wieder nach rechts dem Meer zu, nachdem sie durch einen Blick nach links festgestellt hatte, dass dies die Straße war, in der italienischer Rotwein ausgeschenkt wurde. Hochkamp – diesen Straßennamen würde sie sich merken.

Mamma Carlotta wurde unruhig. Sie hörte das Meer seine Wellen an den Strand werfen, konnte es aber immer noch nicht sehen. Dann endlich stieß sie auf die Seestraße, die direkt an der Kliffkante endete, wo eine breite Holztreppe hinunter zum Strand führte. Mamma Carlotta blieb wie angewurzelt stehen, als sich ihr plötzlich eine neue Welt öffnete. Sie begann direkt hinter dem breiten Sandstrand, dessen Ende weder links noch rechts zu erkennen war. Diese neue Welt war das Meer, das sich dem Land anbot und wieder entzog, anbot und wieder entzog. Schreiende Möwen legten sich auf den Wind, schwebten der unaufhörlichen Wiederkehr entgegen und mit ihr zurück.

Mamma Carlotta konnte sich nicht sattsehen an dieser neuen Welt. Ehrfürchtig ging sie auf die Treppe zu, als müsste sie erst überlegen, ob sie es überhaupt wagen wollte, sich dem Meer zu nähern.

Sie beobachtete eine Gruppe fröhlicher Menschen, die unten an der Wasserkante entlangwanderten. Manchmal schickte der Wind ein paar Fetzen ihres Gelächters herauf oder einen ausgelassenen Schrei. Sie trugen dicke, wattierte Jacken, Stiefel, Mützen und Handschuhe, ihre Schals flatterten im Wind.

Mamma Carlotta wickelte ihre Strickjacke noch enger um ihren Körper, schlang die Arme darum und machte Anstalten, das Wagnis einzugehen ... da wurde sie von einer barschen Stimme zurückgehalten. »Die Kurkarte, bitte!«

Mamma Carlotta stand da wie angenagelt. »Kurkarte? Was soll das sein?«

Der Strandwärter sah sie an, als hielte er sie für eine Schwindlerin, die sich mit gespielter Ahnungslosigkeit Vorteile verschaffen wollte. »Sie meinen, Sie haben noch nie was von der Kurtaxe gehört?«, blaffte er Mamma Carlotta an. »Dann will ich Ihnen mal was sagen ...« Der Mann schien selten dazu zu kommen, seinem Beruf Bedeutung zu verleihen. »Glauben Sie, das hier finanziert sich alles von allein?« Er beschrieb mit dem linken Arm einen großen Bogen, der nicht nur den Strand, sondern auch das Meer und den Himmel einschloss. »Der Tourismus bringt nicht nur Geld, er verschlingt auch eine Menge, jawoll. Hunderttausende kostet allein das regelmäßige Reinigen des Strandes, gute Frau! Also dann mal los zur Kurverwaltung! Da können Sie die Kurtaxe bezahlen und kriegen eine Kurkarte. Und dann dürfen Sie hier an den Strand, jawoll.«

Mamma Carlotta erholte sich allmählich von ihrer vorübergehenden Sprachlosigkeit. »Sind Sie ein ...« Sie wedelte durch die Luft, als wollte sie das richtige Wort aus den Wolken holen. »... ein moderner Pirat?«, fauchte sie den verdutzten Strandwärter an und wedelte weiter, damit auch die nächsten Vokabeln aus dem Himmel fielen. »Oder ein Strandräuber? Ich habe davon gelesen, dass es früher so etwas gab.« Sie reckte sich zu ihrer vollen Größe empor. »Der Strand gehört allen!«, erklärte sie. »Und außerdem bin ich keine Touristin, sondern zu Besuch bei meiner Familie, die hier wohnt.«

»Und wie heißt diese Familie?«, fragte der Strandwärter misstrauisch.

»Wolf! Der Hauptkommissar Wolf ist mein Schwiegersohn. Und ihm werde ich erzählen, wie ich hier behandelt werde.«

Die Wichtigtuerei des Strandwärters fiel prompt in sich zusammen. »Warum sagen Sie das denn nicht gleich, gute Frau?«

»Signora, per favore.«

»Signora?« Es dauerte eine Weile, aber dann hellte sich die Miene des Strandwärters auf. »Richtig! Der Hauptkommissar war ja mit einer Italienerin verheiratet. Dann sind Sie wohl auch Italienerin?«

»Sì!« Ohne einen Blick zurückzuwerfen, schritt Mamma Carlotta die Treppe hinab.

»Ich heiße Fietje Tiensch«, rief der Strandwärter ihr nach. Er sah Mamma Carlotta so lange hinterher, bis sie am Fuß der Treppe angekommen war und vorsichtig den ersten Schritt in den Sand setzte. »Erik Wolfs Schwiegermutter«, brummte er vor sich hin. »Da wird Tove aber Augen machen.« Er sah auf die Uhr, dann ging er in sein Strandwärterhäuschen und packte seine Sachen zusammen. Mit einer Mütze auf dem Kopf trat er wieder heraus. Was sollte er noch hier? Es waren ja ohnehin kaum Feriengäste da in der Vorsaison.

Er wandte dem Strand gerade in dem Augenblick den Rücken zu, als Mamma Carlotta zurückblickte, um zu sehen, wie hoch die Kliffkante über ihr aufragte. Der dicke Bommel von Fietjes Mütze war verschwunden, als sich aus dem Dünengras, nicht weit entfernt, eine männliche Gestalt löste, eine rote Schirmmütze zurechtrückte und denselben Weg nahm.

Ein Mann, der bei dieser Kälte im Gras gesessen hatte? Mamma Carlotta wandte sich kopfschüttelnd wieder dem Meer zu. Einem, der hier geboren war, hatte der eisige Wind vermutlich schon die Wiege geschaukelt. Er war an die Stürme gewöhnt, schützte sich nicht mehr vor ihnen und setzte sich ins Gras. So wie sich in Umbrien die Touristen gern ins Gras setzten, um sich von der Sonne bräunen zu lassen, vor der sich die Einheimischen schützten, so gut es ging.

Schaudernd ging Mamma Carlotta bis zur Wasserkante, aber sie ertrug die graue Masse des Meeres nicht lange. Sie machte kehrt und war froh über den strahlend hellen Sand und die bunte Fahne, die im Wind knatterte.

Das Ortsbild von List wurde von jeher von den Kasernen geprägt. Kein Wunder, List war ja erst im Rahmen der militärischen Aufrüstung entstanden. Aber für das düstere Ortsbild entschädigte die überwältigende Dünenlandschaft. Eigentlich fuhr Erik nie nach List, ohne nicht auch dem Königshafen einen kurzen Besuch abzustatten. Wenn möglich, einen längeren, um am Lister Hafen einen Matjes oder ein Krabbenbrot zu essen. Diesmal jedoch bog er vorher links ab. Sonst gab es ja auch nie eine Tote auf der Insel, deren gewaltsames Ende er aufzuklären hatte. Dazu passten weder Matjes noch Krabbenbrot.

Bernadette Frenzels Haus stand in der Alten Dorfstraße. Ein grau verputzter Würfel mit einem schäbigen rostroten

Dach, das hellrot gefleckt war von einzelnen neu eingesetzten Dachpfannen. Überall gab es diese stümperhaften Ausbesserungen: ein zugenageltes Dachbodenfester, hinter dem sich eine zerbrochene Scheibe verbarg, eine Regenrinne, die mit einem Schiffstau dort befestigt worden war, wo sie ohne Hilfe nicht bleiben wollte, Fensterläden, die nicht mehr geschlossen wurden, weil sie in verrosteten Scharnieren steckten.

Während sie auf die Eingangstür zugingen, fragte Erik seinen Assistenten: »Sie weiß doch vom Tod ihrer Schwester?«

Sören nickte, sein Apfelgesicht wirkte leicht verschrumpelt – wie immer, wenn er Aufgaben erfüllen musste, die er nicht liebte. »Die Lister Kollegen waren bei ihr. Und die haben auch unseren Besuch angekündigt.«

Bernadette Frenzel öffnete schon die Tür, bevor Erik nach dem Klingelknopf gesucht hatte. »Die Kriminalpolizei?«, fragte sie spöttisch, als gehörten Erik und Sören zum fahrenden Volk und damit zu den wenigen Feriengästen, denen Bernadette nicht einmal in der Nachsaison ein Zimmer vermieten würde.

Erik zog seinen Dienstausweis aus der Jackentasche. »Sie wissen, warum wir hier sind, Frau Frenzel?«

Bernadette nickte und öffnete die Tür weiter. »Kommen Sie rein. Wollen Sie einen Tee?«

»Nein, danke.«

»Kommen Sie trotzdem in die Küche. Das Wohnzimmer ist nicht geheizt.«

Sie nahm die Schürze ab, während sie ihnen voranging. Ihre kräftigen, derben Hände passten nicht zu ihrer schmalen Gestalt. Erik erinnerte sich daran, dass auch Christa Kern eine schlanke Figur gehabt hatte, aber darüber hinaus konnte er keine Ähnlichkeiten zwischen den Schwestern erkennen.

Bernadette Frenzel bot Erik und Sören die beiden Küchenstühle an, sie selbst blieb stehen und lehnte sich an den Schrank. »Haben Sie ein Testament gefunden?«, fragte sie und musterte Eriks braune Cordhose und seinen geliebten Pullunder, als hätte sie von der Polizei etwas Besseres erwartet.

Erik runzelte die Stirn. »Nein, haben wir nicht«, antwortete er. »Sind Sie die einzige Verwandte?«

Bernadette Frenzel nickte. »Dann werde ich sie doch wohl beerben, oder?« Sie seufzte zufrieden auf. »Davon habe ich oft geträumt. Aber eigentlich war ich davon überzeugt, dass Christa mich überlebt. Sie war immer kerngesund, und außerdem hatte sie ja sowieso mehr Glück im Leben als ich. Ich war sicher, dass sie auch länger leben würde als ich.« Ein Lächeln zog über ihr Gesicht, das Erik regelrecht abstieß. »Jetzt bin ich an der Reihe. Ich könnte in ihr Haus ziehen und diese jämmerliche Bude verkaufen.«

»Sie hatten kein gutes Verhältnis zu Ihrer Schwester?«

Bernadette schüttelte den Kopf. »Wir haben uns schon als Kinder nicht verstanden.«

»Aber trotzdem haben Sie Ihre Schwester regelmäßig besucht.«

Bernadette zuckte die Schultern. »Nun, sie war ja meine Schwester ...«

»... und hat Sie gelegentlich unterstützt.«

»Höchst selten! Sie ließ sich gern bitten, meine reizende Schwester! Sie genoss es, wenn jemand sie anbettelte. Und sie rückte erst dann ein paar Euro raus, wenn man sich lange genug erniedrigt hatte. Und immer etwas weniger, als man mindestens brauchte, um aus dem Schneider zu sein. Dabei hatte sie weiß Gott genug!«

»Seit wann besaß Ihre Schwester das Haus in Kampen?«, fragte Sören.

Bernadette überlegte kurz. »Seit ungefähr fünfzehn Jahren.« Sie dachte noch einmal intensiv nach. »Ja, fünfzehn Jahre! Christa machte ein einziges Mal mit ihrem Mann Urlaub in Kampen, dann starb der reiche Kern. Übrigens nur vier Wochen später als mein Mann. Christa verkaufte irgendwann die Villa in Dortmund und zog ganz hierher, obwohl das Haus in Kampen eigentlich nur ein Ferienhaus sein sollte.« Sie kniff die Augen zusammen und überprüfte in Gedanken noch einmal ihre Angaben. »Ja, Christa war sechsundzwanzig, als sie heiratete. Ich war damals neunzehn und habe davon geträumt, auch einen reichen Mann zu finden.«

Dass es ihr nicht gelungen war, sprach sie nicht aus. Erik und Sören wussten, dass sie mit einundzwanzig einen Sylter Matrosen geheiratet hatte, der seine ganze Heuer in das Häuschen gesteckt hatte, das Bernadette nun zu erhalten versuchte.

»Ich hatte Christa lange nicht gesehen«, fuhr sie fort. »In die Villa in Dortmund war ich nie eingeladen worden. Unsere Eltern, die damals noch lebten, übrigens auch nicht. Wir waren nicht standesgemäß, mit uns musste man sich ja schämen.« Bernadette spuckte ein bitteres Lachen aus. »Aber als der reiche Kern ein Haus auf Sylt haben wollte, erinnerte sich Christa daran, dass sie eine Schwester in List hatte. Mein Mann lebte damals noch. Er hat das Haus in Kampen für sie gefunden, mein Schwager brauchte nur noch den Kaufvertrag zu unterschreiben. Immerhin hat er uns eine Provision gezahlt, der Kern war in solchen Sachen immer sehr korrekt.«

»War die Ehe Ihrer Schwester glücklich?«, fragte Erik.

»Glücklich?« Wieder dieses bittere Lachen. »In Christas Nähe konnte niemand glücklich sein. Warum mein Schwager es so lange mit ihr ausgehalten hat, weiß ich nicht. Sein Sohn ist jedenfalls zwei Jahre nach seinem Tod ausgezogen, sobald er volljährig war. Er hat sich nie wieder bei Christa blicken lassen.«

»Haben Sie Kinder, Frau Frenzel?«, fragte Erik.

»Nein, mir ist im Leben nicht viel geglückt. Christa hatte auch keine leiblichen Kinder. Nicht einmal darin habe ich sie übertrumpfen können.«

»Wenn Sie nun tatsächlich das Erbe Ihrer Schwester antreten ...«

»Sie meinen, sie könnte es fertiggebracht haben, mich zu enterben?« Bernadette stieß sich vom Küchenschrank ab und machte einen Schritt auf das Fenster zu, das mit einer Häkelgardine zugehängt war. »Zuzutrauen wäre es ihr. Obwohl ich nicht wüsste, wem sie ihr Vermögen sonst vererben sollte. Aber es würde zu ihr passen, das Geld der Kirche zu vermachen, nur um mich zu ärgern.« Sie drehte sich um und sah Erik eindringlich an. »Bekommt man als Schwester einen Pflichtteil, wenn man enterbt worden ist?«

Erik schüttelte den Kopf. »Pflichtteilberechtigt sind nur Kinder, Eltern und Ehegatten. Aber wie gesagt ... ein Testament haben wir nicht gefunden. Natürlich könnte eins bei einem Notar oder beim Amtsgericht hinterlegt sein ...« Er ließ den Satz durch die Küche schweben und beobachtete Christa Kerns Schwester, in deren Gesicht das Bemühen stand, ihre Geldgier nicht erkennen zu lassen. »Wo waren Sie am Sonnabend?«, fragte er.

Bernadette Frenzel schreckte auf. »Ich brauche ein Alibi?«

Erik nickte. »Alle, die von Christa Kerns Tod profitieren, werden nach ihrem Alibi gefragt.«

»Das ist reine Routine«, ergänzte Sören versöhnlich.

»Sonnabend ...« Bernadette steckte die Nase in die Häkelgardine und sah, während sie überlegte, nach draußen, obwohl Erik gerne ihr Gesicht gesehen hätte. Schließlich drehte sie sich um. »Wann genau am Sonnabend?«

»Der Zeitpunkt des Todes konnte noch nicht exakt bestimmt werden«, entgegnete Erik. »Also sagen Sie uns, wie Sie den Sonnabend verbracht haben.«

Bernadette zupfte die Tischdecke zurecht, knipste ein paar Blätter von einem dürren Alpenveilchen, das auf der Fensterbank stand, rückte einen Salzstreuer, der auf dem Tisch stand, von links nach rechts und antwortete schließlich: »Ich war den ganzen Tag zu Hause. Ich habe neue Vorhänge für die Fremdenzimmer genäht. Im Winter konnte ich einen günstigen Stoff ergattern, und ehe die Saison beginnt ...«

»Das heißt, Sie haben am Sonnabend mit niemandem Kontakt gehabt? Niemand hat Sie gesehen? Sie waren nicht einkaufen?«

»Nein.«

»Kein Gespräch mit einem Nachbarn?«

»Nein.«

»Der Briefträger?«

»Ich bekomme selten Post.« Sie stutzte, dann fuhr sie fort: »Aber ein Feriengast wohnt zurzeit bei mir, mit dem ich ein paar Worte geredet habe, als wir uns vor dem Haus trafen. Und ich habe ihn in seinem Zimmer gehört, da wird er wohl auch meine Nähmaschine gehört haben.«

Erik erhob sich und sah auf Sören hinab, der sich noch eifrig Notizen machte. »Wir werden das überprüfen, wenn wir den genauen Todeszeitpunkt kennen.«

Bernadette strich sich nervös die spröden Haarsträhnen zurück, die sie im Nacken mit einem Band zusammengefasst hatte. »Sie glauben, ich habe meine Schwester umgebracht?« Ihre Stimme zitterte, und die Empörung war schlecht gespielt. »Nur, weil ich sie nicht gut leiden konnte, bringe ich sie doch nicht um. Und nur, weil ich nach ihrem Tod eine reiche Frau sein werde ...«

»Das ist ja noch nicht raus«, warf Erik ein. »Oder?«

Bernadette Frenzel antwortete nicht. Sie nickte nur, als Erik und Sören sich erhoben, und reichte ihnen auch nicht die Hand, als sie sich verabschiedeten. Wortlos schloss sie die Tür hinter ihnen. Erik war sicher, dass sie ihnen durchs Fenster nachblickte.

Weder er noch Sören redete ein Wort, bis sie auf der Listlandstraße Richtung Wenningstedt fuhren. Die großen, dunklen Wohnhäuser waren genauso hässlich wie die Kasernen. Durch sie würde List immer die arme Schwester von Westerland und Wenningstedt bleiben.

»Sie glauben, dass sie es gewesen ist?«, fragte Sören. »Die arme Schwester erwürgt die reiche, um an ihr Geld zu kommen?«

»Könnte sein. Ein Motiv hat sie jedenfalls. Und kein Alibi.«

»Aber sie weiß ja gar nicht, ob sie ihre Schwester überhaupt beerbt.«

»Angeblich!«, korrigierte Erik. »Vielleicht weiß sie es doch. Wenn sie die einzige Verwandte ist, wird sie Christa Kern beerben, sofern kein Testament vorliegt. Fragen Sie beim Amtsgericht in Niebüll nach, Sören. Vielleicht liegt dort ein Testament vor. Oder beim Amtsgericht in Dortmund, wo die Kerns früher lebten. Und sehen Sie nach, ob es in den Akten einen Schriftwechsel mit einem Notar gibt. Möglicherweise ist dort ihr Testament hinterlegt. Eine reiche Frau wie Christa Kern hat sicherlich ein Testament gemacht. Obwohl sie erst sechsundvierzig Jahre alt war. Das Testament ist wichtig!«

Sören schwieg eine Weile. »Nicht unbedingt. Die Frenzel könnte ihre Schwester auch umgebracht haben, um an die vierzigtausend Euro zu kommen, die jetzt fehlen.«

»Stimmt. Trotzdem könnte das Testament ein wichtiger Hinweis sein. Zum Beispiel, wenn Christa Kern erst jetzt die Absicht hatte, eins zu errichten. Oder wenn sie plante, ihr Testament zu ändern.«

»Um das Geld der Kirche zu vermachen?«

»Zum Beispiel.«

»Dann wäre die Frenzel noch verdächtiger.«

»Genau. Also kümmern Sie sich darum, Sören.«

»Und die Putzfrau? Wann werden wir die nach ihrem Alibi fragen?«

»Wenn der Todeszeitpunkt exakt feststeht. Ich hoffe, Dr. Hillmot ist bald so weit.«

»Heide Pedersen ist mindestens ebenso verdächtig wie Bernadette Frenzel. Stellen Sie sich vor, Sie machen einer Frau den Dreck weg, die viel mehr Geld hat, als sie braucht, und überdies ihr Geld nutzt, um andere zu demütigen. Kämen Sie dann nicht auch irgendwann auf die Idee, sich einen Teil dieses Geldes anzueignen? Vierzigtausend Euro! Heide Pedersen kann davon gewusst haben. Mit vierzigtausend Euro könnte ihr Sohn endlich den Computerladen eröffnen und würde ihr nicht mehr auf der Tasche liegen. Und er würde seine Mutter sicherlich auch nicht mehr schlecht behandeln. Oder ...«

»Sie haben Recht, Sören«, warf Erik ein. »Erkundigen Sie sich nach Heide Pedersen und ihren wirtschaftlichen Verhältnissen. Vielleicht hat die Familie Schulden? Dann brauchen wir nur abzuwarten, ob sie demnächst bezahlt werden. Und wenn der Sohn herumerzählt, dass er nun bald ein Intercafé eröffnet ...«

»Aber so dumm wird die Familie Pedersen nicht sein«, ergänzte Sören.

»Also werden wir erst mal die Alibis von Heide Pedersens Mann und ihrem Sohn überprüfen.«

Damit war alles gesagt. Der Motor brummte, gelegentlich knirschte die Bremse. Erst als sie nach Wenningstedt hineinfuhren, fragte Sören: »Wie gefällt es eigentlich Ihrer Schwiegermutter auf Sylt?«

Erik hob die Schultern und ließ sie wieder fallen. Wie sollte es ihr schon gefallen? Sie hatte ja noch nichts von Sylt gesehen. Mamma Carlotta würde wohl in diesem Augenblick ihre Koffer auspacken und damit das ganze Haus durcheinanderbringen. Und wenn sie jetzt bereits mit der Zubereitung des Abendessens beschäftigt war, würde die Küche in einem chaotischen Zustand sein. Zwischen den Kochtöpfen würde es Mamma Carlotta so gut gefallen wie in Umbrien, und Erik hielt es für möglich, dass sie während ihres Besuchs kaum mehr als seine Küche zu Gesicht bekommen würde. Sie liebte doch diese Arbeit und hatte den größten Teil ihres Lebens in der Küche verbracht. Warum sollte sich daran auf Sylt etwas ändern?

Erik freute sich darauf, nach Hause zu kommen und an der Tür zu erschnuppern, was es zu essen geben würde.

5

Carlotta Capella schob die Tür von Käptens Kajüte auf und sah sich um. Ob jemand bemerkte, dass dies ein großer Augenblick ihres Lebens war? Noch nie hatte sie ohne Begleitung ein Restaurant betreten. Die Kaffeebar ihres Dorfes zählte nicht, die hatte sie zwar gelegentlich allein aufgesucht, war aber niemals allein geblieben, sondern hatte nach dem Einkauf auf dem Markt neben anderen Hausfrauen ihren Espresso getrunken. Und die Tatsache, dass Restaurantbesuche ohnehin nicht zu ihrem Leben gehört hatten, war jetzt auch ohne Bedeutung. Was allein zählte, war, dass sie auf Sylt etwas wagte, was ihr in Umbrien nie in den Sinn gekommen wäre: Sie betrat ohne männlichen Schutz ein Restaurant, in dem kein einziger Familienangehöriger sie erwartete. Und dass es sich hier lediglich um eine Imbissstube handelte, tat ebenfalls nichts zur Sache.

Da Mamma Carlotta sich in epochalen Augenblicken wie diesem nicht auch noch um deutsche Vokabeln kümmern konnte, sagte sie, als die Tür hinter ihr ins Schloss fiel: »Buona sera!«

Der Kopf des Wirts fuhr hoch, und der Gast, der an der kurzen Seite der Theke saß, hob die Nase aus dem Schaum seines Jevers. Obwohl der Schneid sie wie ein kleiner Wirbelsturm über die Schwelle getragen hatte, war Mamma Carlotta nun doch froh, in der schlagartig einsetzenden Flaute ein bekanntes Gesicht zu sehen.

»Moin, Signora.« Fietje Tiensch klopfte auf die Sitzfläche des Stuhls, der neben ihm stand. »War's schön am Strand?«

»Sì!«, nickte Mamma Carlotta, schob sich auf den hohen Stuhl und rutschte so lange hin und her, bis sie glauben konnte, es länger darauf auszuhalten. »Ma molto freddo!« Sie blickte in Fietjes fragendes Gesicht und stellte fest, dass sie sich wohl fühlte. »Aber sehr kalt«, fügte sie deshalb zufrieden hinzu. Ihre dunklen Augen blitzten, ihre Locken vibrierten, ihre Wangen färbten sich.

Fietje strich sich über den struppigen Bart, seine hellen, klaren Augen musterten Mamma Carlotta freundlich. Wenn auch ihr erster und einziger Flirt, der noch dazu mit einer Hochzeit geendet hatte, schon vierzig Jahre zurücklag, so erkannte sie doch in diesem Moment, dass Fietje mal ein attraktiver Mann gewesen sein musste, der sicherlich manches Frauenherz gebrochen hatte.

»Ein besonders gut gekühltes Jever für die Signora«, rief Fietje dem Wirt zu.

»No, no«, wehrte Mamma Carlotta ab. »Ich bin gekommen, weil es italienischen Rotwein gibt. Aus Montepulciano.«

»Montepul...« Fietje hatte es schon vor langer Zeit aufgegeben, sich an Unmöglichem zu versuchen. »Ist das da, wo Sie herkommen?«

»Sie stammen aus der Toskana?«, mischte sich der Wirt ein und ließ seine Frischfrikadellen im Stich. »Ich bin mal in Piombino an Land gegangen.«

»Sie sind zur See gefahren?«, fragte Mamma Carlotta mit großen Augen und erinnerte sich dann an die Frage. »Nein, ich komme aus Umbrien.«

Der Wirt gehörte zu denen, die lieber von sich redeten, als den Erzählungen anderer zu lauschen. »Nachdem mein letzter Kahn vor Gibraltar sank, habe ich mein Kapitänspatent zurückgegeben«, erklärte er, »und bin auf Sylt zur Landratte geworden. Sie dürfen Käpten Tove zu mir sagen, Signora.«

»Und zu mir Prinz Fietje«, knurrte der Strandwärter. »Glauben Sie Tove kein Wort, Signora.«

Mamma Carlotta war es gleichgültig, ob sie einen leibhaftigen oder einen vermeintlichen Kapitän vor sich hatte. Sie beschloss, die Gunst der Stunde zu nutzen und diesen beiden Syltern zu erzählen, was in ihrem Dorf leider schon jeder wusste. Dass ihr Wortschatz für viele Einzelheiten nicht ausreichte, war nicht weiter wichtig. Carlotta Capella hatte sich nie auf ihre Stimme beschränkt, wenn es ums Erzählen ging, ihr ganzer Körper erzählte mit, ihre Gesten, ihre Mimik, ihre Augen.

Noch bevor Tove Griess den Rotwein aus Montepulciano in seinem Vorratsraum gefunden hatte, erfuhr er, dass Mamma Carlotta in vierzig Ehejahren sieben Kinder geboren und ihren Ehemann bis zu seinem Tode gepflegt hatte. Tove verkaufte ein gutes Dutzend Fischfrikadellen, während ihm erzählt wurde, dass Guido, der älteste Sohn, ein Fuhrgeschäft betrieb, und Fietje konsumierte drei weitere Jever und einen eiskalten Bommerlunder, während er sich anhörte, dass Mamma Carlottas Schwiegertochter mit großem Erfolg die Touristen frisierte, die sich gelegentlich in das kleine Bergdorf verirrten.

»Sicherlich kannten Sie meine Tochter Lucia?«, fragte Mamma Carlotta den Wirt.

Aber Tove Griess bedauerte. »Nur vom Hörensagen. Natürlich weiß hier jeder, dass der Hauptkommissar mit einer Italienerin verheiratet war. Aber ich habe niemals mit ihr gesprochen.«

»Davvero?« Mamma Carlotta konnte es kaum glauben. »War sie denn niemals hier, um einen Vino rosso zu trinken?«

Tove Griess schüttelte den Kopf, und Fietje Tiensch antwortete: »Wahrscheinlich hatte es ihr Mann verboten. Tove hat nämlich, während sein Schiff vor Gibraltar sank, in Wirklichkeit in Niebüll im Gefängnis gesessen, jawoll. Und Ihr Schwiegersohn höchstpersönlich hat für seine Verhaftung gesorgt, Signora.«

Mamma Carlotta war sehr betroffen. Sie starrte so lange in Toves Gesicht, bis sie darin lesen konnte, dass Fietjes Behauptung nicht von der Hand zu weisen war. Dann leerte sie ihr Glas in einem Zug und meinte mit klarer Stimme: »Wenn Enrico so etwas getan hat, dann wird es richtig gewesen sein.«

Tove warf Fietje einen vernichtenden Blick zu. »Was redest du für einen Unsinn?«

»Keinen Unsinn, sondern die Wahrheit, jawoll.«

Während Mamma Carlotta gewissenhaft das Geld auf die Theke zählte, fing sie einen Blick zwischen den beiden auf, der nicht von Einverständnis zeugte.

Tove strich die Münzen so zögernd ein, als überlegte er, ob man der Schwiegermutter des Hauptkommissars überhaupt Geld abnehmen dürfe. Er hatte Hände, die viel zu breit und zu kräftig für die zarten Münzen waren, mit dichter Behaarung, die bis in die Hemdsärmel wuchs. Seine Schultern waren breit genug für einen Käpten, aber zu breit für einen Currywurstverkäufer. Sein Hals gehörte zu einem Mann, der sich vor Gibraltar schwimmend an den Strand rettete, sein Mund zu einem Kerl, der unflätig fluchen und schimpfen konnte. »Besser, Sie erzählen Ihrem Schwiegersohn nichts von Ihrem Besuch hier«, sagte er zum Abschied.

»Aber kommen Sie ruhig wieder her«, rief Fietje ihr nach. »Italienische Signoras haben wir hier selten.«

Als Mamma Carlotta wieder vor Käptens Kajüte stand und den Hochkamp entlangblickte, wunderte sie sich ein weiteres Mal über die Breite des Weges und seine Endlosigkeit. In Umbrien gab es keine einzige Gasse, die direkt in den Himmel führte. Die Dämmerung war bereits zu erahnen. Und sie wollte doch noch zum Friedhof, bevor es dunkel wurde.

Mamma Carlotta beugte sich vor, schlug die Arme um ihren Körper, schützte sich, so gut es ging, vor dem Wind, der heftiger und noch kälter geworden war. Wie hatte Lucia, die an heiße Tage und warme Sommernächte gewöhnt gewesen war, diesen Wind ertragen?

Mamma Carlotta blickte nur kurz auf, als sie die Bewegung hinter Käptens Kajüte bemerkte, dann schritt sie forsch aus. Ein Mann mit einer roten Schirmmütze erhob sich. Menschen, die bei diesem Wetter im Gras hockten, waren ihr genauso rätselhaft wie die, die sich in der Mittagshitze unter der Sonne ausstreckten, um braun zu werden. Besser, man kümmerte sich nicht um sie.

Erik lief Mamma Carlotta durch den Vorgarten entgegen. »Endlich! Wo warst du nur so lange? Stimmt es, was Felix sagt? Du warst allein am Meer?«

Mamma Carlotta betrachtete ihren Schwiegersohn verdutzt. »Du hast dir Sorgen um mich gemacht?« Prompt ging über ihr Gesicht das Leuchten, das Erik von jeher eine Warnung gewesen war. Trotzdem gelang es ihm diesmal nicht, durch abwehrende Gebärden anzuzeigen, dass er weder geherzt noch geküsst werden wollte. Mamma Carlotta wurde von ihren Gefühlen überwältigt, zerrte ihn in ihre Arme und schaffte es, seinen Rücken weich und rund zu machen. Dann schob sie ihn wieder von sich und strahlte ihm ins Gesicht. »Lass uns reingehen, Enrico. Diese Kälte, dieser Wind ... nicht auszuhalten! Ich muss all meine Pullover übereinander ziehen, wenn wir zum Friedhof gehen.«

Erik folgte ihr, ging zur Garderobe und nahm eine Jacke vom Haken. Er hielt sie Mamma Carlotta hin. »Die dürfte dir passen. Ich habe noch eine andere warme, winddichte Jacke.«

Mamma Carlotta nickte strahlend und strahlte noch, während sie sich abmühte, über ihrer Oberweite die Knöpfe zu schließen, denen über Eriks Brust nie eine besondere Verantwortung aufgebürdet worden war. Sie strahlte auch noch, als sie in die Küche ging und sich den Kindern präsentierte. »Ecco! Wie steht sie mir, die Jacke eures Vaters?« Sie wartete keine Antwort ab, sondern begnügte sich mit Felix' Lachen und Carolins zögerndem Nicken. »Gehen wir nun zum Friedhof? Ich möchte noch heute Lucia begrüßen, ihr sagen, dass ich gekommen bin ...«

Es war nicht weit vom Süder Wung zum Friedhof. Sie gingen am Wenningstedter Dorfteich vorbei, der noch nicht lange vom Eis befreit war, und steuerten auf die Kirche zu. Dahinter lag der Friedhof. Erik öffnete die Pforte und ließ Mamma Carlotta eintreten. Seine Kinder folgten ihr, während er selbst umständlich die Pforte wieder schloss. Er wusste, dieser Besuch an Lucias Grab musste sein, wenn er sich auch noch so fürchtete vor den Tränen seiner Schwiegermutter, die sich verdoppeln und verdreifachen würden in den Augen seiner Kinder. Er fürchtete sich vor dem Seufzen, den Klagen, dieser lauten Trauer, die ihm unerträglich war. Mit gesenktem Kopf folgte er Mamma Carlotta, die aufrecht zwischen ihren Enkeln herging. Er starrte auf ihre Füße, und ihm fiel auf, dass sie in modischen Schuhen steckten, wo sie doch in Umbrien immer nur Pantoletten getragen hatte, im Sommer weiße und im Winter schwarze. Daneben Felix' riesige Turnschuhe, die er nur locker schnürte, damit sie breit und klobig aussahen. Auf der anderen Seite Carolins unauffällige braune Halbschuhe, die kurz unter dem Saum ihrer unauffälligen Jeans begannen, dazwischen zwei Zentimeter beige Socken, ebenso unauffällig.

Mamma Carlotta veränderte ihr Tempo nicht. Zwar gab es viel zu sehen auf diesem Friedhof, der so ganz anders war als italienische Friedhöfe, aber sie ließ den Blick nicht schweifen, sondern starrte nur auf den Weg, der sie zu Lucias Grab führte. Carlotta Capella geleitete ihre Tochter zur letzten Ruhe, zwei Jahre nach ihrem Tod.

Sie seufzte und klagte nicht, als sie das Grab erreicht hatten, weinte nur ganz leise. Erik war ihr dankbar. Auch dafür, dass sie nicht darauf bestanden hatte, Blumen zu kaufen, um sie Lucia aufs Grab zu legen. Erik wollte nichts Pompöses, keine großen Gesten. Das kleine Viereck in der weiten Rasenfläche sollte so bleiben, wie er es geschmückt hatte. Unaffektiert und ohne Prunk. So wie der ganze Wenningstedter Friedhof. Erik war stolz darauf, dass es hier keine Gräberreihen gab, keine langen schmalen Rechtecke, so lang und schmal wie Lucias Sarg, keine Nähe zum nächsten Grab, zur nächsten Trauer. Erst recht war er froh, dass er Lucia nicht einer marmornen Wand überlassen musste, die in Italien ihre letzte Ruhestätte geworden wäre. Der Wenningstedter Friedhof war wie ein kleiner Park, die Gräber waren über die Rasenfläche verteilt wie bescheidene bunte Beete, hinter denen nur zufällig ein Stein stand, der einen Namen trug.

Mamma Carlotta stand mit gefalteten Händen da und weinte. Felix und Carolin weinten mit ihr. Und Erik stand hinter ihnen und starrte auf ihre Schultern. Erst ganz allmählich fiel die Sorge von ihm ab, dass Mamma Carlotta laut die Heiligen anrufen und damit den Wenningstedter Küster, der gerade auf die Kirchentür zuging, zu Tode erschrecken könnte.

Mamma Carlotta drehte sich plötzlich zu ihm um. »Grazie, Enrico«, sagte sie leise. »Das hast du wunderbar gemacht. Benissimo. Che belle, diese ... wie sagt man ... Stiefmütterchen, vero? Und die weißen Kiesel! Weiß passte zu ihr. Bianca! Eigentlich sollte meine Tochter Bianca heißen! Aber Dino ...« Sie sprach den Satz nicht zu Ende, sondern wiederholte: »Grazie!«

Er hätte beinahe einen Schritt auf sie zu gemacht, einen kleinen Schritt. Aber ihre Hände streckten sich bereits, öffneten sich, wollten nach ihm greifen ... Da wandte er sich um, strich seinen Schnauzer glatt und steckte die Hände in die Taschen. »Lasst uns nach Hause gehen«, brummte er, »ich habe Hunger.«

Wieder sorgte er dafür, dass die drei vor ihm hergingen. So hatte er Gelegenheit, sich umzudrehen und einen Blick auf Lucias Grab zurückzuwerfen.

»Was ist zu essen im Haus? Habt ihr Spaghetti?« Mamma Carlotta lief in die Küche, ohne die Jacke auszuziehen. »Knoblauch? Olivenöl? Petersilie? Pfefferschoten? Dann haben wir schon il Primo piatto. Spaghetti con aglio, olio e peperoncino.« Sie öffnete die Kühlschranktür und griff nach einem Salatkopf. »Va bene! L'antipasto. Nun noch ein paar Kalbsschnitzel oder Cotolette ...« Zweifelnd hielt sie ein Paket zusammengeschweißter Speckscheiben in die Höhe. »Dann eben Frittata in zoccoli als Hauptgericht. Eier für die Omelette sind auch da.« Sie schloss die Kühlschranktür wieder und blickte sich um. »Basilico?«

Erik wies zu dem kümmerlichen Töpfchen auf der Fensterbank, das er seit Lucias Tod immer wieder durch ein neues ersetzte, obwohl die Pflanzen meist auf dem Kompost landeten, ohne ein einziges Blatt für die Ernährung der Familie Wolf geopfert zu haben. Aber da es zu Lucias Lebzeiten immer Basilikumtöpfe auf der Fensterbank gegeben hatte, war es dabei geblieben. Und gelegentlich zupfte Carolin tatsächlich mal ein Blättchen ab und legte es auf den Salat, den Erik in Plastikbehältern von Feinkost Meyer mitbrachte, wo es auch ein fertiges Dressing zu kaufen gab.

Ein paar Minuten später entfernte Erik unauffällig die dicke Jacke, die Mamma Carlotta über die Lehne eines Küchenstuhls geworfen hatte, dann setzte er sich zu seinen Kindern und sah zu, wie seine Schwiegermutter Töpfe zum Dampfen und Pfannen zum Duften brachte. Und wie immer, wenn die Behaglichkeit ihm wehtat, stellte er Fragen wie: »Hast du deine Schulaufgaben gemacht, Felix?« oder »Wolltest du dich nicht um die Bügelwäsche kümmern, Carolin?«, ohne auf Antworten zu bestehen.

»Jetzt erzähl uns von dem Mord, Papa!«, verlangte Felix.

Prompt wandte Mamma Carlotta sich vom Herd ab. »Ja, erzähl, Enrico! Was ist mit der armen Frau geschehen? Und warum hat man ihr das angetan?«

Erik seufzte, zögerte und seufzte noch einmal. Lucia hatte er am Abend gern von seiner Arbeit berichtet. Ihre Zunge war zwar oft mit ihr durchgegangen, und sie war leider auch der Ansicht gewesen, dass man überflüssige, taktlose oder verletzende Worte später nur wieder zurückzunehmen brauche, damit sie ungesagt waren, aber er hatte sich trotzdem immer auf ihre Diskretion verlassen können. Wie Mamma Carlotta mit Dienstgeheimnissen umgehen würde, wusste er nicht, und ob seinen Kindern ein Gespräch über einen Mord zuzumuten war, auch nicht. Lucia hatte es nie zugelassen, dass er vor den Kindern über die Gewalttaten sprach, die er im Dienst erlebt hatte.

Trotzdem begann er zu berichten, was sich in dem Haus am Watt zugetragen hatte. Sehr vorsichtig, sehr sanft, unter Vermeidung aller Fachbegriffe, die in der Ermittlungsarbeit für Deutlichkeit sorgten, in den Köpfen Jugendlicher aber womöglich für Ängste und in der Einbildungskraft einer fantasiebegabten Signora gar für ein Horrorszenario mit einer Wirkung, die nicht abzuschätzen war. Erik sprach kein einziges Mal von Mord, sondern nur vom Tode der armen Frau, redete nicht von Erdrosselung, sondern allenfalls von ihrem gewaltsamen Ende und verzichtete auf jede spektakuläre Einzelheit, vor der kein Fernsehkrimi Halt gemacht hätte.

Er genoss es, dass die Kinder an seinen Lippen hingen und Mamma Carlotta derart von seiner Erzählung gepackt wurde, dass sie ihn immer wieder mit Ausrufen des Entsetzens unterbrach. Genauso hatte es auch Lucia gemacht. Wie gerne hatte Erik sie beobachtet, während er erzählte! Wenn sie dann die Faust geschüttelt, sich die Haare gerauft, die Handkante vor der Kehle hergeführt und dabei die Augen gerollt hatte, war die Last der Erlebnisse schnell von ihm abgefallen.

Mamma Carlotta erstach den durchwachsenen Speck, während sie zuhörte, drosselte die Salatblätter, würgte die Spaghetti, warf sie mitleidlos ins kochende Wasser und zog dem Knoblauch bei lebendigen Zehen die Haut ab. »Terribile! Was für eine Tragödie!«

Dann setzte sie die Salatschüssel auf den Tisch. »Zwei Frauen hast du also in Verdacht? Madonna! Das ist doch nicht möglich, dass eine Frau so etwas Schreckliches tut!«

»Für vierzigtausend Euro können Menschen zu Bestien werden«, sagte Erik. »Auch Frauen.«

Mamma Carlotta kreuzte die Hände vor der Brust, dann sagte sie in sachlichem Ton: »Du meinst die Putzfrau, Enrico? Die Schwester hätte dagegen ein noch stärkeres Motiv. Nicht nur die vierzigtausend Euro, sondern dazu noch das Erbe.« Dann begann sie mit Felix eine hitzige Debatte darüber, ob Christa Kern kurz vor ihrem Ende noch bereut hatte, so garstig gewesen zu sein, und ob ihre Seele nach dem verlorenen Kampf in den Himmel über dem Watt aufgestiegen war ...

»Hört auf damit«, bat Carolin leise und erhob sich, weil sie als Einzige das Klingeln an der Haustür gehört hatte.

Wenige Minuten später stand Sören in der Küche. Mamma Carlotta begrüßte ihn wie einen verlorenen Sohn, der soeben von einer Expedition ins ewige Eis zurückgekehrt war.

»Ich wollte nur eben ...«, begann er, und sein frisch poliertes Winterapfelgesicht färbte sich noch eine Spur dunkler. Schon saß er auf einem Stuhl, vor sich einen Teller mit dampfenden Spaghetti. »Aber ich wollte nur eben ...«

»Gibt's Neuigkeiten?«, fragte Erik, als Sören seinen Widerstand aufgab und zur Gabel griff, um die Spaghetti aufzuwickeln.

Sören nickte. »Ich habe diesen Matthias Braun ausfindig gemacht. Ein Geschäftsmann aus Hamburg, der kurz vor der Pleite steht. Um seine kleine Firma zu retten, versucht er, alles zu Geld zu machen, was er erübrigen kann.«

»Zum Beispiel seine Kunstsammlung?«, mutmaßte Erik.

Sören nickte. »Die vierzigtausend Euro, die Christa Kern ihm für ein Bild geboten hat, hätten ihn ein Stück weitergebracht. Er wollte heute die Gehälter davon zahlen.«

»Warum wollte er das Geld bar haben?«

»Warum wohl?«, fragte Sören zurück. »Leute, denen das Wasser bis zum Halse steht, wollen immer Barzahlung. Aber Geldwäsche, Versicherungsbetrug und Steuerhinterziehung fallen ja nicht in unser Ressort.«

Sören machte nun keinen Versuch mehr, sich Mamma Carlottas Fürsorge zu entziehen, sondern leerte jeden Teller, den sie vor ihn hinstellte.

»Und dann habe ich Erkundigungen über Christa Kern und ihren Mann eingezogen«, erzählte er kauend. »Christa Kern ist eine geborene Witzmann. Sie stammt aus einer braven Handwerkerfamilie, in der nie jemand auffällig geworden ist. Ihre Eltern waren biedere Leute, die beiden Töchter wuchsen problemlos heran. Mittlere Schulbildung, nichts Auffälliges. Besonders hübsch waren sie beide nicht, trotzdem schaffte es Christa, sich einen reichen Mann zu angeln.«

Erik erhob sich, um nach seinem Tabak zu suchen, damit er seine Pfeife neu stopfen konnte. Schon bald paffte er ein paar Rauchwolken in die Küche, die Mamma Carlotta mit den Händen in eine Ecke des Raums wedelte, während Carolin einen Teil ihrer Strickjacke vors Gesicht zog. »Und dieser Kern? Was war mit dem?«, fragte Erik.

Sören hob die Schultern und gleichzeitig die Gabel zum Mund. »Über Alfred Kern gibt es auch nichts Besonderes zu berichten. Ein erfolgreicher Unternehmer, der seine Firma auf ihrem Höhepunkt verkaufte, um von da an ein bequemes Leben als Privatier zu führen. Er war Witwer, als er Christa heiratete, die ein gutes Stück jünger war. Er hatte einen Sohn, über den ich nichts herausbekommen habe.« Er sah seinen Chef fragend an. »Aber der ist ja auch nicht weiter wichtig, oder?«

»Alles kann wichtig sein«, entgegnete Erik. »Wir müssen Christa Kerns ganzes Umfeld ausleuchten.«

»Das dürfte leicht sein«, entgegnete Sören. »Ihr Umfeld ist sehr übersichtlich.«

»Also versuchen Sie, diesen Stiefsohn ausfindig zu machen«, sagte Erik. »Er muss doch ohnehin wissen, dass seine Stiefmutter gestorben ist. Sicherlich gibt es in Christa Kerns Haus seine Adresse, seine Telefonnummer, irgendetwas. Kann ja nicht so schwer sein. Er trägt schließlich auch den Namen Kern.«

Die Dunkelheit senkte sich über das Haus am Süder Wung, der Sturm rüttelte an der Haustür und drückte schließlich sogar ein Fenster auf, das nicht richtig geschlossen worden war.

Mamma Carlotta fröstelte, als der Wind in die Küche fuhr, und atmete erleichtert auf, als Erik das Fenster eilig schloss. Dann erzählte sie, dass es während ihrer Kindheit auch in Umbrien einmal einen Sturm gegeben habe, der die Blumentöpfe vor den Haustüren weggefegt und den Berg hinabgerollt hatte. »Die Mutter einer angeheirateten Cousine wurde von einer umherfliegenden Petunie getroffen und wusste anschließend nicht mehr, wie sie hieß.«

Sie lauschte eine Weile auf das Treiben des Sturms. Dann fragte sie versonnen: »Wie mag das Meer aussehen bei diesem Wind?«

Erik sah sie erstaunt an. »Möchtest du etwa einen Spaziergang am Strand machen?«

»Dio mio!« Mamma Carlotta schlug die Hände vor den Mund. »Hast du etwa meine arme Lucia bei einem solchen Wetter zum Strand gelockt?«

Erik antwortete nicht. Er lächelte in sich hinein, sein Blick fiel auf Sören, der keine Anstalten machte, nach Hause zu gehen, obwohl der dienstliche Teil der Unterhaltung weiß Gott beendet war. Und satt musste er eigentlich auch sein! Aber Sören hing immer noch an Mamma Carlottas Lippen, bestaunte ihr rollendes R, ihre flinke Zunge, ihren deutschen Wortschatz und die vielen schnellen Bewegungen, zu denen sie gleichzeitig fähig war.

»Der italienische Rotwein, der hier auf Sylt ausgeschenkt wird, ist übrigens nicht zu verachten«, erzählte Mamma Carlotta. »Und stellt euch vor: Käpten Tove ist mal in Piombino an Land gegangen. Das war wohl, bevor sein Schiff vor Gibraltar sank.«

Erik fiel die Pfeife aus der Hand, die er gerade erneut zum Glühen gebracht hatte. »Du warst in Käptens Kajüte?«

»Certo! Ein netter Mann, dieser Kapitän. Der Strandwärter schien ihm aber nicht zu glauben, dass sein Kahn vor Gibraltar gesunken ist. Stell dir vor, Enrico, er behauptet,

Tove Griess hätte zu der Zeit in Niebüll im Gefängnis gesessen.«

»Strandwärter?« Erik blieb der Mund offen stehen. »Meinst du Fietje Tiensch?«

»È vero, so hieß er. Er wollte mich erst nicht an den Strand lassen, aber als ich ihm erklärt habe, dass ich die Schwiegermutter des Hauptkommissars bin, hat er es sich ganz schnell anders überlegt. Du bist wirklich eine ... wie soll ich sagen ... eine Respektsperson auf dieser Insel, Enrico.«

»Fietje ist ein Spanner«, erklärte Felix und grinste.

»Und Tove Griess ein Lügner«, fügte Carolin an und betrachtete ihre Großmutter, als habe die sich von einem Gauner etwas Wertloses andrehen lassen.

»Die Kinder haben Recht«, bestätigte Sören. »Sie dürfen Tove Griess nicht alles glauben, Signora. Und Fietje Tiensch ist ein unangenehmer Kerl, der sich überall herumdrückt, wo er nichts zu suchen hat.«

»Ein Spanner eben!«, wiederholte Felix und freute sich, dass er den Spaß an diesem Wort noch einmal auskosten durfte. Umständlich erklärte er seiner Nonna, was es mit dem Begriff Spanner auf sich hatte. »Er guckt in fremde Schlafzimmer«, schloss er, »und sieht den Leuten zu, wenn sie Sex haben.«

Mamma Carlotta bekreuzigte sich hastig. »Wie kannst du über so was reden, Felice?«

Sören wurde plötzlich nachdenklich. »Vielleicht sollten wir uns Fietje mal vornehmen. Heute Morgen hat er heimlich die Arbeit der Spurensicherung beobachtet. Vielleicht hat er ja auch am Sonnabend etwas gesehen.«

»Das hätte er doch der Polizei gemeldet«, gab Carolin zu bedenken.

Erik sah sie an, als hätte er vergessen, dass seine Kinder mit am Tisch saßen. Langsam sagte er: »Fietje gehört zu denen, die mit der Polizei nichts zu tun haben wollen. Aus gutem Grund! Wenn er sich noch einmal auf fremden Grundstücken erwischen lässt, ist er seinen Job als Strandwärter los.« Er kaute auf seiner Pfeife herum, während Sören dem Nachtisch zu Leibe rückte und Mamma Carlotta den Kindern einen frühen Hungertod prophezeite, wenn sie nicht bereit waren, gute Mahlzeiten mit guten Dolci zu beenden.

»Sie haben Recht, Sören«, nickte Erik, »wir werden mit ihm reden.«

»Und was ist mit Tove?«, meinte Sören. »Wenn Fietje was weiß, hört Tove es, sobald er seine Imbissstube geöffnet hat. Und wenn Tove in der Sparkasse etwas gehört hat, weiß Fietje es, bevor er sein erstes Jever bestellt.«

Mamma Carlotta entdeckte eine Chance, für ihre beiden neuen Bekannten eine Lanze zu brechen. »Die beiden scheinen enge Freunde zu sein. Sie reden miteinander und helfen sich gegenseitig. Schön, so eine Männerfreundschaft!«

»Von wegen!«, gab Erik zurück. »Die beiden sind allerbeste Feinde. Dass sie ständig zusammenhocken, hat nur einen Grund: Niemand sonst will etwas mit ihnen zu tun haben. Keiner von den Syltern jedenfalls. Die Touristen zählen nicht.«

»Warum sollten sie Feinde sein?« Mamma Carlotta öffnete die oberen Knöpfe ihres Blümchenkleides, die interessanten Neuigkeiten schienen sie zu erwärmen.

Erik betrachtete die Löckchen, die sich feucht über ihren Ohren kringelten. »Es gab da mal was zwischen Tove und Fietje«, entgegnete er. »Ich glaube, es ging um eine Frau. Toves Schwester, wenn ich mich nicht irre.«

»Die ist vor vielen Jahren ermordet worden«, sagte Sören. »Das hat mir Uwe, einer der Strandwärter in List, erzählt. Fünfzehn Jahre soll es her sein, dass Toves Schwager feststellte, dass seine Frau ihn betrog. Aus Eifersucht hat er sie erschlagen. Es war Mord. Kaltblütig geplant. Deswegen hat er lebenslänglich bekommen.«

»Und der Liebhaber?«, fragte Mamma Carlotta atemlos.

»Der sollte eigentlich auch dran glauben, wenn ich mich recht erinnere«, überlegte Sören laut, »aber aus irgendwelchen Gründen hat der Ehemann ihn nicht erwischt.«

»Und was hat Fietje damit zu tun?«, fragte Felix.

»Ich glaube ...« Sören zögerte, als müsste er zunächst abwägen, ob den Kindern dieses Gespräch zuzumuten sei, aber dann fuhr er fort: »Ich glaube, er war der Liebhaber.« Abwehrend hob er die Hände. »Sicher bin ich nicht. Der Uwe redet viel, wenn der Tag lang ist.«

Erik nickte, griff nach den Streichhölzern und zündete sich die Pfeife ein drittes Mal an, obwohl sie noch glühte. »Fünfzehn Jahre«, murmelte er. »Womöglich wird der Mörder von Toves Schwester in diesen Tagen entlassen.«

Plötzlich klingelte das Telefon.

Dr. Hillmot war am anderen Ende. »Moin, Wolf«, sagte er. »Die Tatzeit steht jetzt fest. Samstag zwischen 16 und 22 Uhr. Genauer geht's leider nicht.«

»Danke, Doktor.« Erik legte auf, ohne das Gespräch noch mit höflichen Abschiedsworten zu vertrödeln. So, wie es in der Polizeistation von Westerland üblich war. Dann ging er in die Küche zurück. »Es gibt Arbeit, Sören. Wir können nun die Alibis überprüfen. Mal sehen, wer keins hat – Heide Pedersen oder Bernadette Frenzel.«

6

Als Erik am nächsten Morgen die Treppe hinabstieg, war es noch still im Haus. Der Zeiger der Uhr rückte auf sieben vor, in wenigen Minuten würden in den Kinderzimmern die Wecker für Unmut sorgen. Felix würde so lange über die frühe Morgenstunde fluchen, bis Carolin die Badezimmertür hinter sich abgeschlossen hatte, und dann noch lauter schimpfen, weil sie ihn nicht hereinließ. Wenn er dann die Treppe herunterpolterte, würde die Schnalle seines Rucksacks das Geländer zerkratzen, er würde wie jeden Morgen mit einem einzigen Schritt den Teppichvorleger von seinem angestammten Platz vor der Treppe in die Nähe der Haustür bugsieren, sodass die sich später nicht vollends öffnen ließ. Sobald Carolin sich dann mit einem schwachen »Moin« in die Küche gedrückt hatte, würden Diskussionen einsetzen, wer für welchen Handgriff zuständig war und warum das Brot noch nicht im Toaster steckte und die Marmelade nicht auf dem Tisch stand.

Nicht dass Erik damit gerechnet hatte, die Fürsorge seiner Schwiegermutter würde an diesem Morgen einen Teil der lautstarken Streitigkeiten überflüssig machen! Trotzdem war er enttäuscht, als es in der Küche ruhig war und ihn kein Kaffeeduft begrüßte. Aber natürlich schlief Mamma Carlotta noch, die Reise hatte sie angestrengt. Und außerdem war von einer Italienerin sowieso kein gutes Frühstück zu erwarten. Lucia hatte morgens an einem Espresso genippt, einen Zwieback geknabbert und die Butter, die Erik auf sein Toastbrot strich, angewidert betrachtet. Ob Mamma Carlotta in der Küche herumwerkelte oder nicht, machte also keinen Unterschied. Nur einen: Erik würde, solange sie schlief, seine Ruhe haben. Ein angemessener Preis dafür, dass er sich selbst seinen Kaffee kochen musste.

Er öffnete die Haustür einen Spalt, schnappte sich die Tageszeitung, die hinter dem Türknauf steckte, und faltete sie auseinander, kaum dass er die Tür geschlossen hatte. Die Titel-Schlagzeile sprang ihn an.

Mord in Kampen! Polizei verfolgt bereits heiße Spur!

»Na, die Jungs wissen anscheinend wieder mehr als ich«, brummte er.

Ein Foto von Christa Kerns Haus und eine Aneinanderreihung vieler Mutmaßungen, mehr konnte das Sylter Inselblatt noch nicht bieten. Fakten gab es nur wenige, aber er würde damit rechnen müssen, dass die Reporter bereits in seinem Büro auf ihn warteten.

Erik stutzte, als er in die Küche ging und sein Blick auf die Garderobe fiel. Wo war die Jacke geblieben, die er seiner Schwiegermutter überlassen und eigenhändig dort aufgehängt hatte?

Er betrat die Küche, füllte Wasser in die Kaffeemaschine, öffnete die Kühlschranktür und stellte alles auf den Tisch, was zum Frühstücken benötigt wurde. Sören würde pünktlich sein Fahrrad vor dem Haus abstellen, gemeinsam wollten sie dann mit dem Wagen zum Tatort fahren. Erik blickte auf die Uhr. Die Spurensicherung war vermutlich schon dort. Das Haus musste noch einmal gründlich durchsucht werden. Vielleicht fand sich ja ein Hinweis auf den Dieb der vierzigtausend Euro und damit auf den Mörder.

In Carolins Zimmer begann der elektronische Wecker zu zirpen, der kurz darauf abgestellt wurde, in Felix' Zimmer krähte ein Hahn, der erst als Eriks Nervenkostüm dem

Zusammenbruch nahe und der Hahn kurz vor dem Zustand akuter Heiserkeit war, endlich zum Schweigen gebracht wurde.

Der Schlüssel der Badezimmertür drehte sich quietschend im Schloss, Felix pochte gegen die Tür, verwünschte lauthals alles, was mit weiblicher Schönheit und übermäßiger Körperpflege zu tun hatte ... trotzdem hörte Erik die Stimme, die vor dem Haus erklang. Er ging zum Fenster und spähte hinaus. Mitten auf der Straße stand, eine riesige Brötchentüte im Arm, seine Schwiegermutter. Vor ihr die Nachbarin, die es sonst frühmorgens immer eilig hatte, weil sie ihren Haushalt erledigt haben musste, bevor ihre Arbeit im Büro der Kurverwaltung begann. Jetzt jedoch schien sie begierig Carlotta Capellas Lebensgeschichte zu lauschen, und Erik hoffte, dass ihr Job nicht in Gefahr geriet, wenn seine Schwiegermutter der eigenen Biografie auch noch die sämtlicher Angehöriger des Capella-Clans hinzufügte.

Die Nachbarin lächelte zu allem, was sie zu hören bekam, und bemühte sich sogar selbst um Sprechanteile in dieser Unterhaltung, die eindeutig über das übliche Maß hinausgingen. Obwohl sie schon seit zwei Jahren nebenan wohnte, hatte Erik noch kein Gespräch mit ihr geführt, das über drei oder vier Sätze hinausgegangen war. Sie stammte aus Husum, schien Plaudereien nicht zu lieben, und Erik hatte diese Einstellung gern akzeptiert. Nun jedoch schaffte sie es, dass Mamma Carlotta ihr sehr lange und sehr aufmerksam zuhörte. Und als sie fertig war, gab es lautes Lachen auf der Straße und ein langes Hin und Her von Abschiedsworten.

Mamma Carlotta war überaus zufrieden, als sie das Haus betrat. »Frau Kemmertöns hat mir alles genau erklärt«, verkündete sie. »Ich weiß jetzt, wo der beste Frisör der Insel ist und wo der Bus abfährt.«

»Frisör?« Erik rutschte die Brötchentüte aus den Fingern, die ihm Mamma Carlotta in die Hand gedrückt hatte. »Bus?«

»Außerdem sagt Frau Kemmertöns«, fuhr Mamma Carlotta fort, »dass du bereits eine heiße Spur verfolgst. Warum hast du mir das nicht erzählt, Enrico?«

»Glaubst du alles, was in der Zeitung steht?«

Mamma Carlotta dachte nicht lange nach. Ihrem Gesicht war abzulesen, dass sie bis zu dieser Stunde mit einer Zeitung umgegangen war wie mit der Bibel. Trotzdem schüttelte sie den Kopf. Wahrscheinlich, weil es Wichtigeres für sie gab als Zeitungsmeldungen und Bibelweisheiten.

»Und dann hat mir Frau Kemmertöns noch erzählt«, fuhr sie fort, »dass im Abstellraum hinter der Garage Lucias Fahrrad steht. Und sie sagt, damit wäre ich in einer halben Stunde in Westerland.«

»Ja, aber ...« Erik betrachtete ratlos seine Küche. In ihr hatte er Mamma Carlotta in Gedanken schalten und walten sehen, nachdem er sich damit abgefunden hatte, dass sie seiner Einladung tatsächlich folgen wollte. Und nun? Nun sprach sie von einem Frisör. Dabei wusste Erik genau, dass sie in Umbrien niemals zum Frisör gegangen war. Zumindest nicht, solange sie die Haare im Nacken zu einem Knoten zusammengesteckt hatte, der wahrlich nicht der Hand eines Fachmannes bedurfte. Und konnte man eine italienische Mamma, die ihr ganzes Leben in einem umbrischen Dorf verbracht hatte, guten Gewissens in einem Bus über die Insel fahren lassen?

»Lucias Fahrrad?«, fragte er, um Zeit zu gewinnen. »Aber du kannst doch gar nicht Fahrrad fahren. In Umbrien fährt kein Mensch mit dem Rad. Glaubst du, man muss sich nur auf ein Fahrrad setzen und mit den Beinen strampeln? Du wirst nicht einmal bis zur Ecke der Westerlandstraße kommen.«

Mamma Carlotta warf zu Eriks größtem Bedauern den Schinken nicht in die Pfanne, sondern zurück in den Kühlschrank, der zur Entnahme der Eier noch offen stand und in Erik kühnste Erwartungen geweckt hatte. Und dann erzählte Mamma Carlotta ihm erst mal von ihrer Freundin Marina, die auf einem einsamen Weingut gelebt hatte. Erik wies mit vielen Gesten darauf hin, dass das Rührei mit Schinken auch parallel zu einer ausschweifenden Erzählung zuzubereiten sei. Aber vergeblich! Er musste sich erst die Geschichte über Carlottas Tante zu Ende anhören, die ein Fahrrad besaß, weil sie vor ihrer Ehe am Trasimeno-See gewohnt hatte, an dessen Ufern es sich bequem radeln ließ, und die, nachdem sie zu dick geworden war, um sich auf den Sattel zu schwingen, ihr Fahrrad der damals zwölfjährigen Carlotta vermachte, damit sie ihre Freundin Marina häufig besuchen konnte. »Obwohl der Weg steil bergauf führte!«

Erik gab die Hoffnung auf Rührei mit Schinken auf, während er sich anhörte, wie beschwerlich die Fahrt gewesen sei und wie gefährlich der Rückweg, wenn es bergab ging. Er griff resigniert zu seinem Marmeladebrötchen und nickte, als er zu hören bekam, Frau Kemmertöns habe bestätigt, dass man das Fahrradfahren niemals verlernte. Und er ärgerte sich, dass er bereits satt war, als Mamma Carlotta dann doch noch die Pfanne erhitzte und sie mit dem Schinken auslegte, der sich bald darauf wellte und herrliche knusprige Ränder bekam. Und seine Laune sank noch tiefer, als sein Assistent schließlich den Anteil am Rührei bekam, auf den eigentlich sein Chef ein Anrecht hatte.

»Ich war übrigens gestern noch in Käptens Kajüte«, erzählte Sören mit vollem Mund. »Tove Griess hat bestätigt, dass er in der Kampener Sparkasse war. Aber er sagt, dass er Christa Kern nicht gesehen hat.« Er sah auf, als wartete er auf Fragen. Als sie ausblieben, fuhr er verunsichert fort: »Angeblich kennt er sie nicht.«

»Angeblich? Was heißt hier angeblich?«

»Dass man ihm nicht unbedingt glauben muss.«

»Und? Haben Sie ihm nicht geglaubt?«

Sören zögerte und antwortete dann, ohne den Blick vom Rührei zu heben: »Doch, ich habe ihm geglaubt.«

Er hatte den letzten Bissen noch nicht in den Mund gesteckt, als Erik ihn zur Eile antrieb. »Es wird Zeit, wir müssen los.«

Sören nickte, schob ein letztes Mal die Gabel in den Mund und erhob sich kauend. »Danke, Signora! Das war wunderbar!«

»Ich hoffe, Sie kommen bald wieder«, lächelte Mamma Carlotta. »Und bringen Sie doch mal Ihre Freundin mit!«

Erik wunderte sich, dass seine Schwiegermutter etwas von Sörens Freundin wusste, von der sein Assistent ihm noch nie etwas erzählt hatte. Aber der Ärger über das verpasste Rührei verbot ihm jede interessierte Nachfrage. Er strafte Sören auf dem Weg nach Kampen sogar mit besonderer Einsilbigkeit, und die Feststellung, dass seine Schwiegermutter eine wirklich patente Person sei, ignorierte er.

Die Spurensicherung war bei der Arbeit, als sie am Tatort eintrafen. Kommissar Vetterich sah aber nicht besonders euphorisch aus. »Wir haben verschiedene Fingerabdrücke gesichert«, knurrte er, »aber viele sind es nicht.«

So schlecht gelaunt war der altgediente Spurenfahnder immer, wenn er nichts finden konnte, was die Ermittlungen vorantrieb. »Mordopfer mit einem derart sauberen und aufgeräumten Haushalt machen es einem wirklich nicht leicht«, brummte er.

»Die Fingerabdrücke werden uns sowieso nicht weiterbringen«, seufzte Erik, »denn unsere beiden Verdächtigen sind ja häufig hier gewesen. Es ist also völlig normal, dass ihre Fingerabdrücke gefunden werden.« Er ging ins Arbeitszimmer und betrachtete eine Weile die Regale, in denen die Aktenordner in Reih und Glied standen. »Gibt es hier auch Fingerabdrücke?«

Vetterich nickte. »Nicht weniger als im Wohnzimmer und in der Küche. Nur im Schlafzimmer ist die Lage übersichtlicher. Dort haben wir lediglich die Abdrücke der Toten und einer weiteren Person gefunden. Wahrscheinlich der Putzfrau.« Er bemühte sich um ein Lächeln, das aber ziemlich verkniffen ausfiel. »Einen Liebhaber hatte die Dame jedenfalls nicht.«

Sören runzelte die Stirn. »Die war doch auch schon ein Stück über vierzig.«

Damit hatte Eriks Missstimmung an diesem Morgen seinen vorläufigen Höhepunkt erreicht. »Wie sieht in Ihren Augen eigentlich ein Vierzigjähriger aus? Wie Methusalem in der Mönchskutte?« Er wandte sich wieder Vetterich zu, ohne die Zornesfalten auf seiner Stirn zu glätten. »Habt ihr einen Tresor entdeckt?«

Kommissar Vetterich schüttelte den Kopf. »Nur eine Geldkassette, die aber leer war.«

»Abgeschlossen?«

»Ja, aber der Schlüssel steckte. Die Geldbörse der Toten lag auf dem Dielenschränkchen. Knapp zweihundertfünfzig Euro steckten drin. Und in einer Lade des Küchenschranks haben wir einen Hunderteuroschein gefunden.«

»Keine Anzeichen dafür, dass das Haus durchsucht wurde?«

»Nein, keine.«

»Dann ist es wirklich eine der Frauen gewesen, die sich beide hier auskennen«, sagte Sören. »Die Frage ist nur, welche.«

Vetterich zuckte die Achseln, kurz darauf zog er mit seinen Leuten ab, so schlecht gelaunt wie ein hungriger Eisbär. Erik und Sören dagegen durchschritten alle Räume, betrachteten jedes einzelne Teil der dekorativen Ordnung, als könnten sie es zwingen, ein Geheimnis zu verraten. Aber die Mustergültigkeit der Arrangements war so ausdruckslos wie das überschminkte Gesicht einer Frau.

Erik stieg schließlich die Treppe in die erste Etage hoch und betrat das Schlafzimmer der Toten. Auch hier war gründlich aufgeräumt worden, aber etwas war anders. Das Schlafzimmer sah aus, als hätte Christa Kern sich hier vom Perfektionismus befreien können. Obwohl sie selten Besuch empfangen hatte, war der Wohnraum so etwas wie die Präsentation ihrer Lebensumstände gewesen, während das Schlafzimmer der Raum war, der ihr allein gehörte. Dieses Zimmer lebte.

Erik starrte auf die blütenweißen Gardinen, die den Blick aufs Watt versperrten. Wie konnte man dieses herrliche Bild zuhängen? Dieses Bild, das alle denkbaren Farben annehmen konnte, vom unheimlichen Indigo bis zum durchsichtigen Blau, das sich in schimmerndes Metall, in hauchzarte Seidenstoffe und manchmal sogar in funkelnde Juwelen verwandelte. Und wie konnte man die Fenster verriegeln, wenn es draußen im Watt raunte, wisperte und knisterte und die Prile glucksten, sobald der Ebbstrom seewärts drängte? In diesem Zimmer musste man, wenn bei Ebbe auch der leiseste Wind verstummt war, sogar die Schlickkrebse hören können, wenn sie an die Oberfläche aufstiegen und ihre dünnen Wasserhäute platzten.

Erik schob die Gardinen beiseite und sah in den Nebel über dem Watt, in dem sich die Möwen verloren, wenn man ihnen lange genug nachgeblickt hatte. Wie immer, wenn er sich in den Räumen eines Menschen aufhielt, der sie mit Leben gefüllt hatte, ohne zu ahnen, dass er keine Zeit haben würde, dieses Leben am Ende mit sich zu nehmen, war er von einem vagen Unwohlsein erfüllt. Das musste er auch jetzt wieder bekämpfen, damit er nicht einfach den Tatort verließ, ohne ganz sicher zu sein, kein Indiz übersehen zu haben. Das Recht, sogar die Pflicht, hier eingedrungen zu sein, wogen für ihn nicht das Unrecht auf, dem Leben eines Menschen auf den Grund zu gehen, der keine Zeit mehr hatte, sein Intimstes von dort mitzunehmen.

Dann betrachtete er das Zimmer, als wäre er Teil des Wattenmeeres, das ins Fenster lugte, und nicht ein ungebetener Gast, der durch die Zimmertür eingedrungen war. Aber diese Perspektive eröffnete ihm nichts Zusätzliches, obwohl das Licht und die Schatten sich verändert hatten. Aber was hatte er erwartet? Nicht in diesem Zimmer war der Mord geschehen, sondern im Wohnzimmer.

Er drehte sich zurück, um die Gardinen wieder zu schließen – da sah er die Bewegung hinter den Heckenrosenwällen. Ein geduckter Rücken schob sich über die Grenze zwischen Wall und Watt, eine Strickmütze mit einem dicken Bommel blitzte auf.

»Fietje!« Erik schloss ärgerlich die Gardine, dann verließ er den Raum und lief die Treppe hinab. Mit wenigen Schritten durchquerte er die Diele, öffnete die Haustür, lief über den Kiesweg bis zur Straße. Zu spät! Fietje war nicht mehr zu sehen.

»Verdammter Spanner«, fluchte er leise vor sich hin und ging ins Haus zurück, wo er bereits von Sören gesucht wurde.

»Haben Sie die Adresse von Fietje Tiensch?«, fragte er barsch, als sei Sören schuld daran, dass der Wenningstedter Strandwärter ihm entwischt war.

Sören schüttelte den Kopf. »Aber es dürfte kein Problem sein, sie herauszufinden.«

»Dann kümmern Sie sich darum und nehmen Sie ihn in die Mangel. Sie können ihn auch in die Polizeistation nach

Westerland bringen und wir verhören ihn dort gemeinsam.«

»Warum?«, fragte Sören verständnislos. »Ist er schon wieder da draußen herumgeschlichen? Halten Sie ihn für verdächtig?«

Erik schüttelte den Kopf. »Das nicht, aber es würde mich nicht wundern, wenn er etwas gesehen hat, was uns weiterhelfen könnte. Etwas, was er uns freiwillig nicht erzählt. Der gibt natürlich nicht gern zu, dass er sich wieder mal auf verbotenem Terrain herumgedrückt hat.«

Sören nickte, wollte etwas antworten – aber in diesem Augenblick ging die Türglocke. Die beiden sahen sich erstaunt an. »Besuch?«, fragte Erik.

»Ich denke, die Kern hatte weder Freunde noch Bekannte«, gab Sören zurück.

Dann erhob er sich und ging zur Haustür. Erik hörte seinen überraschten Ausruf: »Sie? Was machen Sie denn hier?«

Mamma Carlotta hatte bald nach Sören, Erik und den Kindern das Haus verlassen. Ein letzter Blick in die unaufgeräumte Küche, ein flüchtiger Gedanke an die ungemachten Betten und die Berge ungewaschener und ungebügelter Wäsche, die sie im Keller gesehen hatte – dann zog sie die Haustür ins Schloss. Für all das war später noch Zeit. Lucia würde verzeihen, dass ihre Mutter heute für ein paar Stunden an sich und nicht an den vernachlässigten Haushalt der Tochter dachte. Auch die Löckchenfrisur, das Blümchenkleid und den Lippenstift hatte Lucia ihr verziehen, das wusste Mamma Carlotta genau. Schließlich hatte sich unmittelbar nach der Anschaffung des Lippenstiftes herausgestellt, dass Dino Capella viel höher versichert gewesen war, als irgendjemand geahnt hatte, und als der Haarknoten gefallen war, hatte es nach Wochen endlich mal wieder geregnet. Und kaum hatte Mamma Carlotta den Blümchenstoff gekauft und alle schwarzen Kleider in den hinteren Teil des Schrankes verbannt, hatte eine Touristin ihr eine knallrote Bluse überlassen. Alles Geschenke des Himmels, so viel war klar. Und dass ihre Lieblingstochter dahintersteckte, war ebenso klar. Lucia dort oben im Himmel wollte, dass ihre Mutter nun endlich ihr Leben änderte. Und wenn sie wollte, dass die Mama demnächst eine knallrote Bluse trug, dann würde es so geschehen.

»Sì!«, sagte Mamma Carlotta laut und deutlich, als sie an der Bushaltestelle ankam.

Wenig später brauste ein Lieferwagen vorüber, der mit einer Vollbremsung für reichlich Unordnung auf der Hauptstraße sorgte. Erst recht, als er den Rückwärtsgang einlegte und den Wagen zurückrollen ließ. *Käptens Kajüte* stand auf seiner Seite.

Tove beugte sich über den Beifahrersitz und öffnete die Tür. »Wo soll's denn hingehen, Signora? Kann ich Sie mitnehmen?«

Mamma Carlotta war begeistert. »Nach Kampen! Zum Frisör!«

»Na, dann steigen Sie mal ein. Ich muss nach List. Da liegt Kampen ja auf meinem Weg.«

Er startete den Wagen erst, als Mamma Carlotta so lange hin und her gerutscht war, bis sie gemütlich saß. »Es sind nur fünf Minuten«, lachte er. »Soll ich Sie in der Ortsmitte absetzen?«

Mamma Carlotta nickte. »Frau Kemmertöns hat gesagt, in der Nähe der Haltestelle Kampen Mitte gibt es den besten Frisör der Insel.«

Tove grinste. »Na, wenn Frau Kemmertöns das sagt ...«

Mamma Carlotta fand es schade, dass die Fahrt tatsächlich nicht länger als fünf Minuten dauerte. Denn als sie ankamen, hatte sie sich gerade in einer so angeregten

Unterhaltung mit Tove eingerichtet, dass sie seinen Wagen nur ungern verließ.

»Soll ich Sie auf dem Rückweg wieder mitnehmen?«, fragte Tove.

Aber Mamma Carlotta schüttelte den Kopf. »Ich werde wohl mit meinem Schwiegersohn zurückfahren«, erklärte sie. »Der hat zurzeit in Kampen zu tun.«

Toves derbes Gesicht, das sein Lächeln für kurze Zeit sanft und liebenswürdig gemacht hatte, verlor alle Freundlichkeit wieder. Die breiten Augenbrauen, die er beim Lachen hob, senkten sich wie Gewitterwolken über seinen Blick. »Wegen des Mordfalls?«

Mamma Carlotta nickte. »Der Tatort ist ganz in der Nähe.«

Sie hatte schon die Wagentür ins Schloss geworfen, als Tove rief: »Sagen Sie nichts davon, dass Sie in meinem Wagen gefahren sind, Signora! Es ist besser so.«

Mamma Carlotta nickte noch einmal, dann ging sie auf die Tür des Frisörsalons zu.

Die folgende Stunde war eine ihrer schönsten. Sämtliche Frisörinnen liefen nämlich zusammen, als sie erfuhren, dass dies der erste Frisörbesuch in Carlotta Capellas Leben war, und sie alle hingen an ihren Lippen, als Mamma Carlotta sie fast zwei Stunden lang mit Geschichten aus ihrem eigenen Leben unterhielt, aus dem ihrer Kinder, Enkel und ... nun, zu den Schwiegerkindern kam sie nicht mehr, was ihr außerordentlich leid tat, denn sie wollte gerade ein wenig damit prahlen, dass der Hauptkommissar Erik Wolf mit ihrer verstorbenen Tochter verheiratet gewesen war. Aber als sie die Rechnung präsentiert bekam, fand sie, dass die Damen diese Information gar nicht verdient hatten.

Leicht pikiert verließ sie den Salon und erwärmte sich eine Weile mühsam an ihrer Rache, den Frisörinnen den interessantesten Teil ihrer Erzählung vorenthalten zu haben. Zweiundfünfzig Euro für ein bisschen Haarewaschen, Schneiden, Massieren hier und Spülen dort! Mamma Carlotta hoffte inständig, dass Dino nicht auf sie herabsah und sie mit einem Regenguss strafte, der das Werk der Kampener Frisörin gleich wieder zunichte machen würde. Da jedoch der Himmel nicht nach Regen aussah, beruhigte sie sich bald wieder. Und nachdem sie im Vorübergehen einen Blick in ein Schaufenster geworfen hatte, fand sie plötzlich, dass das Geld gut angelegt war. Ihre gleichaltrige Schwägerin, die nach zehn Jahren Witwenschaft immer noch schwarze Kleider trug und die Haare im Nacken zusammensteckte, würde sich wundern, wenn Carlotta Capella mit dieser Frisur aus Deutschland zurückkehrte! Die war nämlich noch ein gutes Stück aufregender als die Löckchenfrisur, die Guidos Frau ihr auf den Kopf gezaubert hatte. Jetzt war jede einzelne Locke über einen geheizten Lockenstab gedreht worden, und als die Pracht so richtig ordentlich aussah, hatte die Frisörin mit beiden Händen alles wieder durcheinandergebracht und die anschließende Unordnung mit Haargel gefestigt, damit sie auch hübsch unordentlich blieb. Mamma Carlotta war froh, dass Dino sie nicht fragen würde, wie man so dumm sein konnte, einer Frisörin zweiundfünfzig Euro dafür zu bezahlen, dass sie möglichst viel Unordnung auf dem Kopf anrichtete.

Zügig schritt sie nun aus, nachdem sie sich in der Touristeninformation nach dem Weg erkundigt hatte. Und bald konnte sie von Weitem Eriks Wagen erkennen. Hocherfreut lief sie noch ein bisschen schneller. Wann hatte es in ihrem Leben schon mal einen Ort gegeben, an dem ein Mensch einem scheußlichen Verbrechen zum Opfer gefallen war?

Sörens Mund stand immer noch offen. »Signora! Wie kommen Sie denn nach Kampen?«

Mamma Carlotta hatte ihn gerade zur Seite geschoben und das Haus betreten, als Erik in die Diele kam. Aber zum Fragen bekam er keine Gelegenheit. Seine Schwiegermutter erklärte, dass der reine Zufall sie zu einem Kampener Frisör geführt habe und dass es doch unsinnig sei, Geld für den Bus auszugeben, wenn sie genauso gut mit ihrem Schwiegersohn nach Wenningstedt zurückfahren könne. Und da sie schon einmal da sei, könne sie sich doch ein bisschen am Tatort umsehen. Schließlich habe sie in ihrem ganzen Leben noch nie etwas zu sehen bekommen, was ein Tatort genannt werden konnte. Wenn man mal von dem Zimmer in Signora Bitalas Pension absähe, in dem ein Feriengast die Muttergottes habe mitgehen lassen, die dort seit Jahrzehnten für Behaglichkeit gesorgt hatte.

Dabei war Mamma Carlotta mit flinken Beinen durchs Haus geeilt, hatte mit flinken Augen in jede Ecke geschaut und mit ebenso flinker Zunge die teure Einrichtung bestaunt. »Eine reinliche Frau muss die Tote gewesen sein. Oder hat hier die Putzfrau, die ihr in Verdacht habt, für Ordnung gesorgt? Oder die Schwester der Toten?«

Erik hätte sich beinahe zu der Anspielung hinreißen lassen, sich an dieser mustergültigen Ordnung ein Beispiel zu nehmen. Aber da Mamma Carlotta ihn nicht zu Wort kommen ließ, beschäftigte er sich ausschließlich mit seiner Verärgerung darüber, dass er beim Abendessen so viel über den Mordfall Christa Kern verraten hatte.

Mittlerweile stand Mamma Carlotta in der Küche und warf einen Blick in den Vorratsraum, dessen Tür offen stand. Er enthielt ein Regal, in dem etliche Konservendosen standen, aufeinandergestapelte Getränkekisten mit vollen und leeren Flaschen und unzählige Umverpackungen, die ein Bring-Service hinterlassen hatte. Mamma Carlotta nahm eine Schachtel in die Hand. »Fisch-Andresen, Westerland«, las sie. »Warum sind sie wohl aufbewahrt worden?«

»Um sie irgendwann in den Papiercontainer zu bringen«, meinte Sören achselzuckend.

»Dieser Bring-Service ist also oft ins Haus gekommen«, überlegte Mama Carlotta weiter. »Die Tote hatte weder Freunde noch Bekannte, das hast du doch gesagt, Enrico. Aber dieser Bring-Service ist regelmäßig zu ihr gekommen. So wie die Putzfrau und die Schwester. Vielleicht war es immer derselbe Zusteller. Dann hat er die Tote recht gut gekannt. Besser als andere! Und dann hat er womöglich eine Beobachtung gemacht, die dir weiterhelfen könnte, Enrico.«

Erik erwachte aus der Betäubung, in die er durch Mamma Carlottas Redeschwall geraten war. »Stimmt.«

»Ich kenne Fisch-Andresen«, bestätigte Sören. »Er hat seinen Laden im Gewerbegebiet, gar nicht weit vom Polizeirevier entfernt. Natürlich nicht in so vorteilhafter Lage wie Gosch. Eher ziemlich versteckt, sodass ihn kaum jemand kennt. Und es wäre schon ein Zufall, wenn ein Tourist auf den Laden stieße.«

»Ecco!« Mamma Carlotta griff sich zufrieden in die Haare. »Wie gefällt dir übrigens meine neue Frisur, Enrico?«

»Neue Frisur?« Erik starrte seine Schwiegermutter verwirrt an. »Hat sich irgendwas verändert?«

Mamma Carlotta verdrehte die Augen und fuchtelte über ihrem Kopf herum, als wollte sie das Werk der Friseurin durch intensives Haareraufen noch verbessern. »Lucia hat oft darüber geklagt, dass du nicht in die Seele einer Frau blicken kannst. Jetzt weiß ich, was sie gemeint hat.« Ohne auf Sörens Grinsen zu achten, fuhr sie fort: »Dann wirst du jetzt also nach Westerland fahren, um diesem Andresen auf den Zahn zu fühlen?«

Erik nickte. »Wir werden dich in Wenningstedt absetzen. Sicherlich möchtest du das Essen für die Kinder vorbereiten.«

»Das hat Zeit«, behauptete Mamma Carlotta, die in Umbrien den größten Teil des Vormittags in der Küche verbrachte, weil für eine italienische Hausfrau jede Mahlzeit aus Antipasti, Primo piatto und Secondo piatto bestehen musste und ohne Dolci nicht auskam. »Ich fahre mit euch nach Westerland, Enrico. So habe ich Gelegenheit, mir das Polizeirevier anzusehen, in dem du arbeitest. Sicherlich hast du sehr nette Kollegen. Und Westerland soll ja wunderschön sein. Teure Geschäfte, ein Kasino, Kurkonzerte, ein Hallenbad ...« Mamma Carlotta stand schon neben dem Wagen, ehe Sören das Haus abgeschlossen hatte.

Während Erik das Auto öffnete, überlegte er, ob er Frau Kemmertöns ins Verhör nehmen sollte. Hatte sie Mamma Carlotta wirklich geraten, den Frisör in Kampen aufzusuchen? Oder war es blanke Neugier, die seine Schwiegermutter in die Nähe des Tatorts getrieben hatte? Dass das Durcheinander auf ihrem Kopf das Werk eines Fachmannes war, hielt er für ausgeschlossen. Und das, obwohl Sören in diesem Augenblick sagte: »Tolle Frisur, Signora! Meine Freundin trägt die Haare neuerdings auch so. Bed head heißt das wohl.«

Mamma Carlotta und ihr Schwiegersohn sahen gleichermaßen verständnislos drein, und Sören erläuterte: »Der Kopf soll so aussehen, als sei man gerade aus dem Bett gekommen. Das ist modern heutzutage.«

Erik schüttelte den Kopf. Seit Mamma Carlotta am Tatort aufgetaucht war, fühlte er sich wie der Antagonist in einem Miss-Marple-Krimi. Und was wäre, wenn er sich nun einfach weigerte, das Polizeirevier von Westerland zur Besichtigung freizugeben? Wenn er einfach in Wenningstedt anhielt und Mamma Carlotta am Süder Wung absetzte?

»Es war immer schön, wenn Ihre Frau uns im Polizeirevier besuchte«, sagte Sören in diesem Augenblick. »Wissen Sie noch, wie oft sie uns selbst gebackenen Kuchen brachte?« Er warf ihm einen kurzen Blick zu. »Jetzt kann ich es ja sagen: Sämtliche Kollegen haben Sie um Ihre Frau beneidet.«

7

Sören hatte Recht. In dieser Lage konnte kein Laden florieren. Und tatsächlich sah alles danach aus, als hielte Fisch-Andresen sich nur mit Mühe über Wasser. Ein Plakat im Schaufenster prahlte zwar mit günstigen Preisen und pries den Bring-Service an, der jede noch so kleine Bestellung kostenlos ins Haus lieferte, aber das übersichtliche Angebot und die Bescheidenheit des winzigen Ladens mussten in jedem Kunden Misstrauen wecken. Auch in dem, der wohlwollend zur Kenntnis nahm, dass es im Schaufenster von Fisch-Andresen vor Sauberkeit nur so blitzte.

Sören betrachtete das Schild, das über der Eingangstür hing. »Wolf Andresen«, las er, dann grinste er seinen Chef an. »Noch ein Wolf!«

Erik lächelte nicht. »Als Andresen diesen Laden eröffnete, soll er behauptet haben, Gosch müsse sich demnächst warm anziehen.«

Sören verdrehte die Augen. »Ich vermute eher, dass Fisch-Andresen jetzt Konkurs anmelden muss, nachdem er eine gute Kundin verloren hat. Wahrscheinlich war sie seine beste. Mal sehen, ob Andresen schon erfahren hat, dass er Christa Kern aus seiner Kundenkartei streichen kann.«

Eine Glocke schepperte, als Erik die Ladentür öffnete, und sie schepperte wieder, als Sören die Tür ins Schloss drückte. Erik betrachtete ein paar Dorsche, die ihn aus toten Augen anglotzten, während er den schwachen Geräuschen lauschte, die in den Ladenraum drangen. Hinter einer Tür wurde mit Geschirr geklappert, durch einen Vorhang aus Perlenschnüren drang die leise Stimme einer Frau, die immer wieder unterbrochen wurde durch das Weinen eines Kindes. Anscheinend begann dort bereits das Privatleben von Wolf Andresen.

Das Geschirrgeklapper verstummte kurz, eine Stimme rief: »Ich komme sofort!«, dann ging das Klappern weiter.

Sören schnupperte geräuschvoll, um anzuzeigen, dass ihm der Fischgeruch nicht behagte, dann trat er ans Fenster und blickte auf die Straße. »Wie lange dauert das denn?«, murmelte er.

Erik lauschte der Frauenstimme. »... wie nun Rotkäppchen in den Wald kam, begegnete ihm der Wolf. Rotkäppchen aber wusste nicht, was das für ein böses Tier war, und fürchtete sich nicht ...«

»Sie wünschen bitte?«

Erik fuhr zusammen. Er hatte nicht bemerkt, dass sich die Tür hinter dem Tresen geöffnet hatte. Seine Ohren waren von Rotkäppchen und dem bösen Wolf angezogen worden, seine Augen von einer Sardinenreihe, die sich besonders wirkungsvoll präsentierte, weil die Fische Kiemen an Kiemen, Flosse an Flosse, Schwanz an Schwanz lagen, alle auf der linken Körperseite und alle Augen auf Erik gerichtet. So wie die von Wolf Andresen, dessen ausdruckslose, kommerzielle Freundlichkeit sich erst allmählich wandelte.

Sören drehte sich um und griff nach seinem Ausweis, Erik hielt seinen bereits in der Hand. »Wir kommen wegen Christa Kern. Der Name ist Ihnen bekannt?«

Wolf Andresen nickte. »Eine Kundin von mir.«

Er war ein großer, schlanker Mann von Anfang vierzig, mit einem schmalen Gesicht, das von hellgrauen Augen beherrscht wurde, die nun unruhig zwischen Erik und

Sören hin und her huschten. Andresens schütteres Haar war penibel gekämmt und gescheitelt worden, sein blau-weiß-gestreiftes Hemd makellos, die weiße Schürze mit der Aufschrift *Fisch-Andresen* blitzsauber. Er zupfte seine dünnen Gummihandschuhe von den Händen, die rot waren vom vielen Säubern.

»Sie wissen, dass Frau Kern ermordet worden ist?«, fragte Erik.

Wolf Andresen nickte, streifte die Gummihandschuhe wieder über, griff zu den Seelachsfilets und richtete sie so aus, dass von den schmalen Schwanzstücken keines über die Platte hinausragte, auf der sie angeordnet waren. »Ich habe es heute Morgen im Radio gehört«, antwortete er und tastete mit unruhigen Händen über das Einwickelpapier, löste die Bögen voneinander, strich sie glatt und legte sie wieder sorgfältig Ecke auf Ecke.

»Wann haben Sie Christa Kern zum letzten Mal gesehen?«, fragte Erik.

»Ich muss in meinem Auftragsbuch nachsehen.«

»Dann tun Sie das, bitte.« Erik warf Sören einen vielsagenden Blick zu, während Wolf Andresen zu einem Pult ging, auf dem ein dickes aufgeschlagenes Buch lag. Hastig blätterte er ein paar Seiten zurück.

In die Stille drang wieder die Stimme der Frau durch die Perlenschnüre: »... der Wolf drückte auf die Klinke, die Türe sprang auf, und er ging, ohne ein Wort zu sprechen, gerade zum Bett der Großmutter und verschluckte sie.«

Das Kind, das immer wieder leise gewimmert hatte, begann nun laut zu weinen. »Nein, nicht auffressen.«

»Schon gut«, sagte die Frauenstimme. »Diesen bösen Wolf gibt es ja nur im Märchen.«

Andresen strich die Seiten des Buches glatt, dann drehte er sich zu Erik und Sören um. »Vor fünf Tagen habe ich ihr eine kleine Edelfischplatte geliefert«, erklärte er.

»Vor fünf Tagen«, wiederholte Erik nachdenklich. »Heute ist Dienstag. Am Donnerstag also?«

Andresen nickte. »Ja, Donnerstagabend um acht.«

»Sie haben die Platte selbst nach Kampen gebracht?«

Andresen nickte, strich seine Schürze glatt und griff nach hinten, um die Bänder, die im Rücken geknotet waren, zu straffen. Unruhig arbeiteten seine Hände hinter seinem Körper, bis er mit dem Sitz der Schleife zufrieden war. »Ja, ich bin selbst nach Kampen gefahren.«

Erik betrachtete eine Weile den zuckenden rechten Mundwinkel und die unruhigen Augenlider seines Gegenübers. »Wir haben jede Menge Umverpackungen in Christa Kerns Haus gefunden«, erklärte er. »Demnach sind Sie oft nach Kampen gefahren, um Frau Kern zu beliefern. Immer höchstpersönlich?«

Andresen nickte, nahm eine Gabel, schob einen Rollmops ein wenig nach links, sorgte dafür, dass die Holzspieße aller Rollmöpse in dieselbe Richtung zeigten, und nickte dann noch einmal. »Ja, ich habe zwar einen Auslieferer, aber zu Frau Kern bin ich immer selbst gefahren.«

»Warum?«

»Warum?« Andresen sah Erik verblüfft an. »Nun ... mein Fahrer liefert während der Öffnungszeiten aus. Dann muss ich ja hier im Geschäft bleiben. Nach Ladenschluss hat der Fahrer Feierabend, und ich bringe selbst die Waren zu den Kunden.«

»Christa Kern wurde immer erst nach Ladenschluss beliefert?«

»Ja. Immer abends.«

»Frau Kern lebte sehr zurückgezogen. Wir haben uns sagen lassen, dass sie nie Gäste hatte. Sie haben demnach immer nur kleine Portionen geliefert. Für eine Person.«

Andresen nickte. »Ja, mal ein bisschen Lachs mit Honigsauce, mal einen Krabbencocktail ... Den aß sie sehr gern.«

»Sie kaufte ihren Fisch nie hier im Laden?«

Andresens Mund verzog sich. »Nein, sie hätte niemals einen Fischladen betreten. Sie konnte den Geruch nicht ausstehen. Wenn ich zu ihr fuhr, musste ich mich immer erst umziehen, damit ich ihr keinen Fischgeruch ins Haus trug.«

Sören machte einen Schritt vor. »Ziemlich viel Aufwand für eine einzige Portion Lachs oder Krabbensalat, finden Sie nicht?«

Andresens Schultern begannen zu zucken, seine Finger irrten auf der Waage herum. »Die Geschäfte gehen nicht besonders gut«, sagte er. »Ich kann es mir nicht leisten, einen Kunden zurückzuweisen.«

»Auch nicht eine Kundin, die so unangenehm war wie Christa Kern«, insistierte Erik.

Andresens Mundwinkel zuckten noch stärker, das überhebliche Lächeln, zu dem er sich zwingen wollte, misslang ihm gründlich. »Man soll ja über Tote nichts Schlechtes sagen«, begann er. »Aber sie war wirklich keine besonders nette Dame.«

»Sie mussten sich auch von ihr schlecht behandeln lassen?«, fragte Erik und ließ einen bedeutungsvollen Blick durch den Laden wandern. »Weil Sie auf jeden Kunden angewiesen sind? Was hat sie denn von Ihnen verlangt?«

»Mal dies, mal das.«

Sören wurde ungeduldig. »Geht's auch ein bisschen genauer?«

»Nun ... manchmal kam ich eine halbe Stunde früher als vereinbart, dann verlangte sie von mir, noch einmal zurückzufahren und pünktlich wiederzukommen. Wenn ich zu spät kam – und waren es auch nur ein paar Minuten –, nahm sie manchmal die Lieferung nicht ab und ich musste unverrichteter Dinge nach Westerland zurück. Aber es war möglich, dass sie dann eine Stunde später anrief und sagte, sie hätte es sich anders überlegt. Dann musste ich wieder nach Kampen aufbrechen und ihr die Ware bringen.« Er stieß ein Lachen aus, das wie ein Ächzen klang. »Und das alles für ein einziges Forellenfilet oder ein paar Langusten.«

Erik nickte, als hätte er vollstes Verständnis für Andresens Erregung. »Haben Sie Beobachtungen gemacht, die uns weiterhelfen können? Glauben Sie, dass Christa Kern Feinde hatte?«

»Ich weiß es nicht. Niemand mochte sie. Aber Beobachtungen habe ich keine gemacht.«

»... und wenn sie nicht gestorben sind, dann leben sie noch heute.« Eine weibliche Stimme war zu hören.

Erik lächelte und nickte zu dem Perlenschnurvorhang. »Ihre Frau und Ihr Kind?«

Andresen nickte. »Meine Frau kann nur noch selten im Laden helfen, seit unsere Tochter krank ist.«

Hinter dem Vorhang wurde ein Stuhl gerückt, kurz darauf raschelten die Perlenschnüre. Eine blasse Frau – Erik schätzte sie auf Ende dreißig – stand im Laden. »Was habe ich gehört? Die Kern ist tot? Ermordet? Na, das musste ja mal so kommen.«

Die Ladentür öffnete sich, die Glocke schepperte, eine ganze Familie in Wanderkleidung drängte in den kleinen Laden. »Ich will keinen Fisch«, schrie das Kind, das von seinem Vater auf dem Arm getragen wurde.

»Wenn überhaupt, dann mit Pommes«, fielen die älteren Geschwister ein. »Gibt's hier überhaupt Pommes?«

Wolf Andresens Frau griff zwischen die Perlenschnüre und dehnte sie zu einer Öffnung. »Kommen Sie«, sagte sie zu Erik und Sören gewandt.

Ihr Mann sah nicht so aus, als gefiele es ihm, dass die beiden Polizisten in seine Privatsphäre eindrangen, aber er hatte genug damit zu tun, den Kindern der Feriengäste die

Pommes auszureden und sie von seinem Kartoffelsalat zu überzeugen.

Erik und Sören betraten einen dämmrigen Raum, der Wohnzimmer und Küche zugleich war. Gegenüber dem Perlenschnurvorhang gab es zwei winzige Fenster und eine schmale Tür, die zum Garten hinausgingen und wenig Licht hereinließen. Ein Raum, der erfüllt war vom Warten und von einer Trostlosigkeit, die nach Fisch roch.

»Ich heiße Ulla Andresen, und das ist meine Tochter Saskia.«

»Mein Kollege Kretschmer«, stellte Erik vor, »und mein Name ist Wolf.«

Er erschrak heftig, als sich das Kind, das die beiden Männer mit großen Augen betrachtet hatte, herumwarf und zu schreien begann – mit einer schrillen, kraftlosen Stimme, die dennoch durchdringender war als das Gebrüll der Kinder im Laden, die keinen Kartoffelsalat haben wollten. Entsetzt starrten Erik und Sören das Kind an, dessen Stimme immer dünner wurde und schließlich auf seinem Höhepunkt erstarrte. Verzweifelt ruderten die dünnen Arme, das Gesicht lief blau an, Erik griff sich an den Hals, als bedrängte ihn selbst die Atemnot ... Dann hatte die Mutter das kleine Mädchen aufgerichtet, der erlösende Moment trat ein, in dem der Atem den schmalen Körper wieder verließ. Auch Erik atmete erleichtert aus, Sören gab einen erstickten Laut von sich.

Das Kind barg sein Gesicht an der Brust der Mutter. »Wolf«, schluchzte es, »böser Wolf. Weg! Weg!«

Ulla sah Erik an, als hätte er etwas Schreckliches getan. »Sie heißen wirklich Wolf?«

»Böser Wolf! Böser Wolf!«, keuchte das Kind.

Erik nickte hilflos. »Ja, aber ...«

»Dann gehen Sie besser. Ein böser Wolf im Hause reicht uns. Saskia hat Angst vor dem Wolf.«

Sören fing sich als Erster wieder. »Warum lesen Sie Ihrem Kind dann ausgerechnet das Märchen von Rotkäppchen und dem bösen Wolf vor?«

Ulla Andresen sah nur kurz auf. »Haben Sie noch nie gehört, dass Kinder mit einem Märchen ihre realen Ängste verarbeiten?«

Sören zupfte seinen Chef am Ärmel, und Erik verstand. Es ging ihm ebenso wie seinem Assistenten. Er wollte hier raus! So schnell wie möglich.

Erik zerteilte die Perlenschnüre und legte seine Visitenkarte auf den Tresen. »Rufen Sie mich bitte an, wenn Ihnen noch was einfällt.«

Andresen antwortete nicht, sondern folgte Erik und Sören, um die Ladentür hinter ihnen zu schließen. Als Erik sich an der Autotür noch einmal umdrehte, sah er, dass Wolf Andresen die große rote Hummer-Attrappe, die sein Schaufenster zierte, von links nach rechts schob und wieder zurück.

»Zwangshandlungen«, sagte Sören. »Dieses Hin- und Herrücken, das Ausrichten, das Kontrollieren ... der Kerl hat 'ne Macke. Er leidet eindeutig unter Zwangsstörungen.«

Erik setzte sich hinters Steuer. »Zwangsstörungen sind immer Angststörungen.« Er starrte eine Weile durch die Windschutzscheibe, ehe er den Zündschlüssel drehte. »Glauben Sie, dass das Kind Angst vor seinem Vater hat, Sören?«

Sein Assistent grinste. »Nicht nur vor dem Vater, auch vor Ihnen. So ein Pech aber auch, dass Sie ebenfalls Wolf heißen.«

Im Polizeirevier am Kirchenweg wurde zum zweiten Mal Kaffee gekocht, als Erik und Sören zurückkamen. Der angenehme Duft war auf dem besten Wege, den Geruch der Stempelkissen, Uniformjacken, frischen Kopien und muffigen Aktenordner zu besiegen. Natürlich wurde in der Revierstube häufig Kaffee gekocht, aber diesmal zwang das Gluckern der Kaffeemaschine nicht nur den typischen Kontormief in die Knie, sondern sogar die Trostlosigkeit der Aktenschränke, das Elend der vernachlässigten Topfpflanzen und sogar das Grau der Vorhänge, die lange nicht mehr gewaschen worden waren. Erik versuchte seinen Ärger zu unterdrücken. Wo Mamma Carlotta auftauchte, entstand im Nu das lärmende Hin und Her einer Trattoria.

Sie steuerte gerade auf den Höhepunkt einer Erzählung zu, in der es um eine angeheiratete Cousine ging, der nach einer Kinderkrankheit der Geruchssinn abhanden gekommen war. Sie wollte eine Torte mit Mandelblättern verzieren und griff versehentlich zu den blättrig geschnittenen Knoblauchzehen, die für das Tomatenpesto bestimmt waren, das an diesem Tag gekocht werden sollte. »Die Gesichter der Kaffeegäste hätten Sie sehen sollen!«

Polizeimeister Enno Mierendorf und Obermeister Rudi Engdahl amüsierten sich königlich. Als das Gelächter schlagartig verstummte, sah Mamma Carlotta zur Tür. »Ah, Enrico! Ein wirklich schönes Büro hast du! Und so nette Kollegen! Ich habe ihnen gerade versprochen, dir demnächst selbst eingelegte Antipasti mitzugeben.«

Erik antwortete nicht darauf. Er sah zur Uhr, dann in die grinsenden Gesichter seiner beiden Mitarbeiter und meinte: »Soll ich jemanden bitten, dich nach Wenningstedt zu fahren? Die Kinder kommen bald aus der Schule.«

Aber wenn er geglaubt hatte, Mamma Carlotta fiele auf dieses durchsichtige Manöver herein, dann hatte er sich getäuscht. Sie machte es genauso wie Erik und reagierte statt zu antworten mit einer Gegenfrage: »Hattest du Erfolg bei diesem …« Sie ruderte mit den Armen in der Luft herum, ehe ihr das Wort einfiel: »Fischhändler?«

Mamma Carlotta ließ sich gemütlich wieder zurücksinken, als Sören seinen beiden Kollegen zu schildern begann, was man bei Fisch-Andresen recherchiert hatte. Und in der Hoffnung, dass man ihre Anwesenheit in den nächsten Minuten vollends vergessen könnte, verhielt sie sich mucksmäuschenstill und lauschte Sörens Bericht ohne einen einzigen Ausruf der Verwunderung. Eine unglaubliche Leistung für Carlotta Capella! Es gelang ihr sogar zu schweigen, als Sören von Wolf Andresens Nervosität erzählte und von seiner Gewohnheit, alle Gegenstände um sich herum so exakt anzuordnen wie ein Chirurg seine Skalpelle.

»Ein Verrückter«, behauptete Sören. »Wie kann er behaupten, die schwierige Geschäftslage zwänge ihn dazu, sich auf Christa Kerns unverschämte Forderungen einzulassen! Wenn die Kern ihn zweimal zwischen Kampen und Westerland hin- und herfahren lässt, dann verdient er nichts mehr an diesem Bring-Service. Die Verdienstspanne wird geschluckt durch die Mehrkosten. Warum also lässt er sich auf so ein Verlustgeschäft ein?«

»Weil er ein schlechter Geschäftsmann ist«, meldete Enno Mierendorf sich zu Wort. »Er hat es nie geschafft, sich gegen Gosch zu behaupten. Dass er es überhaupt versucht hat, zeigt schon, dass er nichts vom Geschäft versteht.«

»Vergiss nicht seine privaten Probleme«, wandte Rudi Engdahl ein. »Bei den schwierigen häuslichen Verhältnissen ist es nicht leicht, noch Kraft fürs Geschäft aufzubringen.«

Mamma Carlotta hätte sich für ihr Leben gern eingemischt und zu diesem Fall ihre eigenen Erfahrungen mit ihrem Onkel Leonardo beigetragen. Der hatte nämlich ein blühendes Weingut in der Nähe von Perugia geerbt und es innerhalb von zwanzig Jahren heruntergewirtschaftet, weil seine häuslichen Verhältnisse ebenfalls schwierig waren und seine Familie ihn nicht in Ruhe arbeiten ließ. Seine Frau war zunächst kränklich, dann untreu, dann schwanger geworden, und das, obwohl sie sich ihrem Ehemann seit einem Jahr verweigerte. Aber damit noch nicht genug. Der älteste Sohn trank den Wein selbst, statt ihn zu verkaufen, und die einzige Tochter bekam drei uneheliche Kinder, jedes von einem anderen deutschen Touristen. Mamma Carlotta hatte der Madonna gedankt, dass Lucia, obwohl auch sie sich in einen deutschen Touristen verliebt hatte, doch immerhin mit ihm verheiratet war, als sie ihre Kinder bekam. Aber da sie merkte, dass Erik ihre Anwesenheit tatsächlich vergessen hatte, enthielt sie den Polizeibeamten die Erfahrungen Onkel Leonardos vor, der sich irgendwann den Strick genommen und sich im ehelichen Schlafzimmer aufgehängt hatte.

Mierendorf und Engdahl kannten Wolf Andresen. Sie waren beide in Westerland geboren worden und hatten damit einen Vorsprung, denn Erik war Wenningstedter und Sören Hörnumer, dessen Eltern vor Jahren nach Wenningstedt gezogen waren, als Sörens Vater Oberkellner im Kliffkieker wurde.

»Seit Saskia so krank ist, geht Andresens Ehe den Bach runter«, behauptete Enno Mierendorf.

»Was ist mit Saskia?«, fragte Erik.

»Sie ist schwer herzkrank«, entgegnete Rudi Engdahl. »Austherapiert.«

Mamma Carlotta, die sich unter diesem Begriff nichts vorstellen konnte, biss sich auf die Lippen. Gespannt sah sie von einem zum anderen in der Hoffnung, dass irgendjemand etwas sagte, was ihr weiterhalf. Aber sie hatte Pech. Alle schienen das Wort zu kennen, ein trauriges, unheilvolles Wort. Bedrückt sahen die vier Beamten vor sich hin, keiner blickte in Carlottas fragende Augen.

Also musste die sich doch zu Wort melden. »Was heißt das – austherapiert?«

Erik erhob sich, und Mamma Carlotta hatte das unangenehme Gefühl, dass er von ihr das Gleiche erwartete. Aber obwohl sie sehr viel Respekt vor einem Polizeibeamten hatte – auch dann, wenn er ihr Schwiegersohn war –, blieb sie sitzen. Ihre Neugier übertraf nun mal in jeder Lebenslage ihren Respekt bei weitem.

Erik seufzte resigniert auf. »Das heißt, es gibt keine Hoffnung mehr für das Kind«, erklärte er. »Die Ärzte sind am Ende. Man kann nur noch auf den Tod des kleinen Mädchens warten.«

Mamma Carlotta griff sich ans Herz. »Dio mio! Das ist ja entsetzlich. Die arme Bambina! Die bedauernswerten Eltern!«

Als das Telefon klingelte, nahm Enno Mierendorf den Hörer ab. Er lauschte kurz, dann nickte er und winkte Sören heran. »Der Anwalt aus Frankfurt ist dran, den du um Rückruf gebeten hast.«

Das Gespräch dauerte nicht lange. Nach wenigen Sätzen legte Sören den Hörer auf. »Christa Kern hat ein Testament hinterlassen«, sagte er zu Erik. »Ihre Schwester Bernadette Frenzel ist Alleinerbin.«

Ein Sylt-Urlauber trat ein, der den Verlust seiner Geldbörse anzeigen wollte, ihm folgte ein aufgeregter Boutiquenbesitzer, der verlangte, dass auf der Stelle Jagd auf einen Ladendieb gemacht wurde, der mit einer Handtasche durchgegangen war.

Mamma Carlotta spürte, dass sie nichts Neues mehr erfahren würde. »Beschreibst du mir den Weg zu diesem Fischhändler, Enrico?«, bat sie. »Ich werde dort fürs Mittagessen einkaufen. Und dann nehme ich den nächsten Bus nach Wenningstedt.«

8

Mamma Carlotta überquerte den Kirchenweg und ging auf das Bahnhofsgebäude zu. Auf dem Vorplatz blieb sie eine Weile stehen und betrachtete die »Reisenden Riesen im Wind«. So hießen die giftgrünen Kunststoffskulpturen, die vor dem Bahnhofsgebäude aufgestellt worden waren. Erik hatte ihr erzählt, dass der Kieler Künstler Martin Wolke dafür verantwortlich war, wahrscheinlich weil er den ankommenden Reisenden sofort den richtigen Eindruck von Westerland vermitteln wollte: zu groß und hässlich. Ob Westerland wirklich so war, wusste sie noch nicht, aber diese Figuren waren es. Kopfschüttelnd betrachtete sie die umgedrehten Gesichter der kleinen Skulpturen. So was sollte Kunst sein?

Wolf Andresen sah nur kurz auf, als die Türglocke schepperte. »Moin!« Unverzüglich wandte er sich wieder einer älteren Dame zu, deren Wünsche er mit großem Eifer erfüllte. Er schien sie zu kennen. Mamma Carlotta konnte ihrem Gespräch entnehmen, dass die Frau eine Ferienwohnung in Westerland besaß und einen großen Teil des Jahres hier verbrachte.

»Mein Mann hat gesagt: Am ersten Abend auf Sylt will ich eine Makrele von Fisch-Andresen.«

Wolf Andresen lächelte geschmeichelt, dann suchte er die dickste Makrele aus seinem Sortiment aus, während er immer wieder einen unruhigen Blick zu Mamma Carlotta und manchmal zu dem Perlenschnurvorhang warf.

»Haben Sie Aal in Gelee?«, fragte die Kundin.

Andresen bedauerte. »Aber ich könnte Ihnen Aalrauch-Matjes empfehlen. Butterzart!«

»Nein, danke!« Die Kundin zögerte, dann beschloss sie, dass die Makrele ausreichte. Mamma Carlotta war sicher, dass sie später zu Gosch gehen würde, um dort nach Aal in Gelee zu fragen. Und Andresen wusste es genauso gut.

Mamma Carlotta konzentrierte ihr Kaufinteresse auf den Dorsch, weil er im linken Teil der Kühltheke offeriert wurde, ganz in der Nähe der Perlenschnüre.

»Ist der Wolf böse?«, hörte sie eine Kinderstimme fragen.

»Ja, böse, hinterlistig und feige«, antwortete die Mutter. »Am besten, wir haben möglichst wenig mit ihm zu tun.«

Mamma Carlotta lehnte sich an die geflieste Wand, schloss die Augen und griff sich an den Magen. Andresen sah erschrocken auf. Aber erst, als die Makrele exakt in der Mitte des Einwickelpapiers lag, von jedem Papierrand gleich weit entfernt, fragte er: »Ist Ihnen nicht gut?«

Mamma Carlotta nickte und bat mit bebenden Lippen um ein Glas Wasser.

Andresen warf seiner Kundin einen Blick zu, der um Verständnis bitten sollte, dann durchtrennte er die Perlenschnüre.

Dass Mamma Carlotta ihm unverzüglich folgte, merkte er erst, als sie hinter ihm stand. »Vielleicht kann ich mich für einen Moment setzen?«

Andresen gab sich keine Mühe, sein Missfallen zu verbergen, aber er widersprach nicht, als Mamma Carlotta theatralisch schnaufte, sich auf einen Stuhl sinken ließ und mit einer Geste den Handrücken auf die Stirn legte, die manche Operndiva lange üben musste. Sie nahm einen kräftigen Schluck und seufzte auf, um anzuzeigen, wie gut ihr die Erfrischung tat.

»Geh ruhig wieder in den Laden«, sagte die Frauenstimme. »Ich kümmere mich schon um sie.«

»Danke, Ulla.« Die Perlenschnüre klingelten, und Mamma Carlotta riskierte einen Blick in die Tiefe des Raumes.

Ulla Andresen erhob sich vom Bett ihres Kindes, kam auf Mamma Carlotta zu und lehnte sich mit dem Rücken an die Spüle. »Geht's wieder?«

Mamma Carlotta nickte. »Ich komme aus Italia, bin zum ersten Mal auf Sylt. Das Klima scheint mir nicht zu bekommen.« Als Ulla verständnisvoll nickte, wäre sie um ein Haar der Versuchung erlegen, mehr zu erzählen von ihrem Leben in Umbrien, von ihrem verstorbenen Dino, von ihrer Tochter, Gott hab sie selig, ihrem Schwiegersohn und den Enkeln. Aber gerade noch rechtzeitig fiel ihr ein, dass sie sich in dieses Zimmer geschmuggelt hatte, weil sie neugierig auf diesen Fischhändler war, der so häufig in das Haus der Toten am Watt gekommen war, und auf seine bedauernswerte Familie.

Sie nippte wieder an ihrem Wasserglas und sah sich unauffällig um, während Ulla Andresen zu ihrem Kind zurückging, das erneut zu wimmern begann. »Gleich lese ich dir wieder vor.«

Das Kind reagierte nicht. Es lag da, atmete hastig und schwer, den Blick unverwandt auf Mamma Carlotta gerichtet. Anscheinend verirrten sich nur selten Besucher hierher. Plötzlich verzog sich das Gesicht des Kindes, und es begann kläglich zu weinen. »Lesen«, schluchzte es.

Ulla Andresen seufzte auf und griff wieder zu dem Märchenbuch, das auf einem Tischchen neben dem Bett lag. »Tut mir leid«, sagte sie zu Mamma Carlotta, »aber immer, wenn es Saskia besonders schlecht geht, ist sie nur durchs Vorlesen zu beruhigen.«

Mamma Carlotta nickte, nippte weiter an ihrem Glas und fragte sich, ob sie um ein zweites würde bitten können, wenn nach dem ersten ihre Neugier noch nicht gestillt sein sollte.

»Böser Wolf«, flüsterte das Kind.

»Ja, der böse Wolf ist überall«, entgegnete die Mutter. »Auch bei den sieben Geißlein. Willst du das Märchen vom Wolf und den sieben Geißlein hören?«

Saskia nickte und schob dann ihren Daumen in den Mund. Sie starrte Mamma Carlotta an, während ihre Mutter zu lesen begann. »Es war einmal eine alte Geiß ...«

Hinter den Perlenschnüren richtete Wolf Andresen freundlichste Grüße an den Gatten seiner Kundin aus. »Und beehren Sie mich bald wieder! Dann wird auch Aal in Gelee im Angebot sein.«

Die Glocke schepperte.

»Einen Bratrollmops, bitte«, hörte Mamma Carlotta einen Kunden sagen.

Sie hatte das Gefühl, dass ihr Aufenthalt in dieser Stube länger dauern könnte, denn im Laden hatte Wolf Andresen genug damit zu tun, einen Matjessalat zu verteidigen, dem der Kunde das Attribut »hausgemacht« absprechen wollte. Seine Frau las währenddessen dem Kind vor: »... da ging der Wolf fort zu einem Krämer und kaufte sich ein großes Stück Kreide ...«

Ulla Andresen war eine hübsche Frau, mit einer schlanken Figur, einem weichen, runden Gesicht und ebenso runden Augen. Obwohl Sie in diesem düsteren Hinterzimmer eingeschlossen war, hatte sie sich Mühe mit ihrer Kleidung gegeben, die gepflegt und modisch war, hatte die langen Haare sorgfältig am Hinterkopf aufgesteckt und versucht, der Blässe ihres Gesichtes mit Puderrouge beizukommen.

»... wir machen nicht auf, unsere Mutter hat keinen schwarzen Fuß wie du ...«

Der Kunde hatte sich gegen den Matjessalat entschieden und war gegangen. Andresen betrat den Raum. »Geht's Ihnen besser?«, fragte er Mamma Carlotta.

»Ja, danke.« Sie erhob sich und trank das Glas im Stehen aus. Andresen nahm es ihr ab und stellte es auf die Spüle.

»Was hat die Kleine?«, fragte Mamma Carlotta, während sie sich scheinheilig in Richtung Perlenschnurvorhang bewegte.

»Fallotsche Tetralogie«, gab Andresen ausdruckslos zurück. »Ein angeborener Herzfehler.«

»Austherapiert?«, fragte Mamma Carlotta, die stolz auf ihre neue Vokabel war.

Andresen zuckte zusammen und starrte seine Frau an. Die erhob sich, ohne auf das Weinen des Kindes zu achten. »Gewissermaßen«, antwortete sie. »Saskia ist operiert worden, aber leider ohne den gewünschten Erfolg. Daher haben die Ärzte sie tatsächlich austherapiert genannt. Doch es gibt noch eine Möglichkeit, Saskia zu helfen. Eine Operation in den USA. Aber ...«

Die Ladenglocke schepperte wieder, eine männliche Stimme rief: »Ich bin's!«

»... aber die zahlt keine Krankenkasse, und die Zeit drängt«, ergänzte Ulla und blickte zu dem Perlenschnurvorhang, bis er sich teilte und ein junger Mann erschien. »Und dieser grässliche Laden wirft ja nichts ab.« Sie lächelte leicht. »Moin, Björn.«

Der junge Mann steckte in einem blauen Overall mit der Aufschrift *Fisch-Andresen.* Er trug einen Schwall frischer Nordseeluft in das muffige Hinterzimmer. »Gibt's noch eine Fuhre, Chef?«, fragte er und sah dabei nicht Wolf Andresen, sondern Ulla an.

»Nein, Sie können Mittagspause machen«, entgegnete Andresen, beugte sich über das Bett und machte Anstalten, Saskia herauszuheben.

Der schrille Schrei, den die Kleine ausstieß, erschreckte ihn ebenso wie Mamma Carlotta. »Wolf! Wolf! Böser Wolf!« Saskias Stimme schnappte über, ihr Körper bäumte sich auf, wurde steif, sie rang nach Luft, ihre Finger griffen ins Leere, immer wieder ins Leere, griffen dann schwächer, immer langsamer, so wie ihr Atem schleppender ging, schließlich nur noch in schweren Stößen aus dem Brustkorb gepresst wurde. »Böser Wolf!«

Es waren vielleicht vier oder fünf Sekunden, in denen die Welt aufhörte, sich zu drehen – dann setzte Saskias Atem wieder ein. Wolf Andresen legte seine Tochter zurück ins Bett. Ulla schob ihn wortlos zur Seite, der Ausliefer, der mit Saskia nach Luft gerungen hatte, atmete geräuschvoll aus.

Mamma Carlotta drückte ihre Handtasche vor die Brust und drängte sich mit einem flüchtigen »Vielen Dank für Ihre Hilfe« durch den Perlenschnurvorhang. Er raschelte hinter ihr her, die Glocke schepperte ihr nach, die Tür fiel klirrend ins Schloss, trotzdem hatte sie, als sie auf der Straße stand, das Gefühl, einen Ort verlassen zu haben, in dem das Leben lautlos zerrann.

Mamma Carlotta hastete zum Bahnhof zurück, wo der Bus nach Wenningstedt abfuhr. Sie lief, so schnell sie konnte, um wegzukommen von diesem finsteren Fischhändler und seinem Laden, über dem der Pleitegeier kreiste, von seiner verbitterten Frau und dem todgeweihten Kind. Als der Wind durch eine Hofeinfahrt keuchte, hörte Mamma Carlotta das quälende Luftholen wieder und spürte erneut die Angst vor der Stille zwischen den Atemzügen. Tief atmete sie ein und aus und war glücklich über die eiskalte Luft, die ihre Lungen füllte.

»Hallo, Signora!«

Sie war gerade auf dem Bahnhofsvorplatz angekommen, als die Bremsen hinter ihr quietschten.

Tove Griess öffnete die Beifahrertür, ohne lange zu fragen. »Steigen Sie ein! Anscheinend bin ich dazu berufen, Sie vor dem öffentlichen Nahverkehr Sylts zu bewahren.«

Mamma Carlotta war hocherfreut. »Fahren Sie nach Wenningstedt?«

»Und wenn ich nach Hörnum müsste, ich würde Sie erst nach Wenningstedt bringen, Signora!«

Carlotta Capella war anfällig für Galanterien in jeglicher Form. Sie wäre nie auf die Idee gekommen, einer besonderen Freundlichkeit zu misstrauen. Auch jeden noch so verwegenen Schönredner nahm sie beim Wort, wenn er ihr Komplimente machte, die ihr guttaten. Wenn Tove Griess sagte, er wäre allein für Carlotta Capella in die entgegengesetzte Richtung gefahren, dann glaubte sie das unbedingt.

Entsprechend zufrieden thronte sie kurz darauf auf dem Beifahrersitz. Aber ihr Wohlbehagen hielt nicht lange an. Sie waren noch nicht am Flughafen vorbeigefahren, da fiel ihr ein, warum sie zu Fisch-Andresen gegangen war. »Nicht nur, weil ich ihn für einen sehr, sehr merkwürdigen Menschen halte, sondern auch, damit ich den Kindern ein gutes Mittagessen vorsetzen kann! Zum Kochen bleibt ja keine Zeit mehr!«

Tove nahm den Fuß vom Gas. »Merkwürdiger Mensch? Wie meinen Sie das?«

Mamma Carlotta nickte zerstreut. »Dass ich ihm alles zutraue! Wie komme ich jetzt noch an einen schönen frischen Fisch? Enrico glaubt doch, dass ich zu Andresen gegangen bin, um einzukaufen. Er meint sonst noch, ich wollte mich in seine Ermittlungen einmischen.«

»Und das wollen Sie natürlich nicht.« Tove warf Mamma Carlotta einen scharfen Blick zu.

»No, no!«

»Wir können in Wenningstedt bei Feinkost Meyer Halt machen. Die haben auch frischen Fisch. Sie müssen nur die Verpackung vernichten und behaupten, Sie hätten ihn bei Andresen gekauft.«

Mamma Carlotta seufzte erleichtert auf. »Una buona idea!« Sie rutschte wieder in eine angenehme Position. »Enrico wird noch selbst darauf kommen, dass es Andresen gewesen sein könnte.«

Wieder nahm Tove den Fuß vom Gas. »Sie meinen, er könnte der Mörder sein?«

»Ich traue ihm das zu«, entgegnete Mamma Carlotta, als ginge es darum, ob jemand einen Blumentopf zerbrochen haben könnte. »Er gehört zu den wenigen, die regelmäßig bei Christa Kern waren. Und er braucht Geld. Wussten Sie, dass Andresens Kind nur noch durch eine Operation in den USA gerettet werden kann? Dass aber keine Krankenkasse sie bezahlt?«

Tove nickte langsam. »So eine Operation kostet viel Geld, das habe ich schon gehört. Und Wolf Andresen ist ein unangenehmer Typ. Dem ist wirklich alles zuzutrauen.«

»Ecco!« Mamma Carlotta saß nun kerzengerade. »Er hat ein Motiv, und er hatte Gelegenheit. Außerdem kannte er sich bei Christa Kern aus und wusste vermutlich, wo das viele Geld lag, das sie im Hause hatte.«

Tove Griess trat auf die Bremse, dann wechselte er wieder aufs Gas. »Woher wissen Sie das?«

Mamma Carlotta biss sich auf die Unterlippe. Erik hatte von Diskretion gesprochen, von internen Ermittlungsergebnissen, die nicht an die Öffentlichkeit gehörten. Deswegen entschloss sie sich, Toves Frage nicht zu beantworten, und hoffte, das würde ausreichen, ihre Unbedachtheit Wort für Wort zu denen zurückzuschweigen, die nie ausgesprochen worden waren.

Von da an redete Tove kein Wort mehr. Mit zusammengezogenen Brauen starrte er auf die Straße und ließ sich kein Lächeln entlocken, obwohl Mamma Carlotta ihm die drolligsten Geschichten aus ihrer Verwandtschaft erzählte. So angenehm ihr Zuhörer sonst waren, die sie reden ließen und nicht darauf bestanden, mit eigenen Erzählungen zu wetteifern – diese Schweigsamkeit wurde bald beklemmend. Es fehlte einfach das rhythmische »Ja, ja!«, »Tatsächlich?«, »Nicht möglich!« oder mindestens ein summendes »Hmm«, das das Erzählen erst schön machte.

Mamma Carlotta atmete erleichtert auf, als Tove auf den Parkplatz von Feinkost Meyer fuhr. Und es machte ihr nicht viel aus, dass er nun kein Charmeur mehr war.

»Den Rest können Sie zu Fuß gehen, wenn Sie eingekauft haben«, sagte er. »Ist ja nicht weit bis zum Süder Wung.« Aber dann hob er doch noch ein letztes Mal die Augenbrauen und zerknüllte sein Gesicht zu einem kleinen Lächeln. »Sie können ja mal wieder einen Besuch in Käptens Kajüte machen. Es ist noch genug Rotwein aus Montepulciano da.«

Erik sah auf die Uhr. »Ich habe einen Bärenhunger.«

Sören nickte. »Ich gehe zum Bäcker und hole mir zwei Stücke Hefekuchen.«

Erik lächelte, denn gerade war ihm in den Sinn gekommen, dass er heute an einem gedeckten Tisch erwartet wurde. Ein warmes Gefühl breitete sich in ihm aus. Der Vorgeschmack auf Antipasto, Primo piatto, Secondo piatto, Espresso und Dolce. Viel zu viel natürlich! Das hatte er Lucia immer wieder vorgehalten, für die ein Essen aus vier Gängen bestehen musste. Sie beschränkte es höchstens dann auf drei, wenn sie morgens einen Arzttermin hatte oder zum Elternsprechtag musste, und verachtete jede friesische Hausfrau, die ihrer Familie nicht mehr als ein

Hauptgericht servierte. Kartoffelsalat und ein gebratenes Fischfilet? »Kein Essen, sondern eine Schikane!«, hörte er Lucia sagen.

Erik nahm den Fuß vom Gas und ließ den Wagen einfach rollen, wie so oft, wenn er von einem Ort zum anderen fuhr, neben sich die Mondlandschaft der Dünen und die rostige Heide, über sich den Himmel, der über Sylt größer und weiter war als woanders. Er öffnete das Seitenfenster einen winzigen Spalt, um das kurze, höhnische Lachen der Möwen hereinzulassen, das Wogenrauschen des Meeres, das er mehr ahnte als hörte.

»Den Weg hätten wir uns sparen können«, sagte Sören, und Erik schloss das Fenster wieder. »Heide Pedersen und Bernadette Frenzel wissen entweder wirklich nichts oder wollen nichts verraten. Die Frenzel hat kein Alibi, und das der Pedersen ist nichts wert. Sie hat den Sonnabendnachmittag und den Abend mit ihrem Mann verbracht!« Sören spuckte ein böses Lachen aus. »Die Aussage dieses Tagediebes ist das Papier nicht wert, auf dem wir sie protokollieren müssen.«

»Und der Sohn sagt, er hätte den ganzen Sonnabend auf einem Neubau in der Nachbarschaft gearbeitet. Enno Mierendorf soll das überprüfen.«

Sören nickte. »Aber es ist zu erwarten, dass sich sein Alibi bestätigt.«

»Die Frenzel behauptet, ein Feriengast habe sie gesehen«, ergänzte Erik, »aber der kann sich nicht mehr genau erinnern.« Er schaltete in den fünften Gang. »Ja, die beiden bleiben unsere Hauptverdächtigen.« Er starrte eine Weile auf die Straße, ehe er fortfuhr: »Die Frenzel ist kaltschnäuzig. Und wenn sie hin und wieder so tut, als ginge ihr der Tod ihrer Schwester nahe, kommt sie mir noch kaltschnäuziger vor. Vielleicht wusste sie, dass sie Alleinerbin ist. Womöglich hatte Christa Kern es ihr verraten. Und dann hat die Frenzel beschlossen, dass sie es endlich auch so gut haben will wie ihre Schwester.«

Sören nickte. »Schon möglich. Aber ich tippe auf Heide Pedersen. Dieser Hass auf alle, denen es besser geht! Ihr Mann und ihr Sohn, diese beiden Nichtsnutze, reden ihr mehrmals täglich ein, dass der Reichtum ungerecht verteilt ist. Und dass die Familie Pedersen zu wenig davon abbekommen hat. Heide Pedersen besitzt ja nur das Nötigste, und dafür muss sie schwer arbeiten. Ihr Mann ist ein Großmaul und ihr Sohn ein Faulpelz. Und sie ist die Dumme, die sich von beiden ausnutzen lassen muss. Christa Kern dagegen hat sich den Tag mit dem Lackieren ihrer Fingernägel vertrieben. Glauben Sie nicht, Chef, dass die Pedersen irgendwann diese Ungerechtigkeit nicht mehr ertragen konnte? Vielleicht hat sie mitbekommen, dass die Kern für vierzigtausend Euro ein Bild kaufen wollte. Und dann hat sie ...«

»Aber die fremden Fingerabdrücke, die die Spurensicherung an der Geldkassette gefunden hat, stammen nicht von Heide Pedersen.«

»Das beweist nichts. Von Bernadette Frenzel stammen sie ja auch nicht.«

Erik runzelte die Stirn. »Wir müssen ein Auge auf die beiden haben. Sobald eine von ihnen ihre finanziellen Gewohnheiten ändert, ist sie dran.« Er schlug mit der Faust aufs Lenkrad. »Sollten wir nicht auch Wolf Andresens Alibi überprüfen?«

Sören überlegte. »Meinen Sie wirklich, dass er verdächtig ist?«

»Er kannte Christa Kern, er kam gelegentlich in ihr Haus, und es geht ihm finanziell nicht gut.«

»Aber konnte er von den vierzigtausend Euro wissen? Er war doch nur ein Lieferant. Dem wird Christa Kern nichts von dem Geld erzählt haben!«

»Vielleicht hat es auf dem Tisch gelegen.«

Sören warf seinem Chef einen vorwurfsvollen Blick zu. »Kein Mensch legt vierzigtausend Euro auf den Tisch und lässt sie dort liegen, wenn der Fisch-Lieferant an der Tür klingelt.« Er schüttelte den Kopf. »Nein, ausgeschlossen! Die beiden waren nicht befreundet. Im Gegenteil! Andresen konnte die Kern nicht ausstehen!« Sören schwieg eine Weile, dann ergänzte er versöhnlich: »Okay, wir können trotzdem Andresens Alibi überprüfen. Wenn er eins hat, brauchen wir uns über ihn keine Gedanken mehr zu machen.«

Erik sprach erst wieder, als sie in Wenningstedt ankamen. »Die Obduktion müsste endlich abgeschlossen sein. Vielleicht bringt sie uns neue Erkenntnisse. Ich hoffe, dass Dr. Hillmot sich bald meldet.«

Er hatte gerade den Blinker gesetzt, um links abzubiegen, als er eine Notbremsung einlegen musste. Die Westerlandstraße wurde zum Kriegsschauplatz. Die Tür des Lieferwagens, dessen Knautschzone ihrem Namen alle Ehre machte, sprang auf, und heraus stürmte ein Mann, der die Hilfsbereitschaft aller Augenzeugen schlagartig lähmte. Niemand wagte es, sich ihm entgegenzustellen, als er auf den silbergrauen Golf zusprang, dessen Fahrer ihm augenscheinlich die Vorfahrt genommen hatte. Als der Mann die Tür des Golfs öffnete und ein blondes langhaariges Wesen hinter dem Steuer wegzerrte, war klar, dass eine Frau den Unfall verursacht hatte. Das schien die Sache noch schlimmer zu machen.

»Weiber!«, hörte man den grobschlächtigen Kerl brüllen. »Bleibt in der Küche, wenn ihr nicht Auto fahren könnt!«

Die junge Frau gehörte eigentlich zu denen, der ein Mann mit Freude alles nachsieht, vorausgesetzt, sie lässt sich anschließend zu einem Drink einladen. Während der Mann sie schüttelte, als sollte ein Tausendeuroschein für die Reparatur seines Lieferwagens aus ihr herausfallen, fand sie eine Waffe, die der rohen Gewalt überlegen war: ihre Fingernägel. Der Mann ließ von ihr ab, fuhr sich mit den Händen durchs Gesicht, schien das Blut zu spüren und raste nun vor Wut. Mit zwei Schritten hatte er den Fluchtversuch der jungen Fahrerin vereitelt, griff erneut nach ihr und prügelte auf sie ein.

Erst jetzt kam Leben in die Passanten. Einige Männer sprangen zu, um der Frau zu Hilfe zu eilen.

»Tove rastet mal wieder aus!« Erik sprang aus dem Wagen.

Sören war schneller. »Polizei!«, schrie er, als könnte er damit Schlimmeres verhüten. »Polizei! Aus dem Weg!« Er rannte auf die beiden Kontrahenten zu, dicht gefolgt von Erik. »Polizei!«, schrie er immer wieder, als handle es sich um ein Zauberwort, das ausreichte, um aus Krieg Frieden und aus Chaos Ordnung zu machen.

Auf die junge Frau schien es zu wirken. Sie nahm ihren Abwehrkampf zurück und duckte sich, um nur noch den Schlägen auszuweichen, bis man sie von ihrem Angreifer befreit hatte.

Schließlich gelang es Erik und Sören, Tove Griess die Arme auf den Rücken zu drehen. Ein älterer Herr kümmerte sich unverzüglich um die blonde Fahrerin, und jemand schrie: »Ich habe schon den Notruf gewählt!« Zum Beweis hielt er sein Handy in die Höhe.

»Sind Sie verrückt geworden, Tove?«, stieß Erik hervor. »Wie kann man so ausrasten wegen eines Blechschadens?«

»Ich bringe sie um«, wiederholte Tove und machte einen Versuch, sich loszureißen. »Mein Lieferwagen! Ich brauche ihn täglich ...«

Doch allmählich schien Tove zu begreifen, dass der Schaden an seinem Lieferwagen das geringste Problem in dieser Angelegenheit sein würde. Er schaffte sogar schon wieder ein Grinsen, das allerdings wie ein Zähnefletschen ausfiel. »Na, wollen Sie mich schon wieder einbuchten?«, fragte er Erik. »Herzlichen Glückwunsch! Da haben Sie ja wieder einen Grund gefunden, mich wegzuschließen. Nur los, Herr Hauptkommissar! Wo sind die Handschellen? Sie freuen sich doch immer, wenn Sie mich kleingekriegt haben!«

Als das Martinshorn erklang, lockerten Erik und Sören ihren Griff. Und als die beiden Uniformierten aus dem Streifenwagen sprangen, ließen sie Tove los.

»Die Kripo schon vor Ort?«, fragte der ältere der beiden Schutzpolizisten. »Gibt es etwa einen Toten?«

Erik versuchte ein Grinsen. »Es fehlte nicht viel«, gab er zurück. Dann überließ er den beiden Kollegen die Arbeit und winkte Sören zum Auto zurück. »Wir können später unseren Bericht schreiben.«

Kopfschüttelnd stiegen die beiden wieder ein. »Tove ist ein unverbesserlicher Hitzkopf«, schimpfte Erik. »Schon zweimal hat er wegen gefährlicher Körperverletzung gesessen. Erinnern Sie sich, Sören, wie er den Besitzer der kleinen Kneipe in List zugerichtet hat, weil der ihm kein Bier mehr zapfen wollte?«

Sören nickte. »Und dann die versuchte Vergewaltigung!«

»Die allerdings nicht bewiesen wurde«, gab Erik zurück. »Aber in jungen Jahren soll er eine Tankstelle überfallen haben. Zum Glück war die Waffe, die er dem Tankwart vor die Nase hielt, nur eine Spielzeugpistole.«

»Er ist und bleibt ein Choleriker«, ergänzte Sören. »Wir müssen Ihre Schwiegermutter noch einmal vor ihm warnen. Besser, Sie besorgen ihr italienischen Rotwein, Chef. Dann kommt sie nicht auf die Idee, ihn in Käptens Kajüte zu trinken.«

9

Felix machte aus seiner Enttäuschung keinen Hehl. »Nur Fisch und Brot?«, maulte er. »Und ich dachte ...«

Carolin versetzte ihm einen Stoß mit dem Ellbogen. »Die Nonna macht bei uns Urlaub. Sie ist nicht hier, um für uns zu kochen.«

Felix verzog das Gesicht, schwieg aber. Und Carolin, die die schuldbewusste Miene ihrer Großmutter sah, bemühte sich um einen unverzüglichen Themenwechsel. So hatte sie zu Lebzeiten ihrer Mutter auch immer dafür gesorgt, dass deren Ausbrüche wie ein frischer Wind durch die Familie fuhren, ohne Sturmschaden anzurichten. Während sie mit Mamma Carlotta den Fisch anrichtete und das Brot aufschnitt, erzählte sie aus der Schule. »Im Deutschunterricht behandeln wir jetzt die Interpretation von deutschen Volksmärchen.« Sie lächelte Mamma Carlotta an, die prompt in Bewunderung erstarrte, wie immer, wenn sie intellektuellen Kräften gegenüberstand. »Ich habe mich fürs Rotkäppchen entschieden. Morgen nehme ich ›Il Cappuccetto rosso‹ mit in die Schule.«

Felix zog ein spöttisches Gesicht. »Märchen? Das ist ja babyhaft.«

»Du hast keine Ahnung«, gab Carolin zurück. »In den Märchen steckt viel mehr, als du denkst.«

Ein Schlüssel drehte sich im Schloss und Erik rief: »Ich bin's!« Wenig später stand er in der Küche, blickte auf den Tisch und fragte: »Ihr seid noch bei der Vorspeise?«

»Von wegen!« Felix hockte sich wieder auf seinen Stuhl und zog sein Käppi über das rechte Ohr. »Die Nonna hat nicht gekocht.«

Mamma Carlotta blickte nicht auf, als sie antwortete: »Du weißt doch, Enrico, dass ich bei Fisch-Andresen eingekauft habe. Und dann musste ich noch eine Weile auf den Bus warten und dann ...« Plötzlich war ihr schlechtes Gewissen wie weggeblasen. »Wo ist Sören?«, fragte sie und sah sich um.

Erik sah sie verwundert an. »Er will mit dem Fahrrad zum Bäcker fahren und sich was zu essen holen.«

Mamma Carlotta sprang auf. »Warum hast du ihn denn nicht hereingebeten? Es ist doch genug Fisch da.« Schon stand sie am Fenster, pochte an die Scheibe und machte aufgeregte Zeichen. »Ich habe sogar diese entsetzlichen Heringe gekauft, weil ich weiß, dass man die hier so gern isst.«

Sören, der noch mit seinem Fahrradschloss beschäftigt war, das ihm mehr Schwierigkeiten machte als einem potenziellen Fahrraddieb, blickte auf. Er verstand die Zeichen, die Carlotta ihm gab, nicht. Aber er begriff, dass er jetzt nicht einfach losradeln durfte. Zufrieden sah Mamma Carlotta, dass er das Fahrrad an den Gartenzaun lehnte und auf die Eingangstür zukam. Bevor er sie erreicht hatte, öffnete sie ihm bereits. »Kommen Sie rein, Sören! Wir essen natürlich zusammen. Sicherlich mögen Sie auch Heringe, oder? Die mag ja hier jeder.« Sie schüttelte sich. »Die schmecken so, wie hier der Wind riecht.«

Sören blickte entzückt dem Bismarckhering in die toten Augen, der zum Glück nicht erzählen konnte, dass er aus dem Frischfisch-Sortiment von Feinkost Meyer stammte. Während Sören zum Besteck griff, hatte Erik längst die erste Gräte freigelegt, Felix erzählte von seiner Sportstunde und dem entscheidenden Treffer, den er während des

Handballspiels erzielt hatte, und Carolin berichtete erneut vom Deutschunterricht. »Rotkäppchen wurde von der Mutter nicht auf Gefahren vorbereitet. Dann hätte Rotkäppchen gleich erkannt, dass der Wolf böse ist.«

»Unsere Mutter hat uns auch nicht gewarnt«, grinste Felix und stieß Carolin an. »Sie hat uns sogar einen Wolf als Vater präsentiert.«

Er lachte ausgelassen, Carolin verdrehte die Augen, Sören lächelte höflich und Erik ein wenig zerstreut, der sich nicht anmerken lassen wollte, wie sehr er es genoss, dass jeder Stuhl an diesem Tisch besetzt war und so laut und lebhaft geredet wurde wie zu Lucias Lebzeiten. Während Felix noch weitere Witze über den Familiennamen machte, fiel Eriks Blick auf seine Schwiegermutter, die aufrecht auf ihrem Stuhl saß, die Kinder reden ließ, ohne sie zu unterbrechen, und den Fisch noch nicht angerührt hatte. Sie sah aus, als fürchtete sie, ausgerechnet dann den Mund voll zu haben, wenn sie endlich zu Wort kommen konnte.

Sören erzählte von dem Verkehrsunfall und von Toves befremdlicher Reaktion und Erik war sicher, dass Mamma Carlotta nichts davon mitbekam. Allmählich fing er an, sich Sorgen zu machen. Deswegen war er es schließlich, der die erste Gelegenheit ergriff, um seine Schwiegermutter zu fragen: »Gibt's was Neues?«

»Sì!« Mamma Carlotta wartete, bis alle Augen auf sie gerichtet und alle Gespräche verstummt waren. »Ich weiß, wer der Mörder ist!«

Ein gelungener Auftritt mit furioser Wirkung, eine genau gesetzte Pointe, das Publikum saß mit offenem Mund da. Kein Theaterregisseur hätte es besser machen können.

Mamma Carlotta war hoch erfreut, dass der Moment der Stille ausreichte, um ihre Mitteilung zu wiederholen: »Ich weiß, wer Christa Kern umgebracht hat.«

»Und wer, bitte?«, fragte Erik.

»Wolf Andresen.«

»Wie kommst du denn darauf?«

»Er braucht Geld. Dringend!«

Erik machte keinen Hehl aus seiner Enttäuschung. »Wir wissen, dass es Wolf Andresen finanziell nicht gut geht. Aber dieses Schicksal teilt er mit vielen. Deswegen bringt man doch niemanden um.«

Mamma Carlotta fegte den Einwand zusammen mit den Gräten des Bismarckherings vom Tisch, die Erik fein säuberlich auf einen Teller gelegt hatte. Während Felix und Carolin sich angewidert abwandten, bückte Sören sich wortlos, hob die Gräten auf und legte sie zurück auf den Teller.

Mamma Carlotta redete ungerührt weiter: »Saskia Andresen ist gar nicht austherapiert.« Genussvoll ließ sie die Vokabel eine Weile wirken. »Sie kann vielleicht noch gerettet werden. Durch eine Operation in den USA. Aber die wird von der Krankenkasse nicht bezahlt. Und glaubt ihr, dass Wolf Andresen Geld für eine Operation in den USA hat? So was ist teuer! Und zum Sparen hat er keine Zeit mehr! Das Kind muss bald operiert werden.«

Erik wollte gerade fragen, woher sie das wusste, aber sein Assistent nickte bereits bestätigend. »Ich habe mal vor Jahren von so einem Fall gelesen. Ich glaube, da war von hunderttausend Mark die Rede.«

Erik pfiff durch die Zähne. »Aber woher sollte Wolf Andresen wissen, dass Christa Kern vierzigtausend Euro im Haus hatte?« Doch er wartete Sörens Antwort gar nicht ab. »Das ist viel zu einfach. In dem Moment, in dem Andresen Saskia in die USA bringt, wäre er entlarvt. So dumm ist er nicht.« Erik sah seine Schwiegermutter mahnend an. »Was du gerade gesagt hast, vergisst du am besten ganz schnell wieder. Dass Andresen mit dem Mord an

Christa Kern etwas zu tun hat, ist sehr unwahrscheinlich.« Er blickte wieder Sören an. »Wir halten uns an die beiden Frauen. Bernadette Frenzel ist die Hauptverdächtige. Sie hat den größten Vorteil von Christa Kerns Tod und definitiv kein Alibi.«

Mamma Carlotta sah deprimiert auf ihren Teller, schob ihren letzten Tintenfischring von einer Seite zur anderen, drehte ihn um die Gabel und ließ ihn kreisen. Die Enttäuschung hatte sie stumm gemacht.

»Wie sieht es nun mit Christa Kerns Umfeld aus?«, fragte Erik seinen Assistenten. »Immer noch keine Neuigkeiten?«

»Die Frau hatte kein Umfeld. Keine Verwandten, keine Freunde.« Sören hob die Schultern und ließ sie wieder fallen.

»Was ist mit dem Stiefsohn?«

»Unauffindbar bis jetzt. Ich habe bei Bernadette Frenzel angerufen, die hat aber keine Ahnung. Sie hat den Stiefsohn nie gesehen. Der hat anscheinend seine Ferien nicht in Kampen verbracht. Die Frenzel kennt ihn nicht, sie wurde ja nie in die Villa nach Dortmund eingeladen. Jahrelang gab es keinen Kontakt mehr zu ihrer Schwester. Erst als die Kerns das Ferienhaus in Kampen kauften, änderte sich das.«

»Hat Christa Kern denn nie von dem Jungen geredet?«

»Anscheinend nicht. Sie hatte keinen Kontakt zu ihm. Der Stiefsohn müsste jetzt knapp dreißig sein, meint die Frenzel. Er ist zwei Jahre nach dem Tod des Vaters ausgezogen, obwohl er noch nicht volljährig war, und hat sich nie wieder bei seiner Stiefmutter blicken lassen.«

Erik nickte. »Scheint typisch für die Kern zu sein. Keiner hält es lange bei ihr aus.«

»Mierendorf und Engdahl arbeiten dran. Der junge Mann kann sich ja nicht in Luft aufgelöst haben.« Sören sah auf die Uhr. »Wir müssen los. Ich habe Fietje Tiensch einbestellt.« Er grinste leicht, als er sah, dass Mamma Carlotta aufstand und die Espressotassen aus dem Schrank holte. »Aber dem kann es nur guttun, wenn wir ihn eine Weile schmoren lassen.«

Erik beschloss, den Weg von Westerland nach Wenningstedt zu Fuß zurückzulegen. Das tat er häufig, wenn er in Ruhe nachdenken wollte. Mit dem Blick aufs Meer, dem Sand unter seinen Füßen und dem Wind im Gesicht fiel ihm alles leichter, auch das Denken. Also gab er Sören den Autoschlüssel und wies ihn an, den Wagen nach Wenningstedt zu fahren. »Sie können dann Feierabend machen. Wenn Dr. Hillmot endlich mit der Obduktion fertig ist, rufe ich Sie an.«

Erik entschloss sich, direkt an der Wasserkante entlangzulaufen. Eine gute halbe Stunde, mehr Zeit würde er nicht brauchen. Als er am Ende der Friedrichstraße den Asphalt, die Häuser, die Menschen, die Unruhe hinter sich ließ, blieb er eine Weile stehen und sah aufs Wasser hinaus. Schon bald spürte er, dass sich die Last des Arbeitstages von ihm löste. Die Brandung mit ihrem zuverlässigen Rhythmus sog alles Unzuverlässige auf und nahm es mit sich, auch Ärger und Überdruss.

Der Wind war frisch und aufgeweckt, gab sich mal zahm, mal ungestüm, streichelte manchmal nur die Haut und fuhr schon im nächsten Augenblick schmerzhaft in die Ohren. Die Wolkendecke riss auf, ließ ein paar grelle Sonnenstrahlen durch, aber die milde Abendsonne würde nicht mehr lange auf sich warten lassen. Die Luft roch würzig, ein Gemisch aus Salz, Sand und Meeresbrise.

Er war gleich nach dem Mittagessen zu Wolf Andresen gegangen, um dessen Alibi zu überprüfen. Andresen hatte nicht zu überlegen brauchen. Er war zur Tatzeit zu Hause gewesen. Seine Frau bezeugte es, ohne zu zögern. Erik sah in den Himmel, der so zerrissen war wie seine Gefühle. Andresen hatte also ein Alibi, aber viel wert war es nicht. Möglich, dass Ulla ihren Mann deckte, um die Operation des Kindes nicht zu gefährden. Möglich sogar, dass die beiden unter einer Decke steckten oder die Mutter des kranken Kindes den Vater angestiftet hatte.

Er hatte versucht, mit Ulla über eine mögliche Operation in den USA zu reden. Aber sie hatte ihn nur erstaunt angesehen, so, als wüsste sie nichts von dieser Chance. »Wir hätten ja sowieso das Geld für so eine Operation nicht. Sie haben doch gesehen, dass dieser Laden nichts einbringt. Warum sollten wir diese Möglichkeit verfolgen? Glauben Sie, wir wollten uns selbst quälen? Was meinen Sie, wie uns zumute wäre, wenn wir wüssten, dass es für Saskia Hilfe gäbe, wenn wir nur genug Geld hätten?«

Und auf Eriks Frage, ob Wolf Andresen versucht habe, von Christa Kern Geld für eine Operation in den USA zu bekommen, war sie ärgerlich geworden. »Haben Sie mich nicht verstanden? Für uns ist Saskia austherapiert. Selbst wenn es in einem anderen Land Hilfe gäbe - wir könnten ja nicht einmal den Flug bezahlen. Warum also nach Hoffnungen suchen? Danach wird alles nur noch schlimmer. Saskia hat eben den falschen Vater. Wenn mein Mann beruflich erfolgreicher wäre ...«

Diesen Satz hatte sie nicht zu Ende gesprochen. Ein paar Augenblicke der Stille waren entstanden, einer quälenden Stille, die sich nicht in einer folgenden Frage auflöste. Also hatte Erik sich verabschiedet und war gegangen.

Im Eiltempo hetzten die weißgrauen Wolken über ihn hinweg, ausladende Teppiche, ausgefranste Tücher, kleine Fetzen, die sich plötzlich auflösten oder sich zu gewaltigen Figuren auftürmten, dann sogar zu Erdteilen, in die sich blitzschnell breite Flussmündungen gruben. Nordamerika trieb heran und wurde kurz darauf schon zu einem Kessel, aus dem Dampf aufstieg. Ein paar Kuschelwölkchen folgten, weit genug voneinander entfernt, um erneut ein paar Sonnenstrahlen durchzulassen.

Es war gut, dass ihm der Wind entgegenkam. Erik wollte sich nicht treiben lassen, sondern gegen ihn angehen. Fietje war jemand, der sich gern treiben ließ, der sich wohl sein ganzes Leben lang hatte treiben lassen. Jetzt schaffte er es nicht mehr, seinen Platz im Leben zu behaupten. Nun reichte es ihm, sich das Leben anderer anzusehen und sich vorzustellen, es wäre sein eigenes.

Fietje hatte eisern bestritten, den Mord an Christa Kern beobachtet zu haben. »Ich war am Sonnabend nicht bei der Kern, jawoll. Ich war in Käptens Kajüte wie immer. Jedenfalls vormittags. Tove kann das bezeugen.« Er zögerte kurz. »Und wenn er's nicht tut, kann ich trotzdem da gewesen sein, jawoll. Tove schikaniert mich, wo er kann. Obwohl er eine Menge Geld an mir verdient. Ich bin ja oft wochenlang sein einziger Gast.«

»Warum gehen Sie dann immer wieder in Käptens Kajüte, wenn Sie von Tove nicht einmal ein Alibi bekommen könnten?«

»Ach, das mit Tove und mir ist so eine Sache ...«

»Ich weiß«, nickte Erik. »Ich kenne den Fall, der Toves Schwester das Leben gekostet hat. Und ich weiß natürlich auch, auf welche Weise Sie mit diesem Mordfall zu tun haben, Fietje. Aber ...«

Vor Fietjes Miene waren Wolken aufgezogen, seine Augen sprühten die ersten Blitze. »Ich will nicht davon reden, Herr Hauptkommissar. Und das muss ich auch nicht. Was mit Tove und mir ist, geht niemanden was an. Als wir merkten, was uns verband, hatten wir schon ein paar Nächte in Käptens Kajüte durchgesoffen. Und dann, als sich zufällig herausstellte, dass ich Toves Schwester mal gut gekannt habe ... da hat Tove mir Hausverbot erteilt. Zwei Tage später hat er mich schon wieder reingelassen. Tove hat ja sonst niemanden, jähzornig, wie er ist. Die paar Freunde, die er mal hatte, sind alle zu Feinden geworden. Klar, er kann mich nicht leiden. Aber Zweisamkeit mit Hass ist immer noch besser als Alleinsein ohne jedes Gefühl.«

Diesen Satz prägte Erik sich ein, ehe er weiterfragte: »Waren Sie am Sonnabend zwischen 16 und 22 Uhr auch in Käptens Kajüte?«

»Nö, um zwei wollte Tove für ein paar Stunden schließen. Da bin ich ein bisschen rumgelaufen.«

»Sie haben ein bisschen in fremde Fenster gesehen! Aber nicht in Kampen?«

Fietje drehte seine Strickmütze in den Händen, seine hellen Augen wanderten unruhig durch den Raum, immer wieder griff er zu seinem kurzen, struppigen Bart. »Ich hab jedenfalls nix gesehen«, wiederholte er.

Erik seufzte. »Fietje«, versuchte er es ein letztes Mal, »ich weiß, dass man Ihnen Schwierigkeiten angedroht hat für den Fall, dass Sie noch einmal auf fremden Grundstücken erwischt werden. Aber ich sage Ihnen: Wenn Sie die Arbeit der Polizei behindern und die Aufklärung eines Mordfalls vereiteln, sind Sie Ihren Job genauso los. Noch sicherer!«

»Ich hab nix gesehen«, beharrte Fietje.

»Und am Montag? Als die Tatortarbeit begonnen hatte? Da waren Sie wirklich nur ganz zufällig in der Nähe von Christa Kerns Haus?«

»Hab ich doch gesagt.« In Fietjes Augen glomm ein schwaches Licht auf. Die winzige Flamme des Triumphes, die in die Höhe schießen würde, sobald er wieder auf dem Kirchenweg stand. »Ich war rein zufällig in Kampen. Ich hatte gehört, dass da was passiert war. Und da hab ich gedacht, ich guck mich mal dort um. Ist doch nicht verboten, oder? Mal am Haus vorbeigehen und gucken!«

Erik gab es auf. »Also gut.« Er erhob sich und sah auf Fietje hinab. »Überlegen Sie sich alles noch mal genau. Und wenn Sie Ihre Aussage ergänzen oder ändern wollen, kommen Sie einfach noch einmal her.«

»Jawoll, Herr Hauptkommissar!« Fietje sprang auf und war auch schon an der Tür. »Schönen Tag noch.«

Die Tür war kaum ins Schloss gefallen, da öffnete sie sich schon wieder. Sören stand kopfschüttelnd da. »So fröhlich, wie Fietje das Haus verlassen hat, haben Sie wohl nichts aus ihm rausgekriegt, oder?«

Erik nickte. »Er ist verstockt wie ein Fisch. Aber vielleicht hat er ja wirklich nichts gesehen.«

Sören legte ein paar Notizzettel vor Erik hin. »Ich habe mich mal erkundigt. Jens Gühlich ist tatsächlich soeben entlassen worden. Nach fünfzehnjähriger Haft.«

»Wer ist Jens Gühlich?«

»Tove Griess' Schwager. Der Mann, der seine Frau erschlug, als er merkte, dass sie ihn betrog. Toves Schwester! Eigentlich wollte er ja auch den Liebhaber zur Strecke bringen. Fietje Tiensch!« Sören sah eine Weile in Eriks verschlossenes Gesicht. »Wir sollten ein Auge auf Fietje haben. Könnte ja sein, dass die fünfzehn Jahre nicht ausgereicht haben, um den Zorn des Mörders abzukühlen. Könnte auch sein, dass er wütender denn je ist. Schließlich hat er Fietje gewissermaßen die fünfzehn Jahre zu verdanken. Wenn der nicht was mit seiner Frau angefangen hätte ...«

»Sie meinen, Fietje Tiensch ist in Gefahr?«

Sören zuckte die Schultern. »Möglich ist alles. Wir sollten ein Auge auf ihn haben.«

»Zweisamkeit mit Hass ist immer noch besser als Alleinsein ohne jedes Gefühl.« Erik sah in Sörens erstauntes Gesicht, dann erklärte er: »Das hat Fietje gerade gesagt.«

Sören lachte ungläubig. »Fietje als Philosoph? Das ist ja ein ganz neuer Zug an ihm.«

Erik achtete nun darauf, genau dort zu laufen, wo die Zungen des Meeres schon einmal über den Sand geleckt hatten. Da war der Boden fester und das Gehen nicht so beschwerlich wie im trockenen Sand.

Der Aufgang an der Seestraße kam in Sicht. Ob Fietje schon wieder in seinem Strandwärterhaus saß? Nein, Erik wollte Fietje jetzt nicht noch einmal begegnen. Besser, er lief noch ein Stück weiter und nahm den Aufgang, der zur Surfschule und zum Kiosk führte. Wenn er dann den Parkplatz nach rechts überquerte und die Straße entlangging, die in die Westerlandstraße mündete, würde er bald zu Hause sein. Und er nahm sich vor, dort höchstens noch eine Stunde auf Dr. Hillmots Anruf zu warten. Wenn er dann immer noch nichts von dem Gerichtsmediziner gehört hatte, würde er ihm Beine machen.

10

Mamma Carlotta riskierte an diesem Nachmittag Kopf und Kragen. Obwohl die Kinder sie anflehten, auf ihr Vorhaben zu verzichten, schüttelte sie immer wieder eigensinnig den Kopf. »Ich muss doch fürs Abendessen einkaufen.«

»Aber das kannst du genauso gut zu Fuß«, rief Carolin verzweifelt. »Feinkost Meyer ist doch nicht weit.«

»Ich möchte aber ein bisschen von der Umgebung kennenlernen«, beharrte Mamma Carlotta. »Ihr wisst doch, dass euer Vater zurzeit viel um die Ohren hat wegen des Mordfalls. Und ihr beiden habt eine Menge für die Schule zu tun. Wer also sollte mir die Insel zeigen? Ihr könnt unbesorgt sein – wer einmal auf dem Fahrrad gesessen hat, verlernt das Radeln nie wieder. Frau Kemmertöns hat das auch gesagt. Das ist genau wie mit dem Schwimmen.«

»Woher willst du das wissen?«, fragte Felix. »Du kannst doch gar nicht schwimmen.«

»Aber Rad fahren.« Mamma Carlotta sah an sich herab. »Ich bin ja gut ausgerüstet.«

Sie dankte insgeheim ihrer Schwägerin, der zweiten Frau ihres verstorbenen Bruders, die Mamma Carlotta davon überzeugt hatte, dass eine Frau, die in den kalten Norden fährt, eine warme Hose im Gepäck haben muss, auch wenn sie noch nie im Leben eine getragen hat. Mamma Carlotta hatte eigentlich nur nachgegeben, weil ihre Schwägerin unleidlich wurde, wenn man ihrem Rat nicht folgte. Nun aber war sie froh, dass sie das Angebot, ihr ein nützliches Kleidungsstück zu leihen, angenommen hatte. Mamma Carlotta fand sogar, dass sie in der Hose ihrer Schwägerin eine erstaunlich gute Figur machte.

Frohgemut schob sie Lucias Fahrrad auf die Straße. »Danke, Felice, dass du die Reifen aufgepumpt hast«, sagte sie, während Felix dastand, als bereute er zutiefst, auf diese Weise Beihilfe geleistet zu haben.

Mamma Carlotta schwang sich so energisch auf den Fahrradsattel, dass sie beinahe auf der anderen Seite wieder heruntergepurzelt wäre. Aber sie blieb sitzen, trat in die Pedalen und schwankte über den Süder Wung. Sie streifte die rechte Bordsteinkante, touchierte beinahe ein parkendes Auto auf der linken Straßenseite und pendelte sich schließlich auf der Mitte des Weges ein. Als sie in die Westerlandstraße einbog, hatte sie schon merklich an Sicherheit gewonnen und ließ sich nicht mehr von den ängstlichen Rufen ihrer Enkelkinder irremachen.

An der Friedhofspforte angekommen, wurde sie in ihrer Entschlossenheit bestätigt. Die Wolken hingen tief, der Himmel war nah. Und als sie an Lucias Grab trat, blitzte die Sonne durch die Wolken. Mamma Carlotta lächelte zum Himmel. »Du bist einverstanden, dass ich es mit dem Fahrradfahren probiere?«

Nachdem sie in verschiedenen Geschäften eingekehrt war und ihre Einkäufe im Fahrradkorb verstaut hatte, hatte sie das Gefühl, eine Belohnung für ihren Wagemut verdient zu haben. Einige Male war sie nur knapp einem Zusammenstoß entkommen, hatte diverse gefährliche Ausweichmanöver provoziert, war zu mehreren Notbremsungen gezwungen worden und hatte sich dreimal nur mit einem beherzten Sprung vom Sattel in Sicherheit bringen können. Aber immerhin war sie unbeschadet in der Nähe des Strandes gelandet, wo zum Glück kaum Verkehr herrschte und Mamma Carlotta ihre Fahrkünste trainieren und festigen konnte. Dass sie dabei in die Nähe von Käptens Kajüte geriet, war natürlich reiner Zufall. Dass sie sich zu einem Besuch bei Tove entschloss, allerdings nicht. Ihr fiel ein, dass Erik etwas von einem Unfall erzählt hatte. Und schließlich gehörte es sich doch, dass man sich bei einem neuen Freund erkundigte, ob er das Unglück ebenso gut überstanden hatte wie sie selbst ihren Fahrradausflug. Und noch dazu meinte sie, schon einmal gehört zu haben, dass es sich viel besser radeln ließ, wenn man ein klitzekleines Gläschen Rotwein zu sich genommen hatte.

Sie sah Toves ramponierten Lieferwagen vor der Tür stehen und wunderte sich nicht, dass die Laune des Käptens denkbar schlecht war. Aber mit Freude bemerkte sie, wie sich seine Miene erhellte, als er sie erkannte.

Ohne zu fragen, holte er den Rotwein aus dem Vorrat und goss Mamma Carlotta ein Glas ein. »Geht aufs Haus«, erklärte er und berichtete ungefragt von dem Unfall, den eine von diesen Touristinnen verschuldet habe. Dann widmete er sich weiter der Reinigung des Mayonnaisespenders. »Hat Ihr Schwiegersohn etwas von dem Unfall erzählt?«

Mamma Carlotta nippte an ihrem Rotwein. »Ja, er hat es kurz erwähnt, aber ... ich habe gar nicht richtig zugehört.« Sie überlegte kurz, was es gewesen war, was sie abgelenkt hatte. Dann fiel es ihr wieder ein: »Ich hatte gerade herausbekommen, wer Christa Kern ermordet hat, und deswegen ...«

Sie schrak zusammen, als der Mayonnaisespender zu Boden polterte und ein Tablett voller Gläser mit sich riss. So weit wie möglich beugte sie sich über die Theke, blickte auf Toves Hinterkopf und fragte: »Soll ich Ihnen helfen?«

»Natürlich nicht«, kam es zurück. Tove erhob sich und stellte den Mayonnaisespender wieder auf. Dann holte er

Handfeger und Kehrschaufel und fragte, ohne Mamma Carlotta anzusehen: »Und wer, glauben Sie, ist der Mörder?«

»Wolf Andresen natürlich! Mein Schwiegersohn will es allerdings nicht glauben. Und sein Assistent auch nicht. Erik meint, dass die Schwester es getan hat, und Sören verdächtigt die Putzfrau.«

»Interessant«, murmelte Tove. »Und warum tippen Sie auf Wolf Andresen?«

Mamma Carlotta legte es ihm in aller Ausführlichkeit dar. Und jeder Mutmaßung, die sie äußerte, pflichtete Tove bei. Mamma Carlotta war hocherfreut, dass sie hier auf ungeteilte Zustimmung stieß.

Da öffnete sich die Tür und Fietje erschien. »Moin«, brummte er, nahm die Mütze vom Kopf und ließ sich neben Mamma Carlotta an der Theke nieder. »Moin, Signora. Ich brauche einen Grog.«

»Frierst du?«, fragte Tove.

»Ja, aber mehr so innerlich.«

»Wo warst du denn überhaupt so lange? Sonst kommst du doch immer früher!«

»Ich hatte was zu erledigen, jawoll.«

Tove grinste. »Bei der Polizei?«

»Wie kommst du denn darauf?«, fuhr Fietje auf.

»Weil Uwe eben hier war. Und der hat dich vor der Polizeistelle in Westerland gesehen.«

»Erzähl mir lieber, was mit deinem Auto passiert ist.«

Tove winkte ab. »Weiber!« Dann wandte er sich wieder an Mamma Carlotta. »Was will der Hauptkommissar jetzt in dem Mordfall unternehmen?«

Mamma Carlotta zuckte die Schultern. »Ich glaube, er wartet auf das Ergebnis der ... wie heißt das noch, wenn man die Leiche ... Madonna, ist das schrecklich! ... also, wenn man die Leiche aufschneidet.«

»Obduktion?«

»Ecco. Er wartet auf das Ergebnis der Obduktion.« Sie betrachtete erst Tove und dann Fietje, der auf seine Mütze starrte, als hätte sie in der letzten Stunde ihre Farbe verändert. »Kannten Sie Christa Kern?«, fragte sie.

Tove schüttelte den Kopf. »Nö. Ich verkehre nicht mit reichen Leuten aus Kampen.«

»Red keinen Schiet«, rief Fietje hinter ihm her. »Klar kennst du die Kern. Ich hab dich mal in ihrem Haus gesehen, jawoll.«

»Du? Mich? In ihrem Haus?«

»Jawoll! Ist noch gar nicht so lange her.«

»Du verdammter Spanner«, zischte Tove. »Ach, jetzt fällt's mir wieder ein ... Ja, ich hatte mich mal bei der Kern beworben. Als Gärtner! Außerhalb der Saison, wenn in Käptens Kajüte nichts los ist. Sie hat mich auch zwei Tage zur Probe arbeiten lassen. Umsonst natürlich! Diese alte Hexe! Verdammt reich und genauso geizig!«

Fietje grinste. »Du hast den Job nicht bekommen?«

Tove nickte. »Ich bin sogar ziemlich sicher, dass sie nie die Absicht hatte, mich als Gärtner zu beschäftigen. Die wollte nur, dass ich zwei Tage auf den Knien liege und in ihrer Erde rumwühle. Ich sehe sie noch grinsen, als sie mir sagte: ›Ihre Kenntnisse haben mich nicht überzeugt, Herr Griess. Es reicht nicht, dass Sie Unkraut von Heckenrosen unterscheiden können.‹ Kein Wunder, dass jemand die Welt von ihr befreien wollte.«

Mamma Carlotta gab zu bedenken, dass auch der schlechteste Mensch ein Teil der Schöpfung sei, aber Fietje grinste nur und sagte: »Wie kann man auch so blöd sein, zwei Tage umsonst zu arbeiten.«

Tove schien einiges auf der Zunge zu liegen, aber da ein Kunde den Imbiss betrat, schluckte er es wieder runter. »Moin! Was darf's sein?«

Mamma Carlotta hätte ihn nicht wiedererkannt, wenn der junge Mann nicht gestutzt, ihr erst einen kurzen Blick und dann noch einen langen prüfenden zugeworfen hätte. »Eine Currywurst, bitte. Ich muss mal was anderes als Fisch zwischen die Zähne kriegen.«

Tove nickte, drehte sämtliche Bratwürste herum, die auf dem Rost lagen, und tat so, als suchte er die schönste aus. »Mit Pommes?«, fragte er, während er die Wurst zerschnitt, Ketschup darübergoss und das Ganze mit Currypulver bestäubte.

»Ja, Pommes mit Mayo.«

Mamma Carlotta hatte den jungen Mann am Vormittag nur kurz gesehen, als er zwischen den Perlenschnüren in Andresens Wohnstube erschienen war. Dicke Schweißperlen standen jetzt auf seiner Stirn, die er hastig wegwischte, als er merkte, dass er beobachtet wurde. Gebannt starrte er auf Toves Hände, als hätte er Angst, in ein Gespräch gezogen zu werden. Und als er auf sein Wechselgeld wartete, fuhr er sich über den Unterbauch, als wollte er sich vergewissern, dass sein Hosenschlitz geschlossen war.

Kaum hatte er den Imbiss wieder verlassen, sagte Fietje: »Das war der Auslieferer von Fisch-Andresen.«

»Weiß ich doch«, brummte Tove.

»Ich hab den mal mit Ulla Andresen beobachtet«, erzählte Fietje, »als ihr Mann nicht zu Hause war ...«

»Hast du wieder durchs Fenster geguckt?«, höhnte Tove. »Haben die beiden es miteinander getrieben? Willst du uns jetzt haarklein erzählen, wovon Wolf Andresen keine Ahnung hat? Pass nur auf, dass er dir nicht den Hals umdreht oder dich anzeigt, wenn er hört, was du seiner Frau anhängen willst.«

»Ich hab ja nur gesagt, dass ich die beiden gesehen habe.« Fietje kippte den Grog hinunter und rutschte von seinem Thekenhocker. »Großmaul!«, knurrte er.

»Spanner!«, gab Tove zurück.

»Bin ich eigentlich der Einzige, der dich am Sonnabend in der Nähe von Christa Kerns Haus gesehen hat?«

»Weiß ich doch nicht«, brummte Tove. »Und wenn schon! Warum soll ich nicht den Sonnabend in Kampen verbringen? Ich habe in der Kupferkanne gepflegt Kaffee getrunken und bin dann noch ein bisschen am Wattenmeer spazieren gegangen.«

Fietje tippte sich an die Stirn. »Wer's glaubt, wird selig.«

Mamma Carlotta fühlte sich nicht mehr wohl. Als hätte sie einen Anstandsbesuch gemacht, dessen Maximalfrist soeben abgelaufen war, stellte sie das Rotweinglas zurück. »Es wird Zeit, die Vorbereitungen fürs Abendessen zu treffen.«

Tove sah auf die Uhr. »Jetzt schon? Wenn Sie wollen, packe ich Ihnen Currywurst für die ganze Familie ein, Signora.« Als Mamma Carlotta dankend ablehnte, schlug er sich vor die Stirn. »Hab ich vergessen! Unsere Plauderstündchen in Käptens Kajüte sollen ja unser Geheimnis bleiben.«

Mamma Carlotta zog das Fahrrad hervor, das sie hinter einer Mülltonne verborgen hatte, weil es zwar ein Schloss besaß, zu dem sich jedoch kein Schlüssel gefunden hatte. Sie blieb eine Weile neben dem Fahrrad stehen, um sich zu konzentrieren. Ein Glas Rotwein würde doch ihrem Gleichgewichtssinn nichts anhaben können? Wenn sie auch an ihren täglichen Rotwein gewöhnt war - vor dem Fahrradfahren hatte sie nie Alkohol getrunken. Damals, als sie Marina auf dem Weingut ihrer Eltern besuchte, war sie ja noch viel zu jung für Rotwein gewesen.

Dann hatte Mamma Carlotta lange genug nachgedacht und war zu der Überzeugung gekommen, dass ihr Gleichgewichtssinn völlig in Ordnung war. Sie schob das Fahrrad auf den Hochkamp, damit genug Platz fürs Schwanken war, bis sie genug Fahrt aufgenommen hatte, um auf der Westerlandstraße keinem Autofahrer vor die Vorderräder zu geraten, der nicht mit einer italienischen Kunstradfahrerin rechnete.

Sie hatte gerade den Fuß auf die Pedalen gesetzt, da wurde sie von hinten angesprochen: »Sorry, kann ich Sie was fragen?«

Mamma Carlotta drehte sich um. Ein großer, schlanker Mann stand vor ihr, der, als sie ihn forschend betrachtete, seine rote Schirmmütze tief ins Gesicht zog. »Der Mann, mit dem Sie da gerade gesprochen haben ...«

»Sie meinen den Wirt?«

»Nein, den anderen. Ich meine den Mann, der neben Ihnen an der Theke saß. Kennen Sie den?«

»Certo! Warum fragen Sie?«

»Ist das Fietje Tiensch?«

»Sie kennen ihn also auch?«

»Ich war mir nicht sicher. Ich habe ihn lange nicht gesehen.«

»Dann gehen Sie nur rein. Er wird sich freuen, einen alten Bekannten zu treffen.«

Der Mann mit der roten Schirmmütze wehrte ab. »Besser, ich besuche ihn zu Hause. Sie wissen sicherlich, wo er wohnt?«

Mamma Carlotta brauchte nicht lange nachzudenken. »No! Ich habe keine Ahnung.«

»Schade. Trotzdem danke.« Er tippte an den Schirm seiner Mütze und wandte sich zum Gehen. Mamma Carlotta sah ihm so lange nach, bis sie sicher war, dass er nicht die Tür von Käptens Kajüte öffnete, um seinen alten Freund Fietje in die Arme zu schließen und sich mit ihm zusammen an der Wiedersehensfreude zu berauschen. Nein, der Mann bohrte seine Hände in die Manteltaschen und ging zügig davon.

Mamma Carlotta blickte ihm kopfschüttelnd nach. Diese nordische Leidenschaftslosigkeit! Kalt wie der Wind, unter dem das Dünengras zitterte, und eisig wie das Wasser der Nordsee, dessen Temperatur sie sich gar nicht vorstellen mochte.

Erik überquerte die Westerlandstraße und lief den Süder Wung entlang, als ihn plötzlich eine aufgeregte Fahrradklingel auf den Bürgersteig scheuchte. »Mamma Carlotta!«

Er blieb wie angewurzelt stehen, beobachtete mit angehaltenem Atem, wie seine Schwiegermutter ein Bremsmanöver einleitete, und seufzte erleichtert auf, als sie schließlich vor der Tür stand, ohne dass sie selbst, das Fahrrad oder Eriks Auto zu Schaden gekommen waren, das Sören gerade abschloss.

Als Erik näher kam, hörte er seine Schwiegermutter sagen: »Sie wollen nach Hause fahren, Sören? Wozu habe ich eingekauft? Eintopf aus der Konserve können Sie essen, wenn ich wieder in Umbrien bin. Heute Abend werde ich übrigens Antipasti einlegen. Die kann Enrico dann morgen mit ins Polizeirevier nehmen.« Erik hörte ihr Lachen, das ihn so quälend an Lucias Lachen erinnerte, dass er einen Moment lang glaubte, den Schmerz nicht ertragen zu können. »Dort wird es dann riechen wie in einer italienischen Trattoria.« Lachend wandte sie sich um, als sie Eriks Schritte hörte, und blieb stehen, als ein weiterer Wagen vor der Haustür hielt.

»Dr. Hillmot!« Erik wartete, bis der Gerichtsmediziner ausgestiegen war. »Sind Sie endlich fertig mit der Obduktion?«

»Ich kam gerade hier vorbei, da dachte ich, ich bringe Ihnen die Ergebnisse persönlich.«

Mamma Carlotta nickte zufrieden. »Ich werde noch ein weiteres Gedeck auflegen.«

Dr. Hillmot war ein Mann von fast sechzig Jahren, der sein ganzes Leben gegen sein Übergewicht gekämpft und sich nach seinem fünfzigsten Geburtstag seiner Leibesfülle ergeben hatte. Seitdem ließ er es sich schmecken, kaufte sich zweimal im Jahr neue Hosen, weil ihm die alten zu eng geworden waren, und hoffte darauf, dass er noch so lange hinter das Steuer seines Dienstwagens passte, bis er pensioniert wurde. Als er Mamma Carlotta ins Haus folgte, strich er über seinen Bauch, als wollte er die Größe des Vakuums prüfen, das dort entstanden war. Es schien gewaltig zu sein, denn er schielte enttäuscht in die Küche, als Erik ihn ins Wohnzimmer dirigierte.

»Insalata di zucchine kommt in einer halben Stunde auf den Tisch«, rief Mamma Carlotta Sören nach, der als Letzter das Wohnzimmer betrat und die Tür hinter sich ins Schloss zog.

Erik wurde unruhig – wie immer, wenn Dr. Hillmot in seiner umständlichen Art erst alle Unterlagen vor sich ausbreitete, bevor er zu sprechen begann.

»Haben Sie was Auffälliges gefunden?«, fragte Erik.

»Das kann man wohl sagen.« Dr. Hillmot lehnte sich zurück und faltete die Hände über seinem Bauch. »Wie wir vermutet haben, wurde die Frau erdrosselt. Das beweisen die vielen punktförmigen und kleinfleckigen Blutungen in den Bindehäuten beider Augen, in den Augenlidern, der Mundschleimhaut und der übrigen Gesichtshaut. Das Gesicht war bläulich verfärbt und aufgedunsen. Die einfache Drosselmarke ging zirkulär in gleicher Höhe um den Hals. Das Drosselwerkzeug ist das Stück Wäscheleine, das wir am Tatort sichergestellt haben.«

»DNA-Spuren an den Griffenden der Leine?«, fragte Erik.

Ehe Dr. Hillmot antworten konnte, öffnete sich die Tür, und Mamma Carlotta kam herein. »Scusa«, murmelte sie und ging zum Schrank. »Ich suche nach der Kristallschale, die Cousine Daniela euch zur Hochzeit geschenkt hat. Insalata di zucchine sieht in Kristall besonders appetitlich aus.«

Dr. Hillmot wartete, bis Mamma Carlotta die Kristallschale gefunden hatte, dann fuhr er fort, ohne auf Eriks angespannte Miene zu achten. Der hatte als Einziger bemerkt, dass seine Schwiegermutter die Tür nicht fest ins Schloss gezogen hatte.

»Wir haben DNA-Spuren gefunden, die uns, ehrlich gesagt, überrascht haben.«

Erik beugte sich vor. »Welche?«

»Sperma«, antwortete Dr. Hillmot.

Erik sog überrascht die Luft ein, und Sören rief: »Ehrlich?«

»Sie hat also vor ihrem Tod Geschlechtsverkehr gehabt?«, fragte Erik. »Oder gibt es Anzeichen einer Vergewaltigung?«

»Die Leiche war vollständig bekleidet«, wandte Sören ein.

Dr. Hillmot nahm die Hände von seinem Bauch. »Das Sperma befand sich in ihrem Mund.«

Erik erhob sich und schloss die Wohnzimmertür. »Es gibt zwei Möglichkeiten. Entweder hatte die Kern einen Liebhaber, den sie vor ihrem Tod oral befriedigte, oder der Täter hat sie dazu gezwungen, bevor er sie erdrosselte.«

»Ich tippe auf Letzteres«, meinte Sören.

»Der Täter hat Handschuhe getragen. Er hat das Stück Wäscheleine abgeschnitten, an der Schere, die er höchstwahrscheinlich benutzt hat, finden sich aber nur alte, verwischte Fingerabdrücke der Toten. Die Griffenden des Leinenstücks, mit dem er die Frau erdrosselt hat, weisen keine DNA-Spuren auf. Wir können also nicht mit Sicherheit sagen, dass der Mörder identisch ist mit dem Mann, dessen Sperma gefunden wurde.« Dr. Hillmot sah Erik mit hochgezogenen Brauen an. »Gibt es schon einen Verdächtigen?

Einen genetischen Fingerabdruck für einen DNA-Vergleich?«

»Eigentlich konzentrierte sich unser Verdacht bisher auf zwei Frauen«, erklärte Erik leise.

Über Sörens Gesicht ging ein Grinsen. »Aber Ihre Schwiegermutter hatte von vornherein Wolf Andresen in Verdacht.« Als er sah, wie es in Eriks Augen zornig aufblitzte, ergänzte er hastig: »Ich meine ja nur ... ein Motiv hätte er. Und sein Alibi taugt nicht viel. Jedenfalls ist er der einzige Mann im Kreis unserer Verdächtigen.«

Die Türklingel ging zweimal, erst ertönte Felix' laute, dann Carolins sanfte Stimme.

Kurz darauf wurde die Wohnzimmertür erneut geöffnet. »Die Vorspeise ist angerichtet«, verkündete Mamma Carlotta.

Sie kehrte in die Küche zurück und verzichtete erneut darauf, die Wohnzimmertür zu schließen. Die Stille, die wenig später eintrat, machte Erik nervös. Wenn seine Schwiegermutter und sein Sohn zusammen waren und kein Wort redeten, dann gab es dafür nur eine Erklärung: Sie lauschten.

Zu seinem Schrecken sagte Dr. Hillmot in diesem Augenblick: »Sie können also nicht ausschließen, dass das Sperma während eines Liebesaktes in den Mund der Toten gekommen ist?«

Erik sprang auf, sah dann aber ein, dass es zu spät war. Wer in der Küche auf das lauschte, was im Wohnzimmer gesprochen wurde, hatte alles verstanden. Dr. Hillmots dröhnender Bass war im Polizeirevier, wo die Wände dünn waren, sogar drei Zimmer weiter zu hören.

»Meine Schwiegermutter wartet mit der Vorspeise«, sagte Erik matt, statt auf die Frage des Gerichtsmediziners zu antworten.

Dr. Hillmot erhob sich mit erstaunlicher Behändigkeit. »Wer arbeitet, soll auch essen«, erklärte er und folgte Mamma Carlotta in die Küche. »Das sieht ja köstlich aus«, hörte Erik ihn rufen.

Sören folgte ihm unverzüglich, während Erik zum Wohnzimmerfenster ging und in den Garten hinaussah. Die deutsche Vokabel Sperma hatte hoffentlich noch nicht Eingang in den Wortschatz seiner Schwiegermutter gefunden. Wenn sie gelauscht hatte, dann würde sie nicht verstanden haben, worum es ging. Und ein Gespräch bei Tisch über die Obduktion verbot sich zum Glück von selbst.

Erik ging an den Bücherschrank und holte ein Wörterbuch hervor: Deutsch-Italienisch. Hastig blätterte er zum S vor, bis er fand, was er suchte: Sperma = sperma. »So ein Mist!«

Dr. Hillmot hatte keine Kinder, im Kontakt mit ihnen fiel ihm daher nichts anderes als die Schule ein, obwohl Kinder bekanntlich über nichts weniger gern reden als über die Schule. »Sicherlich lernt ihr sehr gut und sehr gern«, richtete er leutselig das Wort an Felix und Carolin, die aus ihrer Abneigung gegen diese Frage keinen Hehl machten.

Felix knurrte etwas von viel zu vielen Hausaufgaben, während Carolin antwortete, ohne den Blick von ihrem Teller zu nehmen: »Kommt darauf an. Deutschunterricht finde ich ganz gut. Mathe ist langweilig.«

Mamma Carlotta hatte anscheinend das Gefühl, für den Lerneifer ihrer Enkel eine Lanze brechen zu müssen. »Im Deutschunterricht ist Carolin wirklich besonders gut. Sie glauben nicht, Dottore, welch kluge Gedanken sich in dem Märchen vom Rotkäppchen finden lassen. Carolina hat mir davon erzählt. Vero, piccola?«

Erik betrachtete Felix' verdrossenes Gesicht und Carolins verlegene Höflichkeit. Jeder an diesem Tisch hätte gern das Thema gewechselt und lieber über die Obduktion statt übers Rotkäppchen gesprochen, so viel war klar. Natürlich wollten auch die Kinder wissen, wie die Ermittlungsarbeit angesichts der neuen Erkenntnisse fortschritt, und Mamma Carlotta machte aus ihrer Neugier ja sowieso keinen Hehl.

In Erik stieg der Widerwille auf. Ein Mordfall gehörte ins Polizeirevier und nicht in dieses Haus! Wie war es nur möglich gewesen, dass der Süder Wung zu einer Schaltzentrale der Mordkommission geworden war? Erik warf seiner Schwiegermutter einen finsteren Blick zu. Sie war schuld! Ihre Neugier hatte ihn verführt, der Familie mehr zu verraten, als er eigentlich verantworten konnte. Damit war jetzt Schluss, das nahm er sich fest vor. Was passierte, wenn einer der Reporter die Schwiegermutter des Hauptkommissars zu fassen bekam, mochte er sich nicht vorstellen.

Die Spaghetti carbonara folgten, dann kamen gefüllte und überbackene Auberginen auf den Tisch, und schließlich servierte Mamma Carlotta zu Dr. Hillmots Freude noch Pere in Tegame. Er öffnete den obersten Knopf seiner Hose, während Mamma Carlotta die Pfanne mit den gebratenen Birnen auf den Tisch stellte, und Erik war froh, dass er um die solide Qualität der Hosenträger wusste.

Beim Espresso kamen Dr. Hillmot allmählich Bedenken, die Gastfreundschaft des Hauptkommissars zu lange in Anspruch genommen zu haben. »Eigentlich hatte ich Ihnen ja nur das Ergebnis der Obduktion mitteilen wollen ...« Er erhob sich mit Mühe und klopfte sich den Bauch, während er Mamma Carlotta anstrahlte. »Es war zauberhaft, Signora. Grazie tante!«

Erik konnte sich nicht erinnern, dass Dr. Hillmot schon einmal etwas zauberhaft gefunden hätte, und erst recht hatte er ihn noch nie italienisch reden hören. »Ich bringe Ihnen Ihre Unterlagen«, erklärte er und holte alles herbei, was der Gerichtsmediziner kurz zuvor auf dem Wohnzimmertisch ausgebreitet hatte.

Dr. Hillmot stand in der Diele, als Erik zurückkehrte. »Wann schicken Sie mir den Verdächtigen für die DNA-Analyse?«

»Gleich morgen früh«, antwortete Erik. »Und ich wäre Ihnen dankbar, wenn Sie die Sache vorrangig bearbeiten könnten.«

Dr. Hillmot nickte. »Nach diesem Abendessen können Sie alles von mir haben.« Noch einmal bedachte er Mamma Carlotta mit seinem charmantesten Lächeln. »Übermorgen Abend kann ich fertig sein.«

Er schwankte zur Tür, als machte es ihm Schwierigkeiten, seinen gewaltigen Leib zu transportieren. »Ach, da fällt mir ein ... Es gibt ja noch die Fingerabdrücke, die Vetterich gefunden hat, die aber noch nicht zugeordnet werden konnten. Zum Beispiel an der Geldkassette. Die Fingerabdrücke im Haus der Toten sind ja sehr übersichtlich. Ihre eigenen haben wir natürlich gefunden, dann die der Putzfrau im ganzen Haus und die der Schwester im Erdgeschoss. Dann gab es nur noch die Abdrücke einer einzigen weiteren Person ...«

Erik schob den Gerichtsmediziner sanft aus der Haustür und folgte ihm bis auf die oberste Treppenstufe. Dass Sören sich nicht vom Küchentisch erhoben hatte, war ihm nicht aufgefallen.

»Diese Fingerabdrücke könnten natürlich von Wolf Andresen stammen«, erklärte er. »Das werden Sie dann auch überprüfen?«

»Natürlich.«

Erik nickte und wunderte sich gleichzeitig, dass er nicht zufrieden war. »Wenn das Sperma von Andresen stammt und die Fingerabdrücke an der Geldkassette auch – dann haben wir ihn.«

Er winkte Dr. Hillmot ein letztes Mal zu und schloss die Haustür. Dann kehrte er in die Küche zurück. »Nehmen Sie Kochunterricht bei meiner Schwiegermutter?«, fragte er Sören und lächelte breit, damit jedermann erkennen konnte, dass er einen Scherz machen wollte.

Sören blickte auf und grinste. »Was Ihre Schwiegermutter kann, werde ich nie lernen. Aber es macht Spaß, einer Köchin zuzuschauen, die etwas von ihrer Arbeit versteht.«

Erik ließ sich neben Sören am Tisch nieder. Mit welcher Selbstverständlichkeit sein Assistent sich hier aufhielt! Früher war er, wenn überhaupt, nur für kurze Höflichkeitsbesuche ins Haus gekommen. Warum Mamma Carlotta diese Anziehungskraft auf Sören ausübte, war Erik ein Rätsel. Aber er war froh, dass es so war, dankbar für jede Person, die den klein gewordenen Kreis an seinem Küchentisch vergrößerte.

Er erhob sich wieder, holte eine Grappaflasche aus der Speisekammer und zwei Gläser aus dem Schrank. Sören nickte auch zu diesem Angebot.

Mamma Carlotta schob die Peperoni in den Ofen. »Da bleiben sie, bis sie braun werden«, erklärte sie Sören. »Dann werden sie in ein feuchtes Tuch gehüllt und bekommen nach zehn Minuten die Haut abgezogen. Die Nacht verbringen sie in einer Marinade aus Olivenöl, Salz, Pfeffer, Knoblauch und Petersilie.« Mamma Carlotta legte Daumen und Zeigefinger zusammen, führte sie zu ihren gespitzten Lippen und schnalzte mit geschlossenen Augen. »Benissimo! Ihre Kollegen werden sich freuen.«

»Ganz sicher«, betonte Sören und strahlte, als wäre er soeben befördert worden.

Mamma Carlotta warf einen letzten Blick in den Ofen, dann holte sie ein weiteres Grappaglas aus dem Schrank und hielt es Erik hin. »Nur einen winzigen Schluck, Enrico!«

Sie trank das Glas in einem Zug aus und betrachtete dann die beiden Polizisten mit großer Zufriedenheit. »Ich habe also Recht gehabt! Wolf Andresen ist der Mörder. Ich wusste es.«

Erik gab sich viel Mühe, erstaunt auszusehen. »Wie kommst du darauf?«

»Na, hör mal!« Mamma Carlotta hielt ihr Glas noch einmal hin. »Nur ein Mann kann der armen Frau so etwas angetan haben. Nicht die Putzfrau und auch nicht die Schwester!«

»Ist doch wohl klar, Papa!«, rief Felix. »Oder müssen wir dir das erklären?«

Erik zwang sich zur Ruhe. Es gelang ihm sogar, die Augen zu rollen, damit alle sehen konnten, wie lästig es für einen Hauptkommissar war, sich mit Stümpern über kriminalistische Feinheiten zu unterhalten. »Ihr seid voreilig«, tadelte er. »Der Mord muss nichts zu tun haben mit ... mit dem ...« Verzweifelt blickte er in der Küche herum. »Also, das kann auch ... anders passiert sein.«

Dass Felix grinste, machte Erik so zornig, wie es sonst nur besonders unflätige Kraftausdrücke fertig brachten.

»Du meinst, das ist beim Liebemachen passiert?«, fragte Felix und grinste noch herausfordernder.

Mamma Carlotta brauchte einen dritten Grappa. »Was hat so eine widerliche Angelegenheit mit Liebe zu tun?« Sie schnappte empört nach Luft. »Terribile!«

Sören war noch nicht aufgegangen, dass sein Chef aus Prinzip widersprach. »Bisher sind wir davon ausgegangen, dass Christa Kern keinen Liebhaber hatte«, gab er zu bedenken.

»Davon auszugehen, heißt nicht, dass wir diese Möglichkeit wirklich ausschließen können«, fuhr Erik ihn an. »Dass Andresen ein Mann ist, macht ihn verdächtig? Nein, das reicht nicht.«

Den vierten Grappa schenkte Mamma Carlotta sich selber ein. »Aber er ist so unsympathisch! Und so nervös! Wie jemand, der ein schlechtes Gewissen hat. Er ist genau so, wie ich mir einen Mörder immer vorgestellt habe.«

»Na, dann ist ja alles klar«, gab Erik anzüglich zurück. »Wenn du derart überzeugende Beweise anführst, bin ich natürlich auch von Andresens Täterschaft überzeugt.« Er zog die Grappaflasche aus der Reichweite Mamma Carlottas, die soeben begriffen hatte, dass ihr Schwiegersohn sie nicht ernst nahm, und dieses Ärgernis mit Alkohol herunterspülen wollte.

»Ich bin sicher, dass er es war«, wiederholte sie eigensinnig.

Sören stand auf und warf einen Blick in den Ofen, als Erik in erzwungener Ruhe erklärte: »Wir haben keine Indizien, die gegen Wolf Andresen sprechen, lediglich ein Motiv. Nur die Tatsache, dass er ein Mann ist, macht ihn verdächtig. Dagegen steht jedoch sein Alibi.«

»Er hat ein Alibi?«

»Ja, er war zur fraglichen Zeit mit seiner Frau zusammen. Sie hat es bestätigt.«

Mamma Carlotta griff über den Tisch, langte nach der Flasche und goss sich den nächsten Grappa ein. Dann erklärte sie, was sie von Wolf Andresens Alibi hielt. »Gar nichts!«

»Was regt ihr euch auf?«, fragte Carolin, ehe sie sich neben Sören stellte, um den Bräunungsvorgang der Peperoni zu beobachten. »Die DNA-Analyse wird es ja beweisen.«

»Gar nichts wird sie beweisen«, schnaubte Erik. »Jedenfalls nicht, dass Wolf Andresen ein Mörder ist. Womöglich beweist sie lediglich, dass er mit Christa Kern eine Affäre hatte. Vielleicht beweist sie aber auch, dass Christa Kern einen Fremden ins Haus gelassen hat.«

Sören machte Mamma Carlotta darauf aufmerksam, dass die Peperoni auf dem besten Wege waren, Verbrennungen dritten Grades zu erleiden. Dann verabschiedete er sich.

Erik begleitete ihn bis auf die oberste Treppenstufe, obwohl es empfindlich kalt geworden war. Der Wind hatte aufgefrischt, er fuhr den Süder Wung entlang und brachte einen eiskalten Nieselregen mit nadelfeinen Tropfen mit.

»Glauben Sie wirklich«, flüsterte Sören, »dass der Mörder nichts mit dem DNA-Material in Christa Kerns Mund zu tun haben muss?«

»Nein, glaube ich nicht«, flüsterte Erik zurück. »Natürlich spricht alles dafür, dass Christa Kern oral vergewaltigt wurde, ehe man sie erdrosselte. Aber meine Schwiegermutter muss das nicht wissen.«

»Verstehe.« Sören ging zwei Stufen hinab, blieb stehen und sah sich wieder um. »Was ist, wenn Andresen sich gegen den DNA-Test wehrt?«

»Dann müssen wir einen richterlichen Beschluss erwirken.«

»Und dann? Sollen wir ihn in Untersuchungshaft nehmen? Wenn er es war, weiß er, dass er entlarvt ist, sobald der DNA-Test ausgewertet worden ist.«

Erik zuckte die Schultern. »Ich fürchte, wir haben schlechte Karten, Sören. Wenn Andresen sich wehrt, sehen wir alt aus. Ob die Staatsanwältin aufgrund der dürftigen Indizien, die wir vorlegen können, die DNA-Analyse anordnet, ist fraglich. Einen Haftbefehl werden wir sicherlich auch nicht bekommen.«

Sören nickte und stieg die beiden letzten Stufen hinab. Wieder drehte er sich um. »Warten wir also erst mal ab, wie Andresen morgen früh reagiert. Vielleicht schaffen wir es ja, ihn zu überrumpeln.«

Erik sah zu, wie Sören den Kragen hochschlug, ehe er den Kampf mit seinem Fahrradschloss aufnahm. »Haben

Sie schon mal daran gedacht, Sören, dass es schwer sein wird, der Staatsanwältin Andresens Motiv vorzulegen? Wir kennen es nur von meiner Schwiegermutter. Ihr hat Ulla Andresen von der Operation in den USA erzählt, mir gegenüber hat sie bestritten, dass es diese Möglichkeit überhaupt gibt.«

Sören ließ sein Fahrradschloss in Ruhe, das sich mit einem zufriedenen Klicken an den Rahmen zurückfallen ließ. »Und wenn wir Ihre Schwiegermutter als Zeugin benennen? Nur für den Fall ...«

»Kommt nicht in Frage!«

Sören nickte, als hätte er nichts anderes erwartet. »Die Presse konnte ich übrigens abwimmeln. Ein paar Einzelheiten über die Tote habe ich preisgegeben, über unsere Ermittlungsarbeit habe ich jedoch nichts verraten.«

»Gut so«, nickte Erik. »Hoffentlich können wir uns die Meute noch eine Weile vom Hals halten. Und die Staatsanwältin und den Polizeipräsidenten ebenso. Zum Glück legt die Staatsanwältin zurzeit keinen Wert auf eine Pressekonferenz. In Husum gibt es doch diesen Fall von Kindesmissbrauch und Kinderpornografie, der immer größere Kreise zieht. Damit ist sie sehr beschäftigt. Und der Polizeipräsident gibt auch lieber Auskünfte, wenn die Ermittlungsarbeit schon zu ansehnlichen Ergebnissen geführt hat.«

Sören grinste. »Hoffen wir also, dass wir schnell vorankommen. Wenn der Fall erst gelöst ist, lässt sich mit der Presse gut auskommen.«

»Und mit der Staatsanwältin und dem Polizeipräsidenten auch.« Erik zog sich in den Schutz der Haustür zurück, bis Sören den Sieg über sein Fahrradschloss errungen hatte und sich auf den Sattel schwang. Dann drückte er die Tür ins Schloss und war froh über die Wärme, die ihn umfing.

11

Mord kurz vor der Aufklärung? Die Polizei hüllt sich in Schweigen! Unsere Reporter haben mehrfach im Kommissariat Westerland vorgesprochen – vergeblich. Hauptkommissar Wolf verweigert jede Information. Warum? Schweigt er, um eine heiße Spur nicht zu gefährden? Oder schweigt er, um die Unfähigkeit der Kriminalpolizei zu bemänteln?

Wolf Andresen sah aus wie ein Teil seines Warenangebots, als Erik und Sören sein Geschäft betraten. Seine Miene wurde stoisch, seine Augen blickten ausdruckslos, seine Manieren wurden aalglatt.

»Sie wünschen?«

Seine Freundlichkeit war keinen Deut spritziger als die seiner Bismarck-Heringe und der Inhalt seiner Gedanken so unklar wie der seiner Labskaus-Konserven. Lediglich seine Hände sprachen eine deutliche Sprache. Wolf Andresen schob sein Bestellbuch in den rechten Winkel des Schreibpultes und zupfte die Plastikhandschuhe, die in seiner Schürze steckten, zurecht, sodass ihre fünf Finger jeweils im gleichen Winkel aus jeder Schürzentasche ragten. Mit der Freundlichkeit eines hungrigen Tigerhais wiederholte er: »Sie wünschen?«

Erik hatte sich genau überlegt, wie er vorgehen würde. Unverbindlich wollte er seine Frage stellen, freundlich seine Bitte vortragen, aber auch so energisch, dass sie wie eine klare Forderung verstanden werden musste. Wolf Andresen sollte zwar wissen, dass er den Speicheltest ablehnen konnte, musste aber gleichzeitig spüren, dass er sich mit einer Weigerung mehr schaden als nutzen würde.

»DNA-Analyse?«, fragte er und schob die Schüsseln mit den Marinaden so lange hin und her, bis sich ihre geschwungenen Ränder perfekt ineinander fügten. »Und warum?«

»Reine Routine«, entgegnete Erik. »Wir haben Sperma gefunden und bitten nun alle Männer, die mit Christa Kern in irgendeiner Weise Kontakt hatten, um eine Speichelprobe und um Fingerabdrücke.«

»Um den Mörder zu finden?«

»Um die Unschuldigen sicher ausschließen zu können«, korrigierte Erik freundlich.

Zu seiner Erleichterung nickte Andresen und band sich die Schürze ab. Während er sie an einen Haken hängte und säuberlich glatt strich, rief er in den Raum hinter der Theke, wo sein Warenangebot vorbereitet wurde: »Kommst du bitte in den Laden, Björn? Ich muss mal kurz weg.«

Der Auslieferer erschien prompt in der Tür. »Um elf habe ich aber eine Lieferung.«

Andresen sah Erik fragend an. »Wird es so lange dauern?«

»Nein, nein«, wehrte Erik ab. »Bis dahin sind Sie längst wieder zurück.«

»Also gut.« Andresen wandte sich noch einmal an seinen Mitarbeiter. »Ulla kann zurzeit nicht im Laden arbeiten. Saskia geht es heute nicht gut. Aber du wirst das schon machen.«

»Na, klar. Ist sowieso nichts los.«

Erik konnte den Blick nicht von der Schürze nehmen, die Andresen an den Haken gehängt hatte. »Sie tragen immer Gummihandschuhe bei Ihrer Arbeit?«

»Natürlich. Das erwarten die Kunden von mir.«

»Und wenn Sie Ihre Ware ausliefern?«

»Dann natürlich auch.« Wolf Andresen betrachtete den Hauptkommissar ärgerlich. »Warum stellen Sie mir diese Fragen?«

»Nur so.« Erik lächelte. »Eine Berufskrankheit. Ich frage auch nach Umständen, die gar keine Bedeutung haben.«

Carlotta Capella war mit ihren Fahrkünsten sehr zufrieden. Kerzengerade saß sie auf dem Sattel, den Kragen bis zur Nasenspitze hochgezogen, das Gesicht dem Wind entgegengestreckt. Carolin hatte ihr am Morgen die Route beschrieben, so ausführlich und umständlich, dass Mamma Carlotta schon befürchtete, sich mit der Fahrt nach Westerland zu viel vorgenommen zu haben. Aber dann hatte zum Glück Felix eingegriffen und kurz und bündig erklärt: »Nimm den Weg oberhalb des Strandes und fahr immer geradeaus, Nonna! Dann kann nichts schiefgehen.«

Und so hielt sie es nun. Natürlich, nachdem sie einen kurzen Abstecher zum Friedhof gemacht hatte. Fröhlich trat sie in die Pedalen, der Wind, der vom Meer kam und ihr gelegentlich in den Lenker griff, konnte ihr nichts anhaben. Mamma Carlotta hatte längst Frieden mit dem Wind geschlossen und wusste, dass sie ihn in Umbrien sogar heimlich vermissen würde, wenn dort die Hitze in den Tälern stand und sich kein Lüftchen regte, um sie zu vertreiben oder auch nur erträglicher zu machen. Der Wind war auf Sylt zu Hause, das hatte Mamma Carlotta verstanden, nach Umbrien kam er nur zu Besuch.

Das Meer zog sie an, diese graue Masse, die sich gelegentlich zwischen den Dünenbergen zeigte.

»Il mare«, flüsterte sie und klingelte einen erschrockenen Patienten der Nordseeklinik vom Weg, der seine Kräfte mit einem ersten Spaziergang wiederzufinden suchte. Das große Meer! Tage-, wochen- und monatelang würde sie in Umbrien davon erzählen und nichts gelten lassen, was die entgegenhielten, die schon mal an der italienischen Adria gewesen waren.

Auf der rechten Seite tat sich ein Parkplatz auf. Vergessen sah er aus, wie ein Kinderspielzeug in den Dünen. Ein Parkplatz für die Hochsaison, wenn die Feriengäste, die in einer preiswerten Pension im Inneren der Insel wohnten, mit ihren Autos zum Strand fuhren.

Mamma Carlotta schob ihr Fahrrad über den Parkplatz, ließ es am Ende stehen und stieg die Holztreppe zum Café Seenot empor, das auf dem Kamm der Düne stand. Dort harrte sie eine Weile aus und genoss das Gefühl der Freiheit, das sie in Umbrien nie kennen gelernt hatte, weil es dort diese Weite nicht gab. Vor ihren Augen nichts als das Meer, das dem Blick kein Ende bot! Es trug sein Sonntagskleid an diesem Tag. Schneeweiß die Gischt auf den Kämmen der Wogen und blaugrün ihre Täler!

Die Angst vor dem Meer, die Mamma Carlotta am ersten Tag bedrängt hatte, war vergangen, als sie erkannte, dass es nicht unberechenbar war, sondern einer Ordnung folgte, die, wenn man sie erkannt hatte, die Beklemmung nahm. Bald wusste sie, wie die Welle sich bildete, wie sie sich erhob, den Bauch einzog, den Rücken beugte, sich tief verneigte und sich dann überschlug. Es war etwas Zwangsläufiges – das Meer konnte nicht anders. Die Wellen mussten ansteigen und in sich zusammenbrechen. Sie mussten auslaufen und zurückströmen. Mamma Carlotta konnte sich daran nicht sattsehen.

Aber dann fiel ihr ein, warum sie so früh mit dem Fahrrad unterwegs war und dass sie bereits am Rand von Westerland angekommen war. Den Kindern hatte sie, kaum dass Erik aus dem Hause war, erzählt, was sie vorhatte. Sie brauchte Felix' und Carolins Unterstützung. Wenn die beiden ihr nicht halfen, konnte der Plan nicht gelingen. Denn wenn Erik davon Wind bekam ... Mamma Carlotta mochte diesen Gedanken gar nicht zu Ende denken. Und doch war sie sicher, dass es richtig war, was sie plante. Felix war natürlich sofort Feuer und Flamme gewesen, die vernünftige Carolin jedoch war nicht so schnell zu überzeugen gewesen.

Hinter der Theke bei Fisch-Andresen stand der junge Mann, den sie am Tag zuvor in Käptens Kajüte gesehen hatte. Er schien sich zu langweilen. Gedankenvoll rückte er mit der Vorlegegabel die Rollmöpse aus ihrer korrekten Lage, stupste die Makrelen an, bis von Reih und Glied keine Rede mehr sein konnte, und drehte einen Wolfsbarsch herum, sodass die Augen seines Nachbarn die Schwanzflosse anglotzten. Wolf Andresen würde, wenn er aus dem Polizeirevier zurückkehrte, viel zu tun haben.

Der junge Mann schrak zusammen, als die Türglocke schepperte. Dann lächelte er. »Ach, Sie sind es! Was darf's sein?«

Mamma Carlotta nickte zu den Perlenschnüren. »Kann ich Frau Andresen kurz sprechen? Ich möchte mich noch mal bei ihr bedanken für ihre Hilfe.«

Er machte einen Schritt auf die Perlenschnüre zu und zerteilte sie. »Ulla? Besuch für dich!« Er starrte noch eine Weile in den Raum, dann fragte er: »Wie geht es Saskia?«

»Sie schläft jetzt.« Ulla Andresen erschien und schob ihn mit einer sanften Geste zur Seite. »Danke, Björn.«

Sie lächelte, als sie Mamma Carlotta erkannte. »Geht's Ihnen besser?«

»Sì, alles ist wieder in Ordnung«, bestätigte Mamma Carlotta. »Grazie, dass Sie mir gestern geholfen haben. Wie ich schon sagte, ich komme aus Italia und das Klima hier ...«

Ullas Lächeln vertiefte sich. »Sie sind nicht die Einzige, die Schwierigkeiten mit dem Reizklima hat.«

Björn verschwand in dem Raum hinter der Theke. »Sag mir Bescheid, wenn du mich brauchst.«

Ulla nickte. »Sie brauchen Fisch fürs Mittagessen?«

Mamma Carlotta ließ sich Zeit. »Ein paar Lachs-Steaks vielleicht. Ma no ... besser noch wäre ein Seebarsch. Dann könnte ich Branzino in bianco machen. Oder Orata al forno? Dann brauche ich eine ... wie sagt man ... Goldbrasse.« Umständlich wählte sie aus und achtete darauf, das Gespräch mit Ulla Andresen in Gang zu halten. Zwischendurch sah sie sich um und blickte zur Tür, die sich währenddessen kein einziges Mal öffnete. »Es ist nicht viel los bei Ihnen, vero?«

Ulla nickte. »Hier ist nie was los. Auch in der Hauptsaison nicht. Mein Mann will es immer noch nicht einsehen, aber wenn die nächste Saison nichts einbringt, werden wir schließen müssen. Wir haben schon so viele Schulden, weitere dürfen nicht dazukommen.« Sie legte die Goldbrasse auf die Waage. »Entschuldigung«, murmelte sie. »Ich sollte darüber nicht reden. Nicht mit den Kunden. Wenn mein Mann das wüsste ...«

»Ich verrate ja nichts«, unterbrach Mamma Carlotta sie. »Jeder Mensch muss sich doch mal seine Sorgen von der Seele reden. Und von Frau zu Frau ...« Sie brach ab und sah zu, wie Ulla Andresen den Fisch einwickelte. »Ich denke, ich sollte noch ein paar Sardellen mitnehmen«, erklärte sie. »Sardellen in grüner Soße sind ein köstliches Abendessen. Oder Kartoffelgratin mit Sardellen ...?«

Ulla Andresen nickte und riss in das Sardellenangebot ein paar hässliche Lücken, statt sie in der Reihenfolge zu entnehmen, wie ihr Mann es getan hätte.

Wolf Andresens Blick fiel sofort auf die Unordnung in seinem Warenangebot, als er den Laden betrat. Er bedachte Mamma Carlotta mit einem flüchtigen Lächeln. »Ich hoffe, Sie haben sich erholt.« Ohne eine Antwort abzuwarten, verschwand er hinter den Perlenschnüren, kam ohne Jacke wieder heraus, nahm seine Schürze vom Haken und seiner Frau die Vorlegegabel aus der Hand. »Ich mache das schon. Du kannst dich um Saskia kümmern.«

»Sie schläft. Hast du das nicht gesehen?«

»Darf's noch was sein?«, fragte Wolf Andresen.

»Ich sollte mal wieder Riesencrevetten mit Romesco-Sauce machen«, überlegte Mamma Carlotta. »Und ein paar Scampi brauche ich! In Olivenöl mit vielen Knoblauchzehen mariniert und dann in Mehl gebacken! Delizioso! Und Sardinen, mariniert in Olivenöl, Rotweinessig, Pinienkernen und Sultaninen. E anguilla affumicata! Räucheraal, meine ich.« Sie lächelte ihr schönstes Lächeln. »Ich bin Italienerin und verstehe mich auf die Herstellung von Antipasti. Wo ich auch bin – über kurz oder lang stehe ich in der Küche, um Antipasti einzulegen. Manchmal denke ich, ich hätte reich werden können, wenn ich daraus ein Geschäft gemacht hätte. Aber andererseits bin ich ja froh, dass ich Arbeit habe. Ich kann nicht faulenzen. Ferien? Terribile!«

»Sind Sie denn nicht auf Urlaub hier?«, fragte Andresen, der geduldig zuhörte, weil ihm das die Zeit gab, alle Löffel in den Marinadeschüsseln nach Westen auszurichten.

»Eigentlich schon«, nickte Mamma Carlotta und erzählte von der Schulfreundin eines Großcousins, die mit einem Münchner Apotheker verheiratet war und die Absicht gehabt hatte, zwei Monate mit ihren drei Kindern in Wenningstedt zu leben. »Im Dünenhof zum Kronprinzen, dem großen Haus am Ende der Seestraße, direkt neben dem Strandwärterhäuschen.« Wie gut, dass Fietje ihr von diesem Haus erzählt hatte, das unzählige Apartments besaß. »Das jüngste Kind leidet unter chronischer Bronchitis und braucht Nordseeluft. Aber dann bekam das älteste Kind Masern und steckte die jüngeren Geschwister an. Anschließend brach sich das mittlere Kind ein Bein, die Mutter meines Großcousins wurde krank, deren Tochter konnte sich nicht um sie kümmern, weil sie gerade an der Hüfte operiert wurde ...«

Man sah Wolf Andresen an, dass ihm der Kopf schwirrte. Er zählte die Scampi immer wieder ab, weil er, kaum dass er sie von der Waage heruntergenommen hatte, nicht mehr sicher war, dass er die richtige Anzahl abgewogen hatte. »Was hat das alles mit Ihrem Aufenthalt hier zu tun?«, fragte er verwirrt.

Mamma Carlotta sah ihn an, als hielte sie ihn für begriffsstutzig. »Sollte l'apartamento etwa bezahlt, aber nicht bewohnt werden? Das wäre doch eine fürchterliche Geldverschwendung! Da habe ich mich eben geopfert und bin nach Sylt gekommen. Aber, ehrlich gesagt ...« Sie beugte sich vertraulich über die Theke. »Ich langweile mich ein bisschen. Deshalb habe ich angefangen, Antipasti einzulegen und sie an die übrigen Hausbewohner zu verteilen. Im Dünenhof gibt es zum Glück viele Touristen, die mir meine Antipasti aus den Händen reißen.«

Wolf Andresen, der allmählich ahnte, dass die Erzählung seiner Kundin auf ein bestimmtes Ziel hinauslaufen würde, gab es auf, nach ihren weiteren Wünschen zu fragen. Mit offenem Mund staunte er Mamma Carlotta an, die ihm mit vielen schönen Worten auseinandersetzte, dass Fisch-Andresen mit italienischen Vorspeisen ein gutes Geschäft machen könnte. Es wäre ein Vergnügen für sie, bei ihm zu arbeiten, und das Vergnügen wäre natürlich auch auf seiner Seite, da sie sich mit einem äußerst geringen Lohn zufrieden geben wolle. Schließlich ginge es ihr ja nicht um Profit, sondern um eine sinnvolle Beschäftigung während der langweiligen Urlaubswochen.

Als sie eine kurze Pause einlegte, weil auch eine Italienerin gelegentlich tief durchatmen muss, sagte Wolf Andresen: »Tja, Frau ... Signora ...«

»Anna Rocchi!« Der Geburtsname ihrer Mutter kam Carlotta leicht von der Zunge. Und die Lüge wog, nachdem sie die Schulfreundin ihres Großcousins erfunden hatte, nicht mehr viel. »Wenn Sie wollen, fange ich gleich heute bei Ihnen an. Sie räumen den rechten Teil der Theke frei, und ich sage Ihnen heute Nachmittag, was eingekauft werden muss. Dann haben Sie ab morgen ein neues Angebot, in dem Sie Gosch - wie sagt man? - überlegen sein werden.«

Wolf Andresen hatte immer noch keine Worte gefunden, aber seine Frau flüsterte ihm zu: »Denk daran, Wolf, dass du Hilfe gebrauchen kannst, wenn ich mit Saskia in den USA bin.«

Sören lief zwischen Eriks Schreibtisch und der Tür hin und her. »Ich weiß nicht, was ich von dem Kerl halten soll!«

»Setzen Sie sich hin, Sören«, bat Erik. »Sie machen mich ganz nervös mit Ihrem Büro-Marathon.«

Sören ließ sich gehorsam auf den Stuhl vor Eriks Schreibtisch fallen. »Man könnte wirklich glauben, dass er ein reines Gewissen hat. Wäre er sonst so bereitwillig zum Speicheltest mitgegangen?«

Erik presste die Lippen in die Mundwinkel. »Und was ist mit meiner Schwiegermutter, Sören? Vertrauen Sie nun doch ihrer Intuition nicht mehr?«

Sören bemerkte Eriks Sarkasmus nicht. »Womöglich war Andresen nur überrascht. Er wusste nicht, wie er sich wehren sollte, deshalb ist er uns widerspruchslos gefolgt. Wenn das so ist, dann wird er sich heute oder morgen absetzen. Jedenfalls bevor das Ergebnis der DNA-Analyse bekannt ist. Ich wette, er ist mit den vierzigtausend Euro längst über alle Berge, wenn wir in seinen Laden kommen, um ihn zu verhaften.«

»Aber dann hätte für ihn alles keinen Sinn gehabt. Wenn er Christa Kern umgebracht hat, dann doch nur deshalb, um mit den vierzigtausend Euro seine Tochter zu retten.«

»Vermutlich ist ihm nie der Gedanke gekommen, dass wir ihn verdächtigen könnten. Aber jetzt muss er seine Haut retten. Warum nur stellt sich die Staatsanwältin so stur?«

»Weil sie der Meinung ist, dass wir gegen Andresen nicht genug in der Hand haben. Sie will nicht glauben, dass er der einzige Mann sein soll, mit dem Christa Kern Kontakt hatte. Außerdem sagt die Staatsanwältin, Christa Kern könne auch einem Fremden die Tür geöffnet haben. Einsame Menschen wie sie neigen zu solchen Unvorsichtigkeiten. Vielleicht hat sie sich nach Kontakt gesehnt, nach menschlicher Wärme, nach Zuwendung, nach Gesprächen. Und dann klingelt ein Fremder an ihrer Tür, ein Bettler, jemand, der für einen guten Zweck Geld sammelt, oder ein Fischer, der seinen Fang anbietet ...«

»Oder Fietje, der mal wieder herumstreunt?«

Erik fiel die Kinnlade herunter. »Fietje? Warum sollte die Kern ausgerechnet Fietje ins Haus lassen?«

»Menschliche Wärme, Kontakt, Zuwendung, Gespräche – das alles konnte auch Fietje bieten.«

»Und Christa Kern war so vertrauensvoll, ihm von den vierzigtausend Euro zu erzählen, die sie im Hause hat?« Erik schwieg eine Weile. »Nein, sehr wahrscheinlich ist das nicht. Aber vielleicht ist der Mörder zufällig auf das Geld gestoßen. Dass die Kern vermögend war, sah man sofort, wenn man ihr Haus betrat.«

»Aber es ist nicht durchsucht worden«, erinnerte Sören. »Denken Sie an die mustergültige Ordnung im Haus!« Er schüttelte den Kopf. »Fietje dagegen könnte mal wieder durch ein Fenster gesehen und die Kern beobachtet haben, wie sie die vierzigtausend Euro zählte und weglegte.« Er überlegte kurz, dann schüttelte er den Kopf erneut. »Nein, Fietje ist zu einer solchen Gewalttat nicht fähig. Für mich ist Andresen der Einzige, der für den Mord in Frage kommt. Sein Motiv ...« Er stockte, dann sprang er wieder auf. »Hat die Staatsanwältin denn sein Motiv nicht überzeugt?«

Eriks Gesicht färbte sich rot. »Was sollte ich der Staatsanwältin erzählen? Sollte ich ihr sagen: Meine Schwiegermutter hat mit der Frau des Tatverdächtigen geplaudert? Rein zufällig natürlich! Und meiner Schwiegermutter hat Frau Andresen verraten, was sie mir nicht eingestehen wollte! Dass dringend sehr viel Geld für die Operation ihrer herzkranken Tochter benötigt wird! Wie soll ich erklären, dass meine Schwiegermutter mehr erfahren hat als ich? Vergessen Sie nicht, Sören, dass Ulla Andresen nichts davon wissen wollte, als ich sie fragte.«

»Aber das ist doch wiederum verdächtig!«, rief Sören. »Sie hat mit Ihrer Schwiegermutter darüber geredet, weil sie glaubte, es handle sich um irgendeine Touristin, die Mitleid mit ihr und dem Kind hat. Sie konnte ja nicht ahnen, dass sie die Schwiegermutter des Hauptkommissars vor sich hatte. Ihnen gegenüber durfte sie dagegen nicht ehrlich sein, denn damit hätte sie Ihnen das Motiv für den Mord geradezu auf die Nase gebunden.« Eine Weile betrachtete er seinen Chef, der beharrlich schwieg, dann ergänzte er resigniert: »Aber das alles können Sie der Staatsanwältin wohl wirklich nicht erzählen, klar.«

»Lassen Sie also meine Schwiegermutter aus dem Spiel!« Erik erhob sich und ging zur Kaffeemaschine. »Rufen Sie alle Kinderärzte von Sylt an, Sören. Es gibt ja nur eine Handvoll. Bei einem von ihnen muss Saskia Andresen in Behandlung sein.«

Sören erhob sich ebenfalls und hielt Erik seinen Kaffeebecher hin. »Sie glauben, dass wir von einem Kinderarzt das zu hören bekommen, was Ihre Schwiegermutter von Ulla Andresen erfahren hat?«

Erik nickte und füllte Sörens Kaffeebecher. »Dann kann ich mir überlegen, ob ich die Staatsanwältin noch einmal anrufe.«

»Aber das Kind wird doch sicherlich von einem Spezialisten behandelt«, gab Sören zu bedenken. »Von einem Kardiologen.«

»Aber nicht nur! Hier auf der Insel wird Ulla Andresen mit Saskia zu einem Kinderarzt gehen. Schließlich hat auch ein schwer krankes Kind mal Schnupfen oder Masern.«

»Und was ist mit der ärztlichen Schweigepflicht?« Sören wartete Eriks Antwort nicht ab, sondern verließ mit dem Kaffeebecher in der Hand das Büro. »Mal sehen, was ich machen kann.«

Enno Mierendorf nahm ihm die Klinke aus der Hand. »Die Presse-Heinis wollten sich nicht mehr abwimmeln lassen!«

Erik sah ungehalten auf. »Halten Sie mir diese Typen vom Hals.«

Mierendorfs unglücklichem Gesicht war anzusehen, dass er das schon seit längerer Zeit versuchte. »Sie sagen, sie hätten ein Recht auf Information.«

Erik stöhnte. »Führen Sie die Herrschaften in den Konferenzraum. Meinetwegen können Sie ihnen auch Kaffee anbieten. Und nach einer Viertelstunde sagen Sie ihnen dann, ich musste plötzlich weg. Dringender Einsatz.«

Er lehnte sich zurück und starrte die gegenüberliegende Wand an. Es wurde wirklich Zeit, dass sein Büro einen neuen Anstrich bekam. Überall diese Schäbigkeit. Zerkratztes Mobiliar, abgetretener Fußboden und schmuddelige Wände. Wie hielt er es Tag für Tag hier aus? Früher hatte ihm Lucia gelegentlich eine neue Topfpflanze auf die Fensterbank gestellt, aber seit ihrem Tod welkte dort ein Kraut vor sich hin, das schon lange auf Erlösung von seinen Leiden wartete. Doch kurz vor seinem Ende fand sich immer wieder eine mitleidige Seele, die den Rest des Kaffee- oder Spülwassers in die Keramikschale goss und damit die Pflanze aus dem Koma holte.

Wenig später stand Sören wieder vor ihm. »Dr. Brakemeier in Westerland hat Saskia behandelt. Natürlich hat er sich erst mal auf die ärztliche Schweigepflicht berufen. Aber zum Glück wohnt seine Arzthelferin in der Nähe von mir. Manchmal rede ich ein paar Takte mit ihr, wenn ich sie treffe.« Sein Apfelgesicht überzog sich mit sanfter Röte. »Dr. Brakemeier war jedenfalls bereit zu bestätigen, dass die Kleine nur noch eine hauchdünne Chance in einer Herzklinik in Boston hat. Dort operiert man mit Methoden, die hierzulande nicht erlaubt sind.«

»Konnte er Ihnen sagen, was das kostet?«

Sören nickte. »Alles in allem fünfzigtausend Euro!«

Erik sah auf. »Somit reichen die vierzigtausend von Christa Kern gar nicht?«

Sören setzte ein Grinsen auf, das Erik sofort stutzig machte. »Wenn Dr. Brakemeier Recht hat, brauchte Andresen Christa Kerns Geld gar nicht.«

»Wie bitte?«

»Dr. Brakemeier sagt, dass Saskias Operation bereits in die Wege geleitet wird, weil Andresen in der Spielbank von Westerland viel Geld gewonnen hat. Ungefähr fünfzigtausend Euro! Ist das nicht ein seltsamer Zufall? Schon in wenigen Tagen wird Ulla Andresen mit Saskia nach Boston fliegen.«

12

Felix riss die Haustür auf, während Mamma Carlotta das Fahrrad abstellte. »Hast du's geschafft, Nonna?«

Hinter ihm erschien Carolin, die eine Hand auf die Schulter ihres Bruders legte, damit er aufhörte, wie ein Gummiball herumzuspringen. »Nun lass die Nonna doch erst mal reinkommen.«

Felix wartete nur so lange, bis die Haustür sich geschlossen hatte. »Was ist? Arbeitest du jetzt bei Fisch-Andresen?«

»Certo, bambini!« Mamma Carlotta gab sich ein wenig großspurig. »Ich erzähle euch alles, während wir das Mittagessen zubereiten. Ich habe Fisch in der Tasche. Mehr, als wir auf einmal essen können.«

Sie ließ sich Zeit. Wie jeder Mensch, der gern erzählt, weidete sie sich an der Spannung, die sie bei ihren Zuhörern erzeugte. Während sie die Goldbrasse säuberte und würzte, begann sie ausführlich zu berichten und ließ sich nicht von Felix' Ungeduld bedrängen. »Euer Vater wird den Mörder am Ende noch laufen lassen müssen, weil ihm die Beweise fehlen, oder ihm die Flucht ermöglichen, weil die Polizei zu lange zögert.« Sie schob die Goldbrasse in den Backofen und wandte sich wieder den Kindern zu, auf dem Gesicht ein zufriedenes Lächeln. »Aber ich werde von nun an ein Auge auf den Kerl haben! Und sicherlich finde ich weitere Beweise. Denn demnächst arbeitet Anna Rocchi bei ihm, eine Touristin, die sich auf Sylt langweilt.«

»Wow!« Felix ließ das Messer fallen, das Mamma Carlotta ihm in die Hand gedrückt hatte, damit er die Kartoffeln schälte. »Du wirst was aufschnappen, was Andresen überführt! Klaro!«

Mamma Carlotta lächelte geheimnisvoll. »Habe ich längst.«

Nun legte auch Carolin die Zitrone zur Seite, die sie vierteln sollte. »Du hast schon was herausgefunden?«

»Sì!« Mamma Carlotta nickte. »Stellt euch vor: Ulla Andresen wird mit dem Kind demnächst in die USA fliegen. Anscheinend ist schon alles vorbereitet. Und wovon bezahlt sie das?«

»Von dem Geld, das ihr Mann der reichen Frau aus Kampen geraubt hat«, antwortete Felix atemlos.

»Wir müssen Papa sofort davon erzählen«, sagte Carolin aufgeregt. »Das ist doch Beweis genug!«

»No, no!« Mamma Carlotta schnitt ihr mit einer energischen Handbewegung das Wort ab. »Dann müsste ich ja gestehen, dass ich mich bei den Andresens eingeschlichen habe. Enrico wird mich subito nach Umbrien zurückschicken, wenn er das erfährt. Warten wir noch, bis der ... wie heißt er noch, dieser Test?«

»DNA-Test«, half Carolin aus.

»Ja, bis dieser DNA-Test ausgewertet worden ist. Dann wird euer Vater selber glauben, dass Andresen der Mörder ist. Und bis es so weit ist, werde ich auf Andresen aufpassen und nach weiteren Beweisen suchen.« Sie warf einen Blick in den Backofen und lächelte die Goldbrasse zufrieden an. »So ein unsympathischer Kerl«, murmelte sie. »Sogar das Kind hat Angst vor ihm. Wenn die Mutter der Kleinen ein Märchen vorliest, in dem der böse Wolf vorkommt, fängt es gleich an zu weinen. Weil der Vater mit Vornamen Wolf heißt! Ist das nicht entsetzlich? Il papà ist für das Kind ein böser Wolf! Anscheinend spürt sogar die

Kleine, dass der Vater böse ist. Was ein unschuldiges Kind erkennt, ist selten falsch.«

Felix nickte begeistert, Carolin jedoch gab zu bedenken: »Der Vater muss Saskia aber sehr lieben, wenn er für sie zum Mörder wird.«

Mamma Carlotta mochte solche Einwände nicht. »Carolina, du musst das Herz sprechen lassen! Du bist wie dein Vater und bemühst stattdessen deinen Verstand! Hör auf dein Herz!« Sie klopfte an ihre linke Brust und sah ihre Enkeltochter herausfordernd an. »Na, was sagt dein Herz? È vero, es sagt, dass Wolf Andresen ein böser Wolf ist, der eine arme Frau nicht nur umgebracht, sondern vorher sogar noch gequält hat.« Sie schüttelte sich. »Wie grausam, ihr im Angesicht des Todes noch so etwas anzutun!«

»Warum nur hat er das getan?«, fragte Carolin und sah ihre Großmutter schuldbewusst an, weil sie schon wieder im Begriff war, ihren Verstand sprechen und das Herz schweigen zu lassen. »Wenn er Christa Kern umgebracht hat, um ihr Geld zu stehlen, dann musste er doch vorher nicht noch ...« Sie warf ihrer Großmutter und ihrem Bruder einen Blick zu und stellte erleichtert fest, dass sie den Satz nicht zu Ende führen musste.

»Er hasste sie«, entgegnete Felix und schob sein Käppi auf dem Kopf hin und her. »Anscheinend hat ja niemand diese Frau leiden können. Und weil Andresen sie hasste, wollte er sie vor ihrem Tod noch quälen. Vielleicht wollte er sich rächen für etwas, was sie ihm vorher angetan hatte.«

»Da seht ihr's!« Mamma Carlotta klopfte sich erneut an die Brust. »Unsere Herzen können alles erklären. Nun muss nur noch der Verstand seine Beweise bekommen. Euer Vater will es ja nicht anders.« Sie betrachtete jedes Enkelkind mit großem Wohlgefallen und Carolin besonders nachdrücklich. »Wenn wir drei zusammenhalten, wird es schon klappen. Wichtig ist, dass ihr einen Teil der Hausarbeit übernehmt, damit euer Vater nichts merkt. Er hat es verdient, mal wieder so richtig umsorgt zu werden. So, als lebte eure Mama noch! Aber wie soll das gehen, wenn ich tagsüber bei Fisch-Andresen arbeite?«

»Keine Sorge, Nonna«, meinte Carolin. »Ich übernehme die Arbeit in der Küche.«

»Und ich werde das Badezimmer putzen und die Betten machen«, bot Felix an.

»Und die Wäsche aufhängen?«

»Okay, das auch. Aber bügeln muss Carolin.«

Lange war das Schmurgeln, das aus dem Backofen drang, das einzige Geräusch in der Küche. Dann machte Mamma Carlotta eine Entdeckung, die die Versonnenheit aus der Küche fegte. »Unfähigkeit der Kriminalpolizei?« Sie sprang auf und griff nach der Zeitung, die neben der Spüle lag. »Mein Schwiegersohn ein unfähiger Polizist? Welcher Schwachkopf hat das geschrieben? Che deficiente! Non capisce un accidente!«

Die Spielbank von Westerland lag in einem großen Gebäude, in dem auch das Rathaus untergebracht war. Das nahm den linken Teil des Hauses ein, die Spielbank den rechten. Verbunden wurden sie durch ein Café, auf dessen Terrasse Strandkörbe standen. Dort hockten ein paar Gäste, die anscheinend der Meinung waren, dass Urlaub auf jeden Fall etwas mit der Zufuhr von Frischluft zu tun hatte, und wärmten sich am Tee oder am Grog ihre Hände.

Herr Boschbach, der Leiter der Spielbank, wirkte nervös. »Ich weiß nicht, ob ich Ihnen helfen kann. Möchten Sie etwas trinken? Kaffee? Tee?«

»Ja, gern.«

Er wies zu der Tür, die in sein Büro führte, Erik und Sören folgten ihm. »Bitte, nehmen Sie Platz! Worum geht's denn? Kann ich Ihnen was anbieten? Kaffee? Tee?«

»Danke, gern.«

Boschbach rückte seinen Schreibtischstuhl zurecht, schien aber nicht sicher zu sein, ob er sich wirklich setzen wollte. »Was soll ich Ihnen von den Menschen erzählen, die hier spielen? Aus unserer Besucherdatei geht nur das hervor, was Sie selbst natürlich längst wissen. Wenn Sie keinen Tee möchten, dann vielleicht eine Tasse Kaffee?«

»Bitte, sehr gern.«

Erik zog einen Zettel mit dem Namen und der Anschrift Wolf Andresens aus der Tasche. »Wir möchten wissen, ob dieser Mann in den letzten Tagen in Ihrer Spielbank war.«

Boschbach griff nach dem Zettel und telefonierte kurz mit einer Mitarbeiterin. Wenig später brachte eine junge Dame einen Computerausdruck. Boschbach warf einen kurzen Blick darauf, dann reichte er ihn an Erik weiter. »Wolf Andresen war sowohl am Sonntag als auch am Montag bei uns. Kein Tee? Richtig, schwarzer Tee ist genauso ungesund wie Kaffee. Und Kräutertee haben wir leider nicht.«

Erik sah auf. »Wolf Andresen gibt an, in Ihrer Bank fünfzigtausend Euro gewonnen zu haben. Können Sie uns dazu etwas sagen?«

Boschbach fuhr herum. »Um Himmels willen, nein! Darüber kann ich Ihnen keine Auskunft geben. Wir halten die Besuche der Spieler fest, mehr nicht. Wie viele Jetons sie kaufen und wie viele sie später einlösen, registrieren wir nicht.«

Erik nickte. »Könnte es sein, dass sich einer Ihrer Croupiers daran erinnert, ob Wolf Andresen am Sonntag oder am Montag viel Geld gewonnen hat? Ich könnte Ihnen Andresens Foto zukommen lassen. Vielleicht wird er von einem Ihrer Mitarbeiter wiedererkannt.«

Der Spielbankchef hob die Schultern. »Sehr wahrscheinlich ist das nicht, aber versuchen können wir's. Schicken

Sie mir bitte das Foto. Ich lasse inzwischen feststellen, wer zur fraglichen Zeit Dienst hatte.«

Erik erhob sich. »Danke für Ihre Hilfe. Und verzeihen Sie bitte unsere Unhöflichkeit.«

Boschbach sah ihn verwirrt an. »Was meinen Sie?«

»Dass wir Ihr Angebot, Tee oder Kaffee zu trinken, nicht angenommen haben.«

»Das macht nichts. Man will ja niemandem etwas aufdrängen.« Herr Boschbach schüttelte den beiden Polizeibeamten die Hand. »Vielleicht hätte ich Ihnen Mineralwasser anbieten sollen?«

Sören begann zu lachen, als sie die Eingangsstufen herunterschritten. »Jetzt hätte ich wirklich gern einen Kaffee.«

Erik suchte in der Jackentasche nach seiner Pfeife. »Meine Schwiegermutter wird uns sicherlich gern einen Kaffee kochen.« Er streckte Sören den Autoschlüssel hin. »Sie fahren heute.«

Als sein Assistent den Wagen startete, hatte Erik die Zeremonie des Pfeifeanzündens hinter sich gebracht. Nachdenklich paffte er vor sich hin, während sie die Norderstraße in Richtung Wenningstedt fuhren. »Es könnte also sein, dass Andresen in der Spielbank fünfzigtausend Euro gewonnen hat.«

»Es könnte aber auch sein«, entgegnete Sören, »dass er nur deshalb die Spielbank besucht hat, um später behaupten zu können, er hätte fünfzigtausend Euro gewonnen.« Er öffnete das Fenster der Fahrertür einen Spalt und warf seinem Chef einen missbilligenden Blick zu. »Sie rauchen sonst nie im Auto.«

Erik reagierte nicht auf Sörens Vorwurf. »Ich werde Dr. Hillmot gleich noch einmal anrufen, um ihm ein bisschen Dampf zu machen. Wir brauchen unbedingt das Ergebnis der DNA-Analyse, sonst haben wir gegen Andresen nichts in der Hand.«

»Hoffentlich gesteht er uns nicht eine Affäre mit der Kern. Dann nützt das Ergebnis der DNA-Analyse wenig.«

»Das wäre völlig unglaubwürdig. Schließlich hat er uns erklärt, dass er Christa Kern nicht leiden konnte. Dass er sogar von ihr gekränkt und herabgesetzt wurde.« Sören nahm den Fuß vom Gas und rollte nach Wenningstedt hinein. »Warum hat er sie nicht einfach umgebracht und das Geld genommen? Warum erst noch diese besonders perfide Form der Vergewaltigung?«

»Weil er sie hasste«, gab Erik zurück und öffnete nun auch das Fenster der Beifahrertür. »Wer weiß, wie oft er sie vergeblich um Geld angefleht hat! Sie saß auf einem Vermögen, und er hatte nichts, um seine Tochter zu retten. Vielleicht musste er sich erniedrigen, wenn er sie um Geld bat, aber trotzdem hat sie ihm nicht geholfen. Wenn es so war, muss er sie wirklich gehasst haben.«

»Warum hat Ulla Andresen eigentlich nichts von dem Gewinn erzählt? Sie hat Ihnen doch erklärt, dass eine Operation sowieso nicht in Frage käme, weil sie nicht einmal das Geld für den Flug in die USA hätte. Ob Andresen ihr nichts von seinem Gewinn in der Spielbank verraten hat? Oder hat er sie nicht in seine Pläne eingeweiht? Wusste sie nicht, dass er mit dem angeblichen Gewinn beim Roulette nur von den vierzigtausend Euro ablenken wollte?«

Der Wagen hielt im Süder Wung, Erik stieg aus. »Das alles werden wir Andresen fragen können, wenn Dr. Hillmot seine Arbeit gemacht hat.«

»Falls er nicht getürmt ist, bevor Dr. Hillmot fertig ist.«

Sören folgte Erik so selbstverständlich ins Haus, als hätte er keinen Zweifel daran, dass dort für ihn ein Teller auf dem Tisch stand.

»... und wenn sie nicht gestorben sind, dann leben sie noch heute.«

Mamma Carlotta atmete auf, als sie hörte, wie das Buch zugeklappt wurde. Die Stille war so befreiend, als hätte bis zu diesem Augenblick ein Presslufthammer das Leben ferngehalten. So wie unter größtem Lärm kein Gespräch zustande kommen konnte, schien es hier unmöglich zu sein, an etwas anderes zu denken als an den bösen Wolf, das kranke Kind und seine erschöpfte Mutter. Ausgeschlossen, über etwas anderes zu reden, solange Ulla Andresen versuchte, ihrer Tochter das Leben erträglich zu machen.

Mamma Carlotta hatte soeben zusammen mit Wolf Andresen die Gerichte festgelegt, die sie für den italienischen Service vorbereiten wollte. Nun fertigte sie eine lange Liste mit den Zutaten an, die benötigt wurden. Wolf Andresen entwarf währenddessen Plakate, die auf das neue Angebot hinweisen sollten. Mamma Carlotta sah immer wieder auf seine Hände, die auch dann unruhig und nervös waren, wenn Andresen sich unbeobachtet fühlte. Sie erschrak, als er plötzlich aufschaute und ihren forschenden Blick auffing. Sie musste vorsichtig sein. Er durfte nicht einmal ahnen, dass sie ihn für einen Mörder hielt und dass sie nur hier war, um Beweise für seine Tat zu finden und seine Flucht zu vereiteln.

Der Gedanke an Erik sorgte für drei Schreibfehler hintereinander. Aber er würde ihr noch dankbar sein, das musste sie sich immer wieder sagen. »Certo«, flüsterte Mamma Carlotta unhörbar. Und am Ende würde er einsehen, dass eine feinfühlige Frau wie sie einen Mörder zweifelsfrei an seinen kalten Augen erkannte, die nie wieder die Todesangst vergessen würden, die sie gesehen hatten. Weibliche Intuition! Aber leider bestand Erik ja auf handfesten Beweisen. Und sie, Carlotta Capella, würde diese Beweise finden! Am Ende würde Erik froh sein und seine Schwiegermutter jedes Mal einladen, wenn auf Sylt ein

Mord geschehen war. Weil er wusste, dass sie mit sicherem Instinkt den Mörder erkannte. Auch ohne Beweise und DNA-Analyse! Basta!

Wolf Andresen hob ein Plakat hoch. »Wie gefällt es Ihnen?«

Mamma Carlotta nickte zufrieden. Dann stutzte sie. »Pomodoro Lucullo schreibt man mit Doppel-l.«

»Verdammt!« Andresen griff nach dem Stift ... und erstarrte, als er Saskias Keuchen hörte.

»Wo ist der böse Wolf?«, stieß das Kind mühsam hervor.

Ulla Andresens Stimme klang begütigend, aber hinter der Anteilnahme lauerte ein nur mühsam verborgener Hass. »Zurzeit ist er nicht böse«, erklärte sie, »nur schwach. Aber vielleicht schafft er es ja, endlich zu einem starken, mutigen Wolf zu werden.«

Andresens Hand schwebte über dem Plakat, Mamma Carlotta starrte auf ihre Einkaufsliste. Beide hielten die Luft an, solange es Saskia nicht gelang, Atem zu schöpfen. Schließlich klang das straff gespannte Band ihres Atems wieder schrill und fein durch den Perlenschnurvorhang, wie das Surren eines Drahtes, wenn winzige Schwingungen ihn bewegen. Mamma Carlotta zog einen Strich unter ihre Einkaufsliste, Wolf Andresen malte den nächsten Posten auf sein Plakat.

Die Ladenglocke schepperte, ein erboster Nachbar stand vor der Theke, der sich darüber beschwerte, dass der Lieferwagen von Fisch-Andresen seine Garageneinfahrt blockierte.

»Björn!«, schrie Andresen, aber sein Auslieferer antwortete nicht.

Mamma Carlotta warf einen Blick in den Verkaufsraum, sah, dass Wolf Andresen eine Schublade durchsuchte, hörte dann Schlüssel klimpern und anschließend Andresens Stimme: »Ich fahre den Wagen selbst weg.«

Dann wurde es wieder still im Laden, Mamma Carlotta überprüfte ihre Einkaufsliste. Hatte sie an alles gedacht?

Saskias Keuchen wurde heftiger, wie immer, wenn sie etwas sagen wollte und zunächst einen ausreichenden Vorrat an Atemluft schaffen musste, um den Satz durchzustehen.

»Und der Polizistenwolf?«, fragte sie mühsam. »Ist der auch stark und mutig?«

»Nein, der ist böse«, kam es wie aus der Pistole geschossen von ihrer Mutter zurück. »Richtig böse! Vor dem müssen wir uns in Acht nehmen.«

Mamma Carlotta warf den Stift auf den Tisch, sodass er an die Wand prallte, zurückrollte und zu Boden fiel. Ihr Schwiegersohn, ein böser Wolf? Am liebsten hätte Mamma Carlotta die Perlenschnüre zerrissen und die Bastei der Ungläubigen gestürmt. Die Inquisition war nichts gegen eine italienische Mamma, deren Familienangehörige beleidigt wurden.

»Aber er wird dir nichts tun«, sprach Ulla Andresen weiter. »Der starke Wolf wird, wenn er wirklich stark ist, den bösen Wolf besiegen.«

Mamma Carlotta ging in den Verkaufsraum, stellte sich angriffslustig hinter die Theke und sah drohend in die toten Fischaugen. Wer Erik Wolf besiegen wollte, musste auch gegen Carlotta Capella antreten! Und wer Erik einen bösen Wolf nannte, durfte sich nicht wundern, wenn er plötzlich einem ganzen Rudel gegenüberstand!

Die Ladenglocke schepperte erneut, Wolf Andresen durchschritt den Ladenraum. »Wo Björn sich nur rumtreibt!«, murrte er. Dann stand er wieder neben seiner neuen Aushilfskraft. »Haben wir jetzt alles?«

Mamma Carlotta nickte. »Wenn die Zutaten im Haus sind, fange ich morgen mit dem Marinieren an, übermorgen kann alles in den Verkauf gehen.«

Andresen nickte zufrieden. »Ich glaube, die Idee mit den italienischen Vorspeisen ist wirklich gut.«

»Jedenfalls ist es einen Versuch wert«, bestätigte Mamma Carlotta und band die Schürze ab. »Ich werde morgen rechtzeitig wiederkommen.«

Andresen öffnete die Kasse und legte ihr einen Zehneuroschein in die Hand. Mamma Carlotta war sich darüber im Klaren, dass sie als Putzfrau bei Gosch mehr bekommen hätte, aber sie ließ sich nichts anmerken. Zum einen sollte Andresen ja glauben, dass sie nur aus Langeweile bei ihm arbeitete, zum anderen war dies ihr erstes selbst verdientes Geld. Eigentlich ein Grund, den Zehneuroschein auf der Stelle in Torte und Cappuccino anzulegen!

»Sagten Sie nicht, Sie hätten niemanden auf Sylt, den Sie kennen?«, fragte Andresen, als sie sich zum Gehen wandte. »Mindestens einen Bekannten scheinen Sie aber doch zu haben. Er ist schon dreimal an der Haustür vorbeigefahren. Und er hat Sie verfolgt und von der Straßenecke aus beobachtet, als Sie ankamen und Ihr Fahrrad vor dem Haus abstellten.«

Mamma Carlotta runzelte die Stirn. »Unmöglich! »

»Ein Kerl mit einem zerbeulten Lieferwagen. Vielleicht ein Verehrer?«

Mamma Carlotta fand, dass sein armseliger Scherz keine Belohnung verdient hatte. Sie rief einen Abschiedsgruß durch den Perlenvorhang und sah im Gehen, dass Andresen die beiden Schnüre, die sich verheddert hatten, sorgfältig voneinander löste. Bevor sie die Tür ins Schloss zog, hörte sie ihn rufen: »Björn! Verdammt, wo ist der Kerl?«

Mamma Carlotta hätte es ihm verraten können, denn sie sah den Auslieferer kurz darauf über den Bahnhofsvorplatz gehen. Er hielt eine kleine Ledermappe mit beiden Händen umklammert und drückte sie an seine Brust, als enthielte sie etwas sehr Kostbares.

Mamma Carlotta schwang sich wieder auf ihren Sattel und machte sich daran, die Ampelkreuzung zu überqueren. Das nahm sie körperlich und geistig derart in Anspruch, dass sie den Auslieferer längst vergessen hatte, als sie den Weg einschlug, der sie zurück nach Wenningstedt führte.

Sören drückte die Tür auf und kam über die Schwelle wie ein Schüler, der gerade durch die Prüfung gefallen war.

»Haben Sie was rausbekommen?«, fragte Erik. »Oder hat man in Boston etwa Ihr Englisch nicht verstanden?«

»Saskias Operation ist für kommenden Dienstag geplant. Das Kind soll mit seiner Mutter am Wochenende in Boston eintreffen.«

Erik legte seinen Kugelschreiber zur Seite und lehnte sich zurück. »Dr. Hillmot hat das Ergebnis des DNA-Tests für heute Abend versprochen, aber wahrscheinlich wird er uns auf morgen vertrösten. Er hält ja selten, was er verspricht.«

»Es sei denn«, meinte Sören grinsend, »Sie stellen ihm ein Abendessen in Aussicht, wenn er das Ergebnis noch heute bringt.«

Erik nickte nachdenklich. »Meine Schwiegermutter freut sich über jeden, den sie bekochen darf.«

Die Tür wurde aufgerissen, Polizeimeister Mierendorf stand im Raum. »Endlich haben wir ihn!«, rief er und hielt triumphierend einen Zettel in die Höhe.

»Wen?«, fragte Erik verständnislos.

»Den Stiefsohn der Toten.«

»Warum hat das so lange gedauert?«

»Weil er seinen Namen geändert hat.« Enno Mierendorf ließ sich auf einen Stuhl fallen. »Wir haben nach Björn Kern gesucht, aber er heißt mittlerweile Björn Mende. Er hat sehr jung geheiratet und den Namen seiner Frau angenommen. Noch zu einer Zeit, als das Namensrecht nicht vorsah, zwischen dem Nachnamen der Frau und dem Mann frei zu entscheiden.«

»Warum hat er seinen Namen geändert?«

»Keine Ahnung. Jetzt ist er geschieden, aber Mende heißt er immer noch. Er wohnt in Husum.«

Erik nickte zufrieden. »Sagen Sie den Kollegen dort Bescheid. Sie sollen ihm mitteilen, dass seine Stiefmutter ermordet wurde. Vielleicht hat er ja etwas zur Aufklärung des Falles beizusteuern.«

»Vermutlich erfahren wir von ihm auch nur«, meinte Sören, »dass seine Stiefmutter eine grässliche Frau war.«

Erik griff zum Telefon und wählte. »Moin, Carolin. Gib mir mal die Nonna.« Er runzelte die Stirn. »Sie ist nicht da? Wo ist sie?« Die Furche über seinen Augenbrauen vertiefte sich. »Hoffentlich kauft sie genug ein, um heute Abend noch einen Gast zu beköstigen. Sag ihr, dass Dr. Hillmot wieder bei uns sein wird. Sie weiß ja, dass er für drei isst.« Kopfschüttelnd legte er den Hörer auf. »Meine Schwiegermutter ist ständig unterwegs. In einem Land, das ihr fremd ist, auf einer Insel, die sie nicht kennt, aber sie fürchtet sich nicht. Auch Sturm und Regen machen ihr nichts aus. In Umbrien würde sie bei diesem Wetter in die Kirche laufen und die Heilige Jungfrau um Erlösung bitten.«

Sören lachte. »Ihre Schwiegermutter ist schon bemerkenswert«, sagte er.

»Sie ist vor allem sehr anstrengend«, stellte Erik richtig. »Anscheinend hat sie sich vorgenommen, hier auf Sylt alles nachzuholen, was sie in Umbrien versäumt hat.« Er dachte kurz nach. »Gut, die letzten Jahre waren wirklich trostlos für sie. Die Pflege ihres Mannes hat ihr ganzes Leben bestimmt.« Er strich sein Hemd über dem Bauch glatt und sah unzufrieden an sich herab. »Trotzdem hatte ich fest damit gerechnet, dass sie die Wäsche macht und meine Hemden bügelt.«

13

Der Wind war stärker geworden, Sandkörner prasselten Carlotta Capella bei ihrem Abstecher zum Strand ins Gesicht. Sie drehte dem Wind den Rücken zu und beobachtete, wie er den Sand vor sich hertrieb. Die Sandkörner hagelten nur so durch die Luft.

Nicht ganz zufällig führte Mamma Carlottas Heimweg an Käptens Kajüte vorbei.

Toves bärbeißiges Gesicht wurde durch ein paar Lachfalten milder. »Moin, Signora! Ihr Rotwein wartet schon.«

Fietje Tiensch nahm seine Strickmütze von dem Barhocker, der neben ihm stand, und klopfte auf die Sitzfläche. Er zerquetschte ein »Moin« zwischen den Zähnen und bestellte mit einer Handbewegung ein weiteres Jever, als hätte er in diesem Augenblick einen Grund fürs Weitertrinken gefunden.

»Ein Wetter ist das heute!«, knurrte Tove, während er den Rotwein einschenkte. »Wie damals vor Kap Hoorn. Zwei Tage später gab es den heftigsten Sturm, den ich jemals erlebt habe.«

Mamma Carlotta hob das Glas, prostete Tove und Fietje zu, und erklärte stolz: »Ich arbeite jetzt bei Fisch-Andresen.«

Es fehlte nicht viel, und der Mayonnaisespender wäre erneut das Opfer von Toves Überraschung geworden. Fietjes Mütze fiel von der Theke. Während er versuchte, sie aufzuheben, ohne die Füße von den Streben des Barhockers zu nehmen, fragte Tove: »Was sagt denn Ihr Schwiegersohn dazu?«

»Er weiß es nicht.« Mamma Carlotta beugte sich über die Theke und berichtete haarklein, was sie plante und warum sie es tat. »Die Kinder musste ich einweihen, damit Enrico nichts merkt.«

Mamma Carlotta hatte so lange geredet, dass Tove Zeit gefunden hatte, sich zu sammeln. »Ihr Schwiegersohn glaubt also immer noch nicht, dass Andresen es gewesen ist?«

»Ich fürchte, er wird es auch dann nicht glauben, wenn …« In diesem Augenblick fiel ihr ein, dass sie nicht über Eriks Arbeit sprechen durfte. Nein, die DNA-Analyse konnte sie nicht erwähnen, obwohl sie gern mit ihren neuen Kenntnissen geprahlt hätte.

»Wenn …?« Tove hob fragend die Augenbrauen.

»Ihm fehlen die Beweise«, antwortete Mamma Carlotta entschlossen. »Und die werde ich ihm liefern.«

»Warum sind Sie denn so sicher, dass es Andresen war?«, fragte Fietje.

»Kennen Sie den Kerl denn nicht? Haben Sie schon mal seine Nervosität gesehen? Und seinen verschlagenen Blick? Und die Angst seines Kindes, wenn er es aus dem Bett heben will?«

Fietje wollte Einwände erheben, aber Tove schnitt ihm das Wort ab. »Die Signora hat Recht. Ich traue Andresen auch einen Mord zu. Und ich verstehe nicht, warum der Hauptkommissar zögert. Wenn Andresen plötzlich das Geld hat, um seine Tochter in den USA operieren zu lassen, dann ist doch alles klar.«

»Der Hauptkommissar wird schon wissen, was er tut«, wandte Fietje ein. Dann erschien das hämische Lächeln auf seinem Gesicht, das er immer dann aufsetzte, wenn er eine Waffe gegen Tove in der Hand hielt. »Er hat dich auch immer erst verhaftet, wenn er alle Beweise zusammen hatte.«

»Red keinen Schiet«, fuhr Tove ihn an. »Denk lieber darüber nach, wie wir die Signora beschützen können, wenn sie in der Höhle des Löwen arbeitet.«

Fietje trank sein Glas leer, dann hatte er lange genug nachgedacht. »Wenn Andresen merkt, dass sie die Schwiegermutter des Hauptkommissars ist ...«

»Ich habe einen falschen Namen angegeben«, warf Mamma Carlotta ein. »Den Mädchennamen meiner Mutter. Anna Rocchi!«

»Trotzdem ...« Fietje orderte ein weiteres Jever. »In der Vorsaison fällt niemandem auf, wenn ich nicht im Strandwärterhaus sitze. Ich könnte mich in der Nähe von Fisch-Andresen aufhalten, um aufzupassen.«

Tove grinste spöttisch. »In deiner Nähe ist die Signora schlimmer dran als in Andresens. Jeder weiß doch, wie du reagierst, wenn du beim Spannen erwischt wirst.«

»Sei du ganz ruhig, Tove! Wer so oft im Knast gesessen hat wie du, sollte das Maul nicht so weit aufreißen, jawoll! Oder soll ich der Signora mal von deinem Onkel erzählen? Du hättest dir diesen Imbiss jedenfalls nicht leisten können, wenn dein Onkel nicht gestorben wäre. Und wenn er noch die Gelegenheit gehabt hätte, sein Testament zu ändern, wie er es vorhatte. Dann hättest du nämlich keinen Pfennig bekommen.«

»Halt's Maul, Fietje!«, sagte Tove ruhig, aber die heraufziehende Sturmflut war bereits zu erahnen.

»Und dass dein Onkel unter merkwürdigen Umständen gestorben ist, weiß hier auch jeder«, fügte Fietje hinzu und trank sein Jever in einem Zug aus, als hätte er Angst, dass Tove ihm Augenblicke später keine Zeit mehr dafür lassen würde.

Schon brach der Sturm in Käptens Kajüte aus. »Denk du lieber an die Frau, die noch leben könnte, wenn es dich nicht gäbe!«

»Dann denk mal daran, dass ich dem Hauptkommissar erzählen könnte, wo ich dich am Sonnabend gesehen habe. In Kampen in der Nähe der Kupferkanne. Da, wo das Haus der alten Kern steht.«

Tove nahm Fietje das Glas weg und zeigte zur Tür. »Verschwinde! Und lass dich so bald nicht wieder hier blicken.«

Die Tür knallte ins Schloss, danach herrschte Stille. Mamma Carlottas Hand tastete sich vorsichtig zum Weinglas.

»Ich werde ein bisschen auf Sie aufpassen, Signora«, sagte Tove, »damit der Andresen Ihnen nichts tut.«

Mamma Carlotta trank ihr Glas leer und rutschte vom Hocker herunter. »Haben Sie schon mit dem Aufpassen angefangen?«

Tove starrte sie verständnislos an. »Was meinen Sie?«

»Andresen hat gemerkt, dass Sie mich verfolgen. Sie sollten es in Zukunft also schlauer anstellen.«

Diesmal gelang es Erik nicht, den Gerichtsmediziner ins Wohnzimmer zu dirigieren. Dr. Hillmot steuerte geradewegs auf die Küchentür zu, hinter der es klapperte und verführerisch duftete.

Er stieß die Tür auf und strich sich zufrieden über den Bauch. »Signora!«, rief er. »Ich habe gearbeitet bis zum Umfallen, um diesen Augenblick genießen zu können!«

Sören führte hinter Dr. Hillmots Rücken seine Rechte vor dem Gesicht hin und her und sah Erik bedeutungsvoll an. Der hatte jedoch nur Augen für das, was sich in seiner Küche tat. Irgendwas war anders als sonst. Das Gesicht seiner Schwiegermutter rot angelaufen, ihre Bewegungen hektisch, sie nahm sich kaum die Zeit, Dr. Hillmot zu begrüßen. Die Gemütlichkeit, die überall dort entstand, wo sie in aller Ruhe schnippelte, hackte, probierte, schnupperte und rührte, fehlte hier völlig. Man konnte meinen, mit der Arbeit sei gerade erst begonnen worden, obwohl Erik doch wusste, dass Mamma Carlotta ihre Vorbereitungen aufs Kochen gern auf Stunden ausdehnte.

»Was habt ihr denn heute Nachmittag so gemacht?«, fragte er misstrauisch, während Dr. Hillmot Platz nahm und sich erwartungsfroh umblickte.

»Wir haben in Fotoalben geblättert«, antwortete Mamma Carlotta hastig, »und dabei die Zeit ein wenig vergessen.« Sie quetschte die Knoblauchzehen so eilig durch die Presse, als sollte ihnen ein langes Leiden erspart werden.

»Und gelesen«, ergänzte Felix und rührte das Pesto, als wollte er mit ihm die Wände tapezieren.

»Basta!«, sagte Mamma Carlotta schließlich, atmete tief durch und wischte sich den Schweiß von der Stirn. »Fertig!«

Erik entging nicht der Blick, den sie den Kindern zuwarf. Anscheinend hatte dieses Essen den Einsatz und die Kumpanei der drei gefordert.

Dann erkundigte er sich bei Dr. Hillmot: »Was ist denn nun bei dem DNA-Test herausgekommen? Ich hoffe, Sie wollen uns nicht bis zum Dessert auf die Folter spannen.«

»Ich habe tatsächlich interessante Ergebnisse.«

Sören verlor die Nerven. »Und welche? Nun sagen Sie schon, Doktor! Es war Andresen, oder?«

Erik bemerkte, dass seine Schwiegermutter vergaß, die Tür des Backofens zu schließen. Sie drehte sich um und versuchte, Dr. Hillmot die Antwort vom Gesicht abzulesen, ehe er sie aussprechen konnte.

»Wenn Sie die Fingerabdrücke an der Geldkassette meinen, haben Sie Recht«, sagte Dr. Hillmot und winkte zur Ofentür, damit Mamma Carlotta nicht vergaß, sie zu schließen. »Der Rest jedoch ...« Er sah verzweifelt zwischen Carlotta Capella, den Kindern und den Kriminalbeamten hin und her. »Na, Sie wissen schon ... das ist jedenfalls nicht von ihm.«

»Das Sperma hat ein anderer hinterlassen?« Sören kümmerte sich nicht um die strafenden Gesichter seines Chefs und des Gerichtsmediziners. »Das darf doch nicht wahr sein!«

»Das Ergebnis ist eindeutig«, bekräftigte Dr. Hillmot.

Carolin nahm Korrekturen an der Vorspeisenplatte vor, Felix entfernte die Pestospritzer vom Küchenradio, und Mamma Carlotta schloss die Ofentür. Dr. Hillmot, den nur das Ergebnis seiner Arbeit interessierte, betrachtete freundlich den Dampf, der aus dem Nudeltopf aufstieg, und dann Sörens säuerliches Gesicht.

Dr. Hillmot schien den Eindruck zu haben, dass man seiner Arbeit misstraute. Er setzte sich kerzengerade hin. »Es gibt keinen Zweifel. Die Wahrscheinlichkeit, dass zwei Menschen den gleichen genetischen Fingerabdruck aufweisen, wird auf eins zu dreißig Milliarden geschätzt. Und dass ich relativ schnell mit dem Ergebnis aufwarten konnte, heißt nicht etwa, dass ich flüchtig gearbeitet habe. Ich hatte Glück. Die DNA-Spuren waren hinreichend, sie mussten für die Analyse nicht vervielfältigt werden.«

Er blickte weder Mamma Carlotta an noch die Kinder. Entweder, weil er vergessen hatte, dass er in Gegenwart dieser drei auf solche Genauigkeiten verzichten wollte, oder weil ihm Deutlichkeit jetzt wichtiger war als alles andere. Dass Mamma Carlotta sich hastig bekreuzigte, Carolin angewidert das Gesicht verzog und Felix grinste, als wüsste er genau, wovon geredet wurde, nahm er nicht zur Kenntnis.

Mamma Carlotta schien mindestens genauso enttäuscht zu sein wie ihr Schwiegersohn. Tatsächlich hatte Erik nicht damit gerechnet, dass das Ergebnis des DNA-Tests negativ sein würde. Verzweifelt kämpfte er gegen das Gefühl der Genugtuung darüber an, dass seine Schwiegermutter Unrecht gehabt hatte. Das wäre ja noch schöner, dass jemand daherkam, der seine – zugegeben besonders ausgeprägten – Emotionen als Maßstab nahm und damit auch noch Recht behielt!

Dann schämte er sich, dass er die Enttäuschung seiner Schwiegermutter mit Häme betrachtet hatte, und konzentrierte sich wieder auf seine eigene. Und er schaffte es, sehr ungehalten dreinzublicken, als Sören sagte: »Da lagen Sie mit Ihrer Meinung wohl doch falsch, Signora.«

»Dann hat das Eine eben mit dem Anderen nichts zu tun«, verkündete Mamma Carlotta.

Erik stellte fest, dass seine Kinder im Begriff waren, sich auf einen intensiven Meinungsaustausch einzurichten. Mit einer kurzen Handbewegung unterband er alles gleichzeitig: Carlottas Behauptung, die Einmischung der Kinder, die Fachterminologie Dr. Hillmots, Sörens Ungeduld und seine eigenen Schlüsse aus dem unerwarteten Ergebnis des DNA-Tests. »Jetzt essen wir erst mal!«

Mamma Carlotta verstand, drehte sich um und beschäftigte sich wieder mit der Vorbereitung des Hauptgerichts, die Kinder zogen die Köpfe ein und schoben sich solidarisch an ihre Seite, Dr. Hillmot fiel ein, dass er hier nicht in seinem Labor war, und Sören sah ein, dass er warten musste.

»Ein paar Minuten noch«, erklärte Mamma Carlotta und öffnete die Ofentür. »Das Brot wird gleich schön knusprig sein.«

Erik erhob sich spontan. »Ich rufe mal eben im Casino an. Vielleicht hat Boschbach inzwischen etwas herausgefunden.«

Doch der Leiter der Spielbank von Westerland bedauerte lebhaft: »Es gibt einen Croupier, der sich an den Mann erinnern kann, aber über die Höhe seines Spielgewinns kann er nichts sagen. Tut mir leid, Herr Hauptkommissar.«

Erik dachte nach. Hatte Christa Kern womöglich ein Schäferstündchen genossen, ehe sie ermordet wurde? Erik führte sich das Bild der Toten vor Augen. Korrekt bekleidet, die Frisur kaum in Unordnung geraten. Sollte sie wirklich zufällig Oralsex gehabt haben, bevor sie erdrosselt wurde? Mit einem fremden Mann, der sie gezwungen hatte? Wenn der Mörder ein anderer war als der Vergewaltiger, musste Zeit genug gewesen sein, die Polizei zu verständigen. Also doch freiwillig? Mit einem Mann, in den sie verliebt war? Aber wer kam dafür in Frage? Einen Freund gab es nicht. Ein flüchtiger Bekannter? Nein, eins so unwahrscheinlich wie das andere.

Der Täter konnte kein Fremder sein, das war genauso undenkbar. Er musste von dem Geld gewusst haben, das er gefunden hatte, ohne danach suchen zu müssen. Vor Eriks Augen entstand das Bild der mustergültigen Ordnung in Christa Kerns Haus. Alles hatte an seinem Platz gestanden, nichts war aus seiner ornamentalen Anordnung geschoben worden.

Erik ging in die Küche zurück, während dort gerade die Diskussion darüber einsetzte, wer nach dem Hausherrn suchen sollte, damit man endlich mit dem Essen beginnen könne.

Mamma Carlotta fühlte sich in der Küche von Fisch-Andresen nicht besonders wohl, obwohl sonst jede Form von Küchenarbeit ein Gefühl von Zugehörigkeit in ihr erzeugte und die Gewissheit, am richtigen Ort zu sein. Aber hier würde sie wohl eine Fremde bleiben. Vielleicht lag das daran, dass ihre Arbeit zum ersten Mal kritisch beobachtet und kontrolliert wurde und ihre Fertigkeiten nicht mit

Freude, sondern mit Skepsis betrachtet wurden. Wolf Andresen sah seiner italienischen Köchin genau auf die Finger und wollte über alles informiert sein, was sie in seiner Küche tat. Carlottas Kreativität und ihre impulsiven Entschlüsse waren hier nicht gefragt. Andresen verlangte, dass ein Rezept, für das er sich entschieden hatte, nicht geändert wurde, wenn der Artikel sich als gut verkäuflich erweisen sollte. Und immer, wenn kein Kunde im Laden war, erschien er hinter ihr, beobachtete ihre Handgriffe, rückte ihre Arbeitsgeräte zurecht und schüttelte den Kopf über die Unordnung, die sie verbreitete.

»Warum sind Sie so schreckhaft?«, fragte er.

Carlotta war wieder mal entsetzt zusammengefahren, als sie sich umdrehte – und unmittelbar vor Wolf Andresen stand. Er bewegte sich auf leisen Sohlen in seinem Laden, als legte er es darauf an, dass sein Kommen und Gehen nicht bemerkt wurde.

»Ich bin nicht schreckhaft«, behauptete Mamma Carlotta, während sie verbissen ein paar Knoblauchzehen hackte.

Andresen ordnete die Knollen so auf der Arbeitsplatte an, dass sie sich exakt an der Tischkante aufreihten. »Oder haben Sie ein schlechtes Gewissen?« Er gab ein kurzes, meckerndes Lachen von sich.

Mamma Carlotta brach der Schweiß aus. Gleichzeitig kribbelte eine Gänsehaut über ihren Rücken. War Andresen ihr etwa auf die Schliche gekommen?

»Wie meinen Sie das?«, fragte sie zurück und war froh, dass ihre Stimme nicht zitterte.

Andresen baute die Tomaten in einem Halbkreis auf, den er mit einem Küchenmesser schloss. Zufrieden betrachtete er sein Werk, dann drehte er sich um und ging in den Verkaufsraum. Kurz darauf raschelte der Perlenschnurvorhang, und fast augenblicklich setzte das Weinen des Kindes ein. Schwach und verzweifelt.

»Lass sie in Ruhe«, sagte Ulla Andresen. »Sie bekommt heute sehr schwer Luft. Wenn sie weint, wird es noch schlimmer.«

Mamma Carlotta legte die Knoblauchzehen zur Seite. Ulla Andresen schien die Einzige zu sein, die sich von ihrem Mann nicht ängstigen ließ. Das Kind fürchtete sich vor seinem eigenen Vater, und sie, Carlotta Capella, fürchtete sich auch. Und das, obwohl Erik ihr am Morgen noch eingeschärft hatte, dass es sinnlos war, weiterhin an Wolf Andresens Schuld zu glauben. »Der Mörder ist derjenige, den der DNA-Test überführt«, hatte er erklärt. »Daran gibt es keinen Zweifel.«

Die Stimme von Saskias Mutter war zu hören: »... Der Wolf aber fand sie alle und machte nicht langes Federlesen. Ein Geißlein nach dem anderen schluckte er in seinen Rachen ...«

War Saskias Angst vielleicht nur die Rache ihrer Mutter an dem Vater, der es nicht geschafft hatte, seine Familie glücklich zu machen? War Wolf Andresen in Wirklichkeit das Opfer? Das Opfer seiner eigenen Schwäche?

Der Perlenvorhang klirrte. Obwohl Andresens Schritte nicht zu hören waren, spürte Mamma Carlotta, dass er in der offenen Tür stand und sie beobachtete. Verzweifelt versuchte sie, ihre Hände am Zittern zu hindern, und widerstand dem Zwang, sich umzudrehen. Nein, dieser Mann war kein Opfer! Sein verschlagener Blick bewies mehr als jede DNA-Spur. Er war ein böser Wolf, der zu allem fähig war, Mamma Carlotta war sicher. Warum sonst spürte sie diese Angst, wenn er in der Nähe war?

»... Da kamen sie herbeigelaufen und riefen: ›Der Wolf ist tot! Der Wolf ist tot!‹ Und tanzten mit ihrer Mutter vor Freude um den Brunnen herum.«

»Der Wolf ist tot!«, keuchte Saskia. »Wann kann ich auch um den Brunnen tanzen?«

»Wenn du wieder gesund bist«, antwortete Ulla. »Dann tanzen wir beide um den Brunnen herum.«

»Wolf ist tot ...« Das Kind keuchte, seine Stimme erstarb.

»Schlaf nur«, sagte die Stimme der Mutter und begann ein sanftes Lied zu summen.

Die Ladenglocke schepperte, kräftige Schritte ertönten im Laden.

»Guten Morgen, Herr Wolf!«, sagte Andresen. »Was kann ich für Sie tun? Oder wollen Sie etwas für mich tun? Mir das Ergebnis der DNA-Analyse mitteilen?«

Erik schluckte. Klar, Andresen hatte gewusst, dass der DNA-Test ihm nichts anhaben konnte, deswegen war er so ruhig gewesen. Und deswegen sah er dem Hauptkommissar jetzt so hochmütig entgegen.

»Der Test ist negativ«, erklärte Erik kurz angebunden. »Allerdings ... wir haben Ihre Fingerabdrücke gefunden.«

Andresen zuckte die Achseln. »Kein Wunder. Ich habe Frau Kern ja häufig beliefert. Manchmal hat sie mich zu einer Tasse Tee eingeladen und wollte sich mit mir unterhalten. Sie hatte ja nie Gesellschaft. Ich habe mit ihr zusammen in der Küche gesessen und manchmal im Wohnzimmer. Auch das Gäste-WC habe ich benutzt.«

»Wir haben Ihre Abdrücke an der Geldkassette gefunden.«

Andresen überlegte kurz, dann nickte er. »Frau Kern lackierte sich häufig die Fingernägel. Genau genommen war sie ständig mit ihrer Maniküre beschäftigt. Eine Marotte von ihr! Meist öffnete sie mir die Tür mit dem Ellbogen, damit der frische Nagellack nicht beschädigt wurde. Und während ich mit ihr sprach, hielt sie die Hände in die Höhe, damit der Nagellack trocknen konnte. Sie bat mich oft um Handreichungen, die eine Gefahr für ihre frisch lackierten Nägel gewesen wären.«

»Frau Kern bat Sie auch, Geld aus ihrer Kassette zu holen?«

Andresen nickte. »Ich wurde ja immer bar bezahlt. Und wenn sie nicht genug Geld in ihrem Portmonee hatte und ihre Nägel mal wieder frisch lackiert waren, ging sie mit mir ins Arbeitszimmer und ließ mich die Kassette aufschließen.«

»Wo bewahrte sie den Schlüssel auf?«

»Der steckte immer.«

»Fanden Sie das nicht merkwürdig?«

»Nein, es war ja nie viel Geld in der Kassette, höchstens drei- oder vierhundert Euro.«

»An dem Tag, an dem Sie Christa Kern zum letzten Mal belieferten ... Haben Sie da auch die Kassette aufgeschlossen?«

Wieder dachte Andresen nur kurz nach. »Ja, sie hatte nur ein paar Münzen in ihrem Portmonee.«

»Und wie viel war in der Kassette?«

»Ein paar Fünfzig-Euro-Scheine. Vier oder fünf. Einen davon habe ich rausgenommen. Das Wechselgeld musste ich dann in ihr Portmonee stecken.«

»Aha.« Erik glättete seinen Schnauzer und konzentrierte sein Interesse auf Andresens Fischangebot, damit er Zeit zum Nachdenken hatte. Andresens Erklärung war plausibel, es gab keinen Zweifel an seiner Unschuld.

Gedankenverloren starrte er auf die Tintenfischringe – dann beugte er sich neugierig vor. »Italienische Vorspeisen? Die sind neu in Ihrem Angebot! Oder irre ich mich?«

Andresen nickte stolz. »Wenn die Saison beginnt, könnten sie ein Kassenschlager werden. Alles Italienische ist zurzeit gefragt.«

Erik betrachtete nachdenklich die eingelegten Sardellen, die Thunfischhappen in Basilikum, die Stremellachsfilets in Kapernsoße, die Riesengarnelen unter den großen

Knoblauchblättern, die mit Dill überhauchten Flusskrebsschwänze, die Scampi-Spieße und die vielen marinierten Gemüsesorten. Dann wanderte sein Blick zu den Tintenfischringen zurück. Genauso sahen auch die aus, die zu Hause in seinem Kühlschrank lagerten. Als er aufblickte, sah er in Andresens fragende Augen und hatte das Gefühl, eine Erklärung abgeben zu müssen. »Meine Schwiegermutter ist Italienerin«, sagte er hastig. »Sie ist zurzeit zu Besuch, und ihre Vorspeisen sehen genauso aus.«

»Typisch italienisch eben!«, bestätigte Andresen. »Diese Antipasti sind ebenfalls von einer Italienerin zubereitet worden. Sie macht hier Urlaub. Ganz allein! Das Klima bekommt ihr nicht besonders gut, und sie braucht ein wenig Ablenkung. Deswegen hat sie mir ihre Hilfe angeboten.«

Erik kam eine Idee. »Ich glaube, meine Schwiegermutter vermisst auch Gesellschaft. Es wäre doch nett, wenn die beiden sich kennen lernen könnten. Meine Schwiegermutter und Ihre Aushilfskraft.«

Wolf Andresen wandte sich um und rief in die Küche: »Frau Rocchi! Kommen Sie doch mal in den Laden.«

Die beiden Männer sahen sich an, während sie auf eine Entgegnung warteten. Aber nichts geschah. »Wo steckt sie denn?« Andresen ging in die Küche, sah sich um, dann bemerkte er, dass die Tür, die in den Küchengarten führte, nicht ganz geschlossen war. »Tut mir leid, Anna Rocchi ist anscheinend mit dem Abfall beschäftigt. Wollen Sie warten?«

Erik winkte ab. »Nicht nötig. Ich werde meiner Schwiegermutter erzählen, dass sie hier bei Ihnen mit einer Italienerin plaudern kann, wenn sie möchte. Ich bin sicher, sie wird in den nächsten Tagen in Ihrem Laden auftauchen!«

»Es würde mich freuen«, entgegnete Andresen in steifer Höflichkeit.

Als Erik sich auf der Straße noch einmal umdrehte, sah er, dass Andresen ihm nachblickte. Nun fiel ihm auch das große Plakat auf, das im Schaufenster hing: *Italienische Vorspeisen! Neu im Angebot!*

Aus dem Mülleimer drang ein unangenehmer Geruch. Stinkende Fischabfälle verbanden sich mit dem dumpfen Mief von Kartoffelschalen und saurer Fäulnis. Manches, was in der Tonne landen sollte, lag daneben, Mamma Carlotta stand mit dem rechten Fuß in einem aufgeplatzten Kaffeefilter, unter dem linken glitschte eine Apfelsinenschale. Ihr Herz klopfte zum Zerspringen. Wie konnte Erik nur auf die Idee kommen, sie mit einer Landsmännin bekannt zu machen? Wie kam er darauf, dass sie sich einsam fühlte auf Sylt? Welch ein Glück, dass die Küche einen Ausgang zum Garten hatte! Und welch ein Segen, dass Andresen nicht nach ihr gesucht hatte!

Sie entspannte sich allmählich. Wenn Andresen ihr bis jetzt nicht gefolgt war, würde er wohl darauf warten, dass sie wieder in der Küche auftauchte. Sie musste sich nur so lange mit dem Abfall beschäftigen, bis Erik den Laden verlassen hatte.

Der Eimer, nach dem sie im Hinauslaufen instinktiv gegriffen hatte, wog schwer, der Henkel schnitt in ihre Handfläche. Mamma Carlotta trat einen Schritt aus dem Schatten hervor. Sobald Andresen im Garten auftauchte, würde sie die Mülltonnen öffnen und den Abfall hineinschütten. Wenn er sie hier fand, dann musste er sie emsig beschäftigt sehen. Er durfte keinen Verdacht schöpfen.

Sie stellte den Eimer ab und blickte sich um. Der Garten grenzte an das Grundstück einer Kfz-Werkstatt, eine hohe Mauer trennte den Schrottplatz des Nachbarn vom Unkraut des Fischhändlers. Der Garten war völlig verwahrlost. Die Gemüsebeete zugewuchert, die Blumenrabatten kaum noch als solche zu erkennen, die Bäume unbeschnitten. Am Ende des Gartens gab es ein kleines Blockhaus, nicht viel größer als ein Geräteschuppen, dahinter ein rostiges Tor, das auf einen buckeligen Weg führte, auf dem die Bahngleise zu überqueren waren. Tiefe Furchen zeigten, dass dort die schweren Lastwagen die Höfe der umliegenden Gewerbebetriebe verließen. Was mochte in dem Blockhaus aufbewahrt werden? Fahrräder, Saskias Sandspielzeug, das schon lange nicht mehr benutzt worden war, oder ihr Dreirad, auf dem sie vielleicht nie wieder fahren würde?

Mamma Carlotta fühlte sich jetzt sicherer, traute sich ein paar Schritte in den Garten hinein. Die Mauer zog sich um das ganze Grundstück herum, man konnte die Schritte der Fußgänger auf der Straße hören, aber nur die Köpfe großer Menschen auf der Mauerkrone sehen. Mamma Carlotta hörte die Ladentür ins Schloss fallen und dann feste Schritte. Als Eriks Haare über der Mauer wippten, duckte sie sich unwillkürlich.

Ein Wagen bog in die Straße ein, hielt auf der anderen Seite der Mauer, Türen öffneten sich. »Hier ist ein Fischgeschäft!«, rief eine Frau. »Lasst uns nach Matjessalat fragen!«

Eilige Schritte, eine nörgelnde Kinderstimme, Türenschlagen, das Schimpfen eines Mannes, das Kichern eines Mädchens und wieder die Ladentür, die scheppernde Glocke. Carlotta atmete auf. Andresen würde beschäftigt sein. Und wenn sie nachher wieder in der Küche stand, würde er vermutlich vergessen haben, dass er sie jemals gesucht hatte.

Sie ging tiefer in den Garten hinein, blickte sich um und betrachtete das dunkle Backsteinhaus aus größerer Entfernung. Es vertrug den Abstand nicht. Je weiter man sich von ihm entfernte, desto ungepflegter sah es aus. Was für die Straßenfront aufgewendet worden war, hatte für die Rückseite nichts mehr übrig gelassen.

Ein schwaches Husten schreckte sie auf. In dem kleinen Blockhaus am Ende des Gartens war jemand! Ein Rascheln drang aus der Hütte, kaum wahrnehmbar, ein Scharren, Wispern, nur ganz schwach. Dann Stimmen! Leise nur, aber doch ganz nah. Zwei Menschen waren in dem kleinen Blockhaus! Und Mamma Carlotta war sicher, dass es sich um einen Mann und eine Frau handelte. Noch einmal blickte sie zurück. Die schmale Tür, die von dem Zimmer, in dem Ulla die Tage mit ihrer Tochter verbrachte, in den Garten führte, war geschlossen. Dennoch war es möglich, dass Ulla Andresen hinausgeschlüpft war, als Saskia eingeschlafen war. Vielleicht, um ein wenig frische Luft zu schnappen, oder ... oder um sich mit einem Mann in dem Blockhaus zu treffen.

Ihr Gewissen unternahm keinen Versuch, sie zurückzuhalten. Es wusste aus Erfahrung, wann es sinnlos war, Carlotta Capella mit Ermahnungen zu kommen. Es würde sich später noch mal zu Wort melden, wenn es galt zu bereuen, was sie getan hatte. Jetzt jedoch schlich Mamma Carlotta von einem Baum zum nächsten, gut verdeckt durch dichtes Gesträuch, von dem es reichlich in diesem Garten gab.

Und dann stand sie in der Nähe eines Fensters. Es war staubig und voller Spinnweben, aber die Bewegungen dahinter waren trotzdem zu erkennen. Mamma Carlotta beugte sich vor, dann sah sie es genau: Ulla Andresen in den Armen eines Mannes! Sie barg ihren Kopf an seiner Brust, er streichelte ihr Haar mit inbrünstiger Verzweiflung. Dann hob Ulla ihr Gesicht, das voller Tränen war. Der Mann sagte etwas, und schließlich küsste er sie. Zärtlich, leidenschaftlich, doch es war kein Glück, das diese beiden verband. Die Trauer, die zwischen ihnen stand, war dichter als der Schmutz auf den Fensterscheiben. Ein Paar, das sich aneinander klammerte wie zwei, die wissen, dass sie sich verlieren werden.

Nun hielt das schlechte Gewissen es nicht mehr aus und sorgte für das beschämende Gefühl in der Herzgegend, das Mamma Carlotta zum sofortigen Rückzug veranlasste und zu dem innigen Wunsch, alles, was sie gesehen hatte, umgehend zu vergessen.

Sie huschte zurück, blieb eine Weile vor der großen Mülltonne stehen, atmete tief ein und aus – dann griff sie zu dem Abfalleimer, den sie dort abgestellt hatte, klapperte ausgiebig damit herum und ließ schließlich den Deckel der Mülltonne dröhnend herunterfallen.

Ein gellender Schrei zerriss die Luft.

»Nein!«

Mamma Carlotta ließ den Abfalleimer fallen und rannte los.

»Nein!«

Der Schrei begann hilflos zu flattern und sank dann zu Boden. Ohnmächtig.

Sören sah verärgert aus, als er das Zimmer betrat. »Die Husumer Kollegen haben nichts erreicht. Gar nichts!«

Erik fuhr sich durchs Haar. Er wirkte keinen Deut fröhlicher als sein Assistent. Immer wieder strich er sich mit einer sinnlosen Geste über den Kopf. Vor einer halben Stunde hatte er in den Spiegel gesehen und festgestellt, dass der Anteil seiner grauen Haare sich in den letzten Wochen verdoppelt haben musste. Seitdem fühlte er sich müde und ausgelaugt. Schon dreimal hatte er zu seiner Pfeife gegriffen, sie aber jedes Mal wieder weggelegt, weil nicht einmal sie ihn aufheitern konnte.

»Was soll das heißen?«, brummte er.

»Sie haben Björn Mende nicht angetroffen.« Sören ließ sich auf einen Stuhl fallen, kippte ihn auf die hinteren Beine, ließ ihn wieder auf die Vorderbeine fallen, kippte wieder …

Erik wurde nervös. Schon oft hatte er Sören prophezeit, eines Tages rücklings ins Kommissariat zu fallen und mit einer Gehirnerschütterung liegen zu bleiben. Aber bisher hatten sowohl Sören als auch der Stuhl alle akrobatischen Einlagen heil überstanden, und Eriks padägogisches Wirken war ins Leere gelaufen.

»Sie behaupten, die Nachbarn hätten ihn seit Wochen nicht gesehen«, sagte Sören.

»Urlaub?«

»Sie reden von mindestens acht Wochen. Vielleicht sogar mehr.«

»Und sein Arbeitgeber?«

»Er hat keinen. Björn Mende ist arbeitslos.«

»Wahrscheinlich hat er es nicht nötig zu arbeiten. Nachdem er seinen Vater beerbt hat, dürfte er keine finanziellen Probleme haben.«

»Die Husumer Kollegen sagen aber, er wohnt in einer winzigen Wohnung in einer ärmlichen Gegend. Im Erdgeschoss eines alten Mietshauses, in dem nicht einmal alle Wohnungen ein eigenes Badezimmer haben.«

Erik stand auf, drückte die Rückenlehne von Sörens Stuhl herunter und stellte zufrieden fest, dass Sören seinen Hinweis verstand. Jedenfalls blieb er nun ruhig und aufrecht sitzen.

»Wie wär's mit einem Durchsuchungsbeschluss?«, fragte Sören, doch er wusste die Antwort im Voraus. »Ja, schon gut, es gibt keine Verdachtsmomente gegen ihn.«

Erik nickte. »Wir suchen ihn als Zeugen.«

Sörens Gesicht erhellte sich. »Was, wenn er tot in der Badewanne liegt? Dann ist Gefahr im Verzuge, und wir müssen die Wohnung aufbrechen.«

Erik bedachte ihn mit einem missbilligenden Blick. »Unsinn, Sören! Aber wir sollten persönlich hinfahren. Husum ist ja nicht weit.« Er ließ sich wieder an seinem

Schreibtisch nieder. »Aber vorher rufen Sie noch beim Husumer Arbeitsamt an. Fragen Sie, ob Björn Mende sich dort regelmäßig gemeldet hat, wie es Pflicht ist.«

Zehn Minuten später stand Sören wieder im Raum. Letzte Woche war er noch da«, erzählte er. »Björn Mende ist Betriebswirt mit einem langen Studium und einem schlechten Examen. Im Klartext: ohne Aussicht auf einen Arbeitsplatz. Aber er hat sich immer brav beim Arbeitsamt gemeldet.«

Die Tür öffnete sich, Rudi Engdahl stand im Raum. »Die Presse-Heinis sind schon wieder da. Wollen Sie nicht mal ein bisschen ausführlicher mit denen reden, Herr Wolf?« Man sah dem Obermeister die Verzweiflung an, die ihn immer überkam, wenn er den Zeitungsreportern Rede und Antwort stehen sollte, denen er rhetorisch unterlegen war und deren Impertinenz Rudi Engdahl nicht das Wasser reichen konnte.

Erik stöhnte auf. »Okay, ich komme gleich.«

Engdahl seufzte erleichtert. »Dann muss ich mir wenigstens nicht mehr anhören, dass hier zu langsam gearbeitet wird.«

Erik strich erst seinen Schnauzer, dann seinen Pullunder glatt. Dann wusste er, dass er wütend war. »Haben die das etwa behauptet?«, fragte er gefährlich leise.

Engdahl begriff, dass er einen Fehler gemacht hatte. »Nicht so direkt ...«, versuchte er zu retten, was zu retten war.

Doch Erik strich nun zusätzlich noch seine Cordhose glatt, und das bedeutete, dass er einen unpopulären Entschluss fasste. »Ich hab's mir anders überlegt. Sagen Sie den Herren, dass ich heute nicht mehr zu sprechen bin. Es gibt eine neue Spur. Das können Sie ihnen sagen. Mehr nicht.«

14

Der Auslieferer arbeitete schweigsam, Mamma Carlotta fiel es schwer, aber sie schloss sich der Schweigsamkeit an. Was gab es zu sagen angesichts der Tragödie, die sich ereignet hatte? Nichts konnte die Frage beantworten, warum Saskia ausgerechnet jetzt, kurz vor der Operation in Boston, diesen Rückfall erlitten hatte.

»Hoffentlich sind sie noch rechtzeitig in der Nordseeklinik angekommen«, sagte sie, denn ein einziger Satz fiel bei Mamma Carlotta noch in den Bereich der Schweigsamkeit.

Sie beobachtete Björn verstohlen. Er war ein gut aussehender Mann – auf den zweiten Blick. Auf den ersten war er blass und kraftlos, von ständiger Verlegenheit geplagt und immer darauf bedacht, nicht aufzufallen. Er durchquerte einen Raum nicht, sondern drückte sich an der Wand entlang, ergriff selten das Wort und sprach, wenn überhaupt, nur sehr leise, in kurzen, abgehackten Sätzen. Er sah aus, als hätte es das Leben nicht gut mit ihm gemeint. Ob Andresen ahnte, dass sein Auslieferer ein Verhältnis mit seiner Frau hatte?

So wenig Ähnlichkeit die beiden Männer aufwiesen, in einem waren sie sich gleich: Auch Björn litt unter manischer Nervosität. Sein Körper stand unter ständiger Anspannung, seine Bewegungen waren ungeordnet und rastlos. Trotz seiner Jugend wirkte er verschroben und ein wenig wunderlich, er schien ebenso unter einem Zwang zu leiden wie Wolf Andresen. Björns Sorge war nicht die

Unordnung, sondern die Frage, ob sein Hosenschlitz geschlossen war. Immer wieder fuhren seine Hände an den Unterbauch, tasteten den Hosenreißverschluss ab, schienen aber niemals glauben zu können, dass tatsächlich alles in Ordnung war, sondern tasteten schon wenige Augenblicke später erneut darüber. Carlotta Capella fühlte sich nicht wohl in seiner Gegenwart. Welch eine Obszönität! Was mochte Ulla Andresen nur an ihm finden?

Während sie die marinierten Champignons auf einer Platte anrichtete, beschloss sie, dass man es mit der Schweigsamkeit auch übertreiben konnte. Selbst im Angesicht einer Tragödie durfte man ein wenig plaudern. »Wo wohnen Sie eigentlich?«, fragte sie.

Björns Kopf wies nach rechts. »Nebenan. In der Pension Störtebeker.«

Mamma Carlotta war überrascht. »In einer Pension? Ja, wohnt denn Ihre Familie nicht auf Sylt?«

Björn schüttelte den Kopf. »Ich habe keine Familie.«

»Keine Familie?« Mamma Carlotta fiel ein Champignon aus der Hand. Er rollte in eine Mauerritze, wo sie ihn so schnell wie möglich vergessen wollte. Die Vorstellung, ohne Familie zu sein, war so ungeheuerlich, dass es dabei auf einen einzelnen Champignon nicht ankam. Welch trauriges Schicksal! Was für eine Tragödie!

Gerade wollte sie Björn ihre Anteilnahme an seinem grässlichen Geschick versichern, da schepperte die Ladenglocke erneut, und Björn verschwand im Verkaufsraum. Mamma Carlotta sah nach, wer vor der Theke erschienen war. Diesen Mann kannte sie doch! Die rote Schirmmütze schien er ständig zu tragen, ohne diese Kopfbedeckung hätte sie ihn wahrscheinlich nicht wiedererkannt. Er warf ihr einen Blick zu, wandte sich jedoch schnell wieder ab. Trotzdem war Mamma Carlotta sicher, dass er sie gesehen und erkannt hatte.

Gekränkt drehte sie sich wieder um und beschäftigte sich weiter mit den Champignons. Sie hatte kein Verständnis für Menschen, die nicht freudig grüßten, wenn sie ein bekanntes Gesicht sahen. Da half es nichts, dass der Mann in diesem Augenblick sagte: »Die italienischen Vorspeisen sind wirklich vorzüglich. Gestern hatte ich Melanzane, heute ...«

»Ja, man hat's in der ganzen Pension gerochen«, warf Björn ein, und beide Männer lachten herzlich.

»Heute nehme ich die Tintenfischringe. Oder sind die auch in Knoblauchöl eingelegt?«

»Signora Rocchi«, rief Björn. »Sind die Tintenfischringe ...?«

»... auch in Knoblauchöl eingelegt, sì!«, rief Mamma Carlotta zurück, ohne sich umzudrehen.

»Ich nehme sie trotzdem«, sagte der Mann und ergänzte: »Ich verspreche, dass ich das Fenster geschlossen halten werde, damit der Geruch nicht in Ihr Zimmer zieht.«

Wieder lachten beide, und Björn versicherte: »War ja nur Spaß.«

Als der Mann mit der roten Schirmmütze gegangen und Björn in die Küche zurückgekehrt war, fragte Mamma Carlotta: »Er wohnt auch nebenan in der Pension?«

Björn nickte. »Kennen Sie ihn?«

»Nein, aber ich kenne jemanden, der sicherlich gern wissen möchte, wo er wohnt. Ein alter Freund von ihm. Er wird sich freuen, wenn ich ihm sage, wo er ihn finden kann.« Sie warf einen Blick auf Björns nervöse Rechte, die den Hosenschlitz abtastete. »Wie heißt er eigentlich?«

»Keine Ahnung. Ich kenne ihn nur vom Sehen. Irgendeine arme Sau ohne Angehörige und ohne Job.« Er warf das Messer, das er gerade zur Hand genommen hatte, wieder weg, lehnte sich an die Tischkante und krümmte sich, als litte er plötzlich unter starken Schmerzen. »Wie lange dauert das denn noch?«, stöhnte er auf. »Warum ausgerechnet jetzt? Wo sich doch gerade alles zum Guten wenden wollte. Die Operation ...« Er konnte nicht weitersprechen und ging mit großen Schritten in den kleinen Toilettenraum, der sich der Küche anschloss.

Mamma Carlotta war erschrocken, als sie ihn kurz darauf stöhnen hörte. Sie fragte sich, ob sie es wagen konnte, sich nach seinem Befinden zu erkundigen, oder ob in diesem Fall Diskretion angebracht war. Noch bevor sie sich entschieden hatte, rauschte das Wasser, und kurz darauf betrat Björn wieder die Küche. Diesmal war der Griff zu seinem Hosenschlitz durchaus sinnvoll. Er war nicht richtig geschlossen.

Es rollten nur wenige Wagen auf den Autozug. Zu dieser Jahreszeit gab es noch nicht viele Touristen auf der Insel, und die wenigen, die es schon nach Sylt zog, kamen meist erst gegen Abend an.

Erik blickte aus dem Fenster. Weite, Licht und Luft ließ er jetzt hinter sich, erst auf der Rückreise würden sich die Dimensionen wieder dehnen, der Himmel würde sich öffnen für die Helligkeit, die auf der Insel auch aus grauem Himmel strömte.

Es war Ebbe. Reusen ragten aus dem Schlick, in das die Wellen ihr Relief geprägt hatten, ein paar Strandläufer staksten hindurch, Möwen schrien ihnen Befehle zu, aber als sie nicht befolgt wurden, legten sie sich auf den Wind, spreizten die Flügel und ließen sich treiben. Felix behauptete, die Möwen lachten alle aus, die nicht fliegen konnten.

In dem braunen Schlick da draußen würde es bald zu glucksen und zu rieseln anfangen, Millionen winziger Bläschen würden aufsteigen und zerplatzen. Dann würde ein See daraus, friedlich und klar, und schließlich das

Meer, dunkel und bedrohlich am Abend, stolz und majestätisch am Tag.

Erik und Sören schwiegen beide. Wenn es um die Liebe zu ihrer Insel ging, waren sie sich sehr ähnlich. Deswegen sprachen sie erst, als der Autozug ins Land stach, als die ersten Häuser sich am Bahndamm aufstellten und die Niebüller Verladerampe in Sicht kam.

»Ich möchte wissen, wo meine Schwiegermutter ist«, murmelte Erik. »Ich habe zu Hause angerufen, um Bescheid zu sagen, dass ich nicht zum Mittagessen komme. Aber niemand hat abgenommen.«

Der Weg nach Husum dauerte nicht länger als eine Stunde. Die graue Stadt am Meer machte ihrem Namen alle Ehre. Nieselregen setzte ein, die dunklen Fassaden der alten Häuser schluckten das Licht, und obwohl es früher Nachmittag war, schien die Dämmerung schon über die graue Stadt hereinzubrechen.

Der große Block, in dem Björn Mende seine Wohnung hatte, lag in der Nähe des Bahnhofs, dicht umringt von parkenden Autos. Es war schwierig, einen Parkplatz zu bekommen, und es gelang nur, weil Erik einem Streifenpolizisten seinen Dienstausweis unter die Nase hielt. Daraufhin wurde ihm erlaubt, den Wagen im Hof einer Döner-Bude abzustellen, deren Besitzer großen Wert auf gute Kontakte zur Polizei legte.

Die Wohnung lag im Erdgeschoss, auf Sörens Klingeln wurde nicht geantwortet.

Erik sah an der Fassade hoch. »Wer wird uns Auskunft geben können?«

»Die Husumer Kollegen haben mit dem anderen Erdgeschossmieter gesprochen«, erklärte Sören zögernd.

»Also könnten wir es in den oberen Etagen probieren.« Aber bevor Erik den Finger auf eine Klingel setzen konnte, ertönten hinter ihnen Schritte, ein Fahrrad klapperte, der Ständer, der ausgeklappt wurde, quietschte. Der Postbote!

»Tut mir leid«, sagte er, als er Eriks und Sörens erwartungsvollen Blick bemerkte. »Ich bin heute spät dran.«

Erik und Sören nickten verständnisvoll, sahen zu, wie der Postbote auf einige Klingelknöpfe drückte, und folgten ihm ins Haus, als der erste Türdrücker summte. Während der Briefträger die Sendungen in die Postkästen verteilte, öffnete Sören die Kellertür und winkte seinem Chef, ihm zu folgen. Erik hätte ihn gern zurückgehalten, wollte aber in Gegenwart des Postboten keine Diskussion beginnen. Erst auf der Kellertreppe fragte er flüsternd: »Was haben Sie vor?«

»Vielleicht hat Mendes Wohnung einen Balkon«, gab Sören leise zurück. »Dann können wir leicht in die Wohnung einsteigen.«

»Sind Sie verrückt? Das können wir doch nicht machen.«

»Natürlich nur, wenn es keiner sieht.«

Erik folgte seinem Assistenten kopfschüttelnd, dann stand er neben ihm auf dem gepflasterten Innenhof, über den sich ein Gewirr von Wäscheleinen spannte. »Wir können doch nicht einfach hier einbrechen«, versuchte er es noch einmal. »Wir sind hier, um die Nachbarn zu befragen.«

»Das haben doch die Kollegen schon getan.«

»Aber sicherlich nicht intensiv genug. Sie wissen doch selbst, Sören, wie das ist, wenn es sich nicht um den eigenen Fall handelt. Dann tut man seine Pflicht, aber nicht mehr.«

»Wie wär's, wenn Sie wieder nach vorn gehen und in fünf Minuten bei Björn Mende klingeln?«, fragte Sören gereizt. »Ich habe als Kind so oft den Schlüssel verloren, dass meine Eltern mir schließlich keinen mehr überlassen haben. Es ist erstaunlich, dass ich mich daraufhin für den Polizeidienst und nicht für eine Einbrecherkarriere entschieden habe.«

Erik drehte sich wortlos um und stieg wieder in den Keller hinab. Als er ins Erdgeschoss hochgehen wollte, öffnete sich oben die Tür, und ein junger Mann erschien, der ein leichtes Rennrad auf der Schulter trug. Er sah Erik misstrauisch an, nickte dann aber vertrauensvoll, als Erik höflich grüßte. Er hätte gern seinen Dienstausweis gezückt und die Gelegenheit zu einer Befragung genutzt, fühlte sich aber derart unwohl am Fuß dieser Kellertreppe, dass er darauf verzichtete. Was hätte er antworten sollen, wenn man ihn gefragt hätte, warum ein Kriminalhauptkommissar mit seinen Vernehmungen im Keller eines Hauses begann?

Aus sämtlichen Briefkästen guckten bunte Werbesendungen heraus, der Postbote war nicht mehr zu sehen. Erik drückte auf den Klingelknopf, neben dem das Schild *Björn Mende* prangte.

Sören öffnete wenige Augenblicke später und ließ Erik eintreten. »Die Schlösser in diesen alten Häusern sind wirklich ein Witz«, sagte er.

Erik antwortete nicht. Am liebsten hätte er so getan, als wüsste er gar nicht, wovon Sören redete, und als müsste er auch nicht durchschauen, wie Sören in die Wohnung gelangt war.

Langsam ging er von einem Zimmer ins andere. Eine typische Zweizimmerwohnung, Wohn- und Schlafzimmer, Küche und Bad. Wie in vielen Erdgeschosswohnungen waren die Räume düster, die Fenster ließen nur wenig Tageslicht herein. Ein Poltern aus der ersten Etage und eine schrille Stimme zeigten, dass dieses Haus außerdem sehr hellhörig war.

»Mende hat immerhin ein eigenes Bad«, sagte Erik und ergänzte trocken: »Und in der Badewanne liegt er nicht.«

Die Ausstattung der Wohnung war wirklich bescheiden, rohe Holzdielen, die bei jedem Schritt knarrten, Leitungen, die über Putz verlegt waren und das Muster der Tapete durcheinanderbrachten, Ausbesserungen, für die man das Material verwendet hatte, das gerade zur Hand war.

Die Möbel unterschieden sich jedoch gründlich von den vier Wänden, in denen sie standen. Relikte aus einer anderen Welt. Möbelstücke, die Björn Mende wahrscheinlich aus dem Haus seines Vaters in Dortmund geholt hatte.

»Warum wohnt er nur in dieser Gegend?«, fragte Erik. »Er muss doch seinen Vater beerbt haben. Und das Erbe kann nicht gering gewesen sein.«

Sören zuckte die Schultern und ging ins Schlafzimmer. »Es ist alles aufgeräumt«, rief er über die Schulter zurück. »Überstürzt hat er das Haus nicht verlassen. Eher so, als wüsste er, dass er eine Weile wegbleiben wird.«

Erik folgte Sören ins Schlafzimmer, das mit Chippendale-Möbeln ausgestattet war, die nicht zu einem jungen Mann passen wollten. »Er ist doch noch nicht einmal dreißig«, murmelte Erik. »Und dann solche Möbel?«

»Ich wette, dass sie mal im Schlafzimmer einer Frau gestanden haben«, sagte Sören. »Vielleicht in dem seiner Mutter?«

Erik nickte. Ja, diese geschwungenen, zierlichen Beine, das zarte Korbgeflecht am Fuß und Kopfteil des Bettes, die Frisierkommode, der Spiegel mit dem reich verzierten Rahmen ... Sören hatte Recht. Diese Schlafzimmermöbel hatten einmal einer Frau gehört.

Sören beugte sich über das Bett, um die gerahmten Fotos, die darüber angebracht waren, besser betrachten zu können. Plötzlich pfiff er durch die Zähne. »Sehen Sie sich das an, Chef! Die Frau auf diesem Foto! Die kennen wir doch!«

Erik trat einen Schritt näher, beugte sich ebenfalls vor und strich nachdenklich seinen Schnauzer glatt. Endlich gab es eine Spur! Eine richtige Spur! Er spürte das Vibrieren, das ihn immer erfüllte, wenn er eine Fährte aufnahm. Lange betrachtete er das Bild, das eine hübsche Frau zeigte, die in die Kamera lächelte.

»Das ist ja ein Ding! Woher kennt Björn Mende sie?«

Mamma Carlotta sah heimlich auf die Uhr. Sie war längst fertig mit ihrer Arbeit, hatte es aber bisher nicht übers Herz gebracht, Björn mit dem Laden allein zu lassen. Doch nun wurde es Zeit. Sie wollte vor den Kindern, vor allem vor Erik, zu Hause sein.

»Wo die Andresens nur bleiben?«, fragte sie und hoffte, dass Björn an diesem Seufzer ihre Zeitnot erkannte, sich aber andererseits nicht fragte, warum eine gelangweilte Touristin wie sie es eilig hatte.

»Gehen Sie nur, Signora Rocchi«, sagte er zum Glück. »In der Mittagszeit ist ja sowieso nichts los. Ich denke, ich kann den Laden auch bis drei zumachen.«

Mamma Carlotta hatte gerade ihre Schürze an den Nagel gehängt, da öffnete sich die Tür. Ulla kam als Erste herein, die Augen rot vom Weinen, den Kopf gesenkt. Die Hand ihres Mannes, die über ihrer Schulter schwebte, schüttelte sie schon ab, bevor sie sie spürte. Ohne ein Wort durchtrennte sie den Perlenschnurvorhang.

Björn sah ihr ängstlich nach, dann wandte er sich an Wolf Andresen. »Was ist mit Saskia?«

Andresen hob die Schultern, ließ sie wieder fallen, dann füllten sich seine Augen mit Tränen, seine Unterlippe zitterte. »Die Ärzte können noch nicht viel sagen.«

»Und die Operation?«, fragte Björn atemlos.

»Die muss verschoben werden. Der Chefarzt hat mit Boston telefoniert. Erst mal muss Saskia stabilisiert werden.«

Björn machte einen Schritt auf Andresen zu, blieb dann aber stehen, als fürchtete er sich vor zu viel Nähe. »Das wird schon«, murmelte er. »Sicherlich bekommen die Ärzte das in den Griff.«

Andresen zuckte die Schultern, dann folgte er seiner Frau. Björn ging zur Ladentür, um sie abzuschließen.

»Un momento«, sagte Mamma Carlotta hastig. »Ich hole nur schnell meine Jacke, dann können Sie hinter mir absperren.«

Sie griff durch die Perlenschnüre und erreichte den Garderobenständer, ohne einen Fuß in den Raum zu setzen, wo Ulla am Bett ihres Kindes stand und die leere Matratze betrachtete. Ihr Mann stand hilflos hinter ihr und starrte auf ihren Rücken.

Dann griff er nach dem Märchenbuch, das neben Saskias Bett lag. Sinnlos blätterte er darin herum. »Warum müssen es immer die Märchen vom bösen Wolf sein?«, fragte er kaum hörbar.

Ulla fuhr herum, als wollte sie auf ihn losgehen. »Weil man nicht genug vor ihnen warnen kann«, zischte sie. »Wölfe sind feige. Sie greifen erst an, wenn es keinen Sinn mehr hat wegzulaufen. Aber oft ist es dann schon zu spät.« Sie sank auf einen Stuhl und legte das Gesicht in ihre Hände.

Die Stimme ihres Mannes war nun schneidend vor Hohn. »Schlimm für dich, dass ich nicht der einzige Wolf auf der Insel bin!«

Ein absurdes Wortspiel, aber für ein paar Augenblicke schien Andresen Befriedigung darin zu finden.

Ulla erhob sich. »Ich werde spazieren gehen«, verkündete sie mit klirrender Stimme. »So weit und so lange ich will. Wenigstens das kann ich jetzt tun.«

Mamma Carlotta verzichtete auf einen Abschiedsgruß. So schnell wie möglich verließ sie den Laden. Nicht der einzige Wolf auf der Insel! Ihr war klar, dass mit dem anderen Wolf ihr Schwiegersohn gemeint war. Während sie das Fahrrad auf die Straße schob, dachte sie nach. Was erwartete Ulla Andresen von Erik? Mut oder Feigheit? Sollte er angreifen oder weglaufen? Warum war Erik überhaupt wichtig für sie? Weil er ihr gefährlich werden konnte? Oder dachte sie über Erik genauso verächtlich wie über ihren Mann?

Mamma Carlotta musste sich eine Weile aufs Fahren konzentrieren, dann konnte sie ihre Gedanken wieder fliegen lassen, weil der Weg geradeaus ging und keinen besonderen Mut von ihr forderte. Wie konnte sie Erik beschützen? Während sie aus Westerland hinausfuhr, warf sie einen Blick in die tief hängenden Wolken. Lucia würde schon aufpassen, dass Erik nichts geschah. Wolf Andresen war gefährlich, Mamma Carlotta blieb dabei. Oder war es Ulla Andresen, von der Gefahr ausging? Ihre Worte waren voller Hass gewesen. Zwei Wölfe auf der Insel! Ulla Andresen verachtete Wölfe, sie fürchtete sie nicht ...

Als Mamma Carlotta am Süder Wung vom Fahrrad stieg, war sie trotz der Kälte erhitzt. Sie war froh, dass Eriks Auto nicht vor der Tür stand. Wenn die Kinder das Essen vorbereitet hatten, so wie es verabredet war, dann würde Erik nicht merken, dass seine Schwiegermutter den Vormittag außer Haus verbracht hatte. Er würde nicht fragen, welche touristischen Sensationen sie auf Sylt entdeckt hatte, und sie würde nicht lügen müssen ...

Sie erinnerte sich an das, was Felix ihr eingeschärft hatte: »Wenn das Lämpchen am Telefon blinkt, Nonna, ist eine Nachricht auf dem Anrufbeantworter. Dann musst du den roten Knopf drücken.«

Mamma Carlotta drückte den roten Knopf und hörte Eriks Stimme: »Ich werde heute Mittag nicht zum Essen kommen. Ich muss mit Sören nach Husum fahren und kehre erst am Abend zurück. Ich hoffe, du machst dir einen schönen Tag auf der Insel. Bin gespannt, zu welchem Ausflug du dich entschlossen hast.«

Also würde sie doch lügen müssen. Mamma Carlotta seufzte und wollte sich schon abwenden, da stellte sich heraus, dass der Anrufbeantworter noch eine zweite Nachricht gespeichert hatte.

Carolins Stimme ertönte. »Wir haben das Sportfest vergessen, Nonna. Felix und ich werden erst am Nachmittag heimkommen. Aber wir haben noch vor der Schule den Krabbenauflauf vorbereitet, er muss nur noch in den Ofen geschoben werden. Papa wird nicht merken, dass du keine Zeit zum Kochen hattest, denn die Soße Bolognese ist auch fertig. Du musst nur noch die Spaghetti kochen. Und der Salat ist ebenfalls geputzt.«

»Carolina, das gute Kind!« Mamma Carlotta ging in die Küche, griff gewohnheitsgemäß nach der Schürze... da erst wurde ihr klar, dass niemand übrig geblieben war, den sie zum Essen erwarten durfte. Das hatte den großen Vorteil, dass damit bereits das Abendessen weit gediehen war. Vorausgesetzt, sie tastete nichts von dem an, was im Backofen und im Kühlschrank auf seine Vollendung wartete. Sie hängte die Schürze zurück und griff wieder nach ihrer Jacke. Eine gute Gelegenheit, endlich das Gericht zu kosten, dessen Namen die Insulaner voller Ehrfurcht und Glück aussprachen. Es hatte wohl etwas Merkwürdiges auf sich mit diesem Gericht, von dem Erik gesagt hatte, sie solle um Himmels willen nicht versuchen, es zu kochen. Es könne ihr unmöglich gelingen, denn dafür müsse man an der Nordsee geboren sein.

Tove Griess sah seinen unverhofften Mittagsgast überrascht an. »Keine Currywurst?«

Mamma Carlotta schüttelte den Kopf. »Nein, ich möchte Labskaus. Ich will jetzt endlich wissen, was das ist.«

Tove griff unauffällig nach einer Dose und trug sie in den kleinen Raum, an dessen Tür *Privat* stand. Schon bald erschien er wieder mit einem Topf in der Hand und behauptete, Labskaus müsse auf einer winzigen Flamme stundenlang kochen, und das sei nur auf dem kleinen Herd möglich, den er extra zu diesem Zweck in der hinteren Küche aufgestellt habe.

Mamma Carlotta beobachtete genau, wie er die Mahlzeit anrichtete, für die man angeblich an der Nordsee geboren sein musste, obwohl Tove sich Mühe gab, mit seinem breiten Kreuz alles zu verbergen, was er tat. Aber Mamma Carlotta sah trotzdem, dass er eine breiige grün-rosa Masse auf den Teller füllte, einen Rollmops an den Rand legte, ein paar zerschnittene Essiggurken darüberwarf und das Ganze mit Rote-Bete-Scheiben garnierte, die alles violett färbten, was mit ihnen in Berührung gekommen war. Dann holte Tove ein Spiegelei aus der Pfanne, das dort offensichtlich schon länger sein Dasein fristete, legte es auf den Brei, als wollte er ihn verstecken.

»Guten Appetit, Signora.«

Mamma Carlotta war sprachlos. Das also war dieses Labskaus, von dem Erik und Sören redeten, als brauchte man für die Zubereitung Trüffel, Austern und Kaviar? Sie wusste, dass Lucia sich geweigert hatte, das Rezept für Labskaus auch nur zu lesen. Jetzt war ihr klar, warum.

Vorsichtig kostete sie unter Toves wachsamen Augen. Und da sie ihm nicht wehtun wollte, fuhr sie mit der Gabel ein zweites Mal in den salzigen grün-rosa Brei. Und weil sie Angst vor seinem finsteren Blick hatte, stach sie sogar in eine Essiggurkenscheibe und schob sie sich in den Mund. Aber sie konnte nicht verhindern, dass sich ihr Gesicht verzog, als hätte sie einen Pinot Grigio mit Weißweinessig verwechselt. Bei dem Gedanken daran, den glitschigen Fisch zu probieren, fühlte sie ihn bereits in ihrem

Magen wiederauferstehen. »No!« Sie schob den Teller zurück. »Scusa! Aber ich kann nicht.«

Tove sah aus, als hätte er nichts anderes erwartet, und zog ihr den Teller weg. »Geht aufs Haus. Nun doch Currywurst?«

Mamma Carlotta nickte. »Und den Vino rosso aus Montepulciano.«

Zwei Minuten später stand ein Essen vor ihr, das ihr genauso fremd war. Aber immerhin war auf den ersten Blick zu erkennen, welche Zutaten dafür verwendet worden waren. Das gab ihr den Mut, beherzt den Plastikspieß in die Wurst zu stechen, damit Tove ihr die Sache mit dem Labskaus nachsah. Es gelang ihr auch, ihre Meinung im Zaum zu halten und ein schwaches »Buono!« herauszubringen, während sie auf der Wurst herumkaute.

Dann betraten zum Glück zwei Lkw-Fahrer, die auf dem Weg von List nach Westerland zum Autozug waren, mit ihrem Hund den Imbiss. Sie verlangten gebratenes Fischfilet, Kartoffelsalat, Herings-Stipp, Bratkartoffeln und rote Grütze, und das alles in doppelter Portion. Tove hatte alle Hände voll zu tun und Mamma Carlotta Zeit, sich mit dem Hund der Lkw-Fahrer anzufreunden. Sekunden später sah ihr Teller aus, als hätte sie ihn abgeleckt, und der Hund, als habe er versucht, einen Igel zu fressen und sich dabei die Schnauze verletzt.

Als die Lkw-Fahrer satt waren und der Hund schweren Herzens Abschied von Mamma Carlotta genommen hatte, fragte Tove: »Wie war's bei Fisch-Andresen? Haben Sie was Neues herausgefunden?«

Mamma Carlotta berichtete im Flüsterton, obwohl sie jetzt allein waren, was sie beobachtet hatte. »Fietje hatte Recht. Ulla Andresen und der Auslieferer haben was miteinander.«

Darauf brauchte Tove einen Genever. »Der Andresen ist gefährlich! Wenn der das rausbekommt ...« Er kippte den Schnaps und schüttelte sich. »Dann bringt der seine Frau auch noch um.«

Mamma Carlotta bekam eine Gänsehaut. »Aber er kann doch seinem Kind nicht die Mutter nehmen!«

Tove zuckte die Achseln. »Als ich damals mit dem Kahn nach Alaska unterwegs war, hatten wir einen Maat an Bord, der fünf Morde auf dem Gewissen hatte. Das erfuhren wir aber erst, als wir wieder in den Heimathafen einliefen und die Polizei an Bord kam. Dabei sah der Maat aus wie Leonardo di Caprio. Sagen Sie mal ganz ehrlich, würden Sie Leonardo di Caprio fünf Morde zutrauen?«

Mamma Carlotta kannte Leonardo di Caprio nur flüchtig, aber dass sie ihm niemals fünf Morde zutrauen würde, war trotzdem so gut wie sicher. Andresen dagegen traute sie auch sechs Morde zu. Sie starrte in ihr Rotweinglas, bis Tove Griess unruhig wurde. »Ich verstehe einfach nicht, dass dieser DNA-Test ihn nicht überführt hat«, meinte sie dann und seufzte noch einmal, wie nur eine Italienerin seufzen konnte.

Tove beschloss, dass man auf einem Bein nicht stehen konnte, und goss sich einen zweiten Genever ein. »DNA-Test!«, stieß er verächtlich hervor. »Wer weiß schon genau, was das ist? Und überhaupt ...« Er stellte fest, dass aller guten Dinge drei sind, und griff erneut zur Flasche. »Wenn Andresen erst gestanden hat, wird sich herausstellen, warum der DNA-Test negativ ausgefallen ist. Jedenfalls ist Andresen der Einzige, der für so eine Tat in Frage kommt.«

»Genau!«, bestätigte Mamma Carlotta. »Ein Blick in seine Augen und man weiß Bescheid.«

»Haben Sie denn keine Angst, wenn Sie mit ihm allein sind?«, fragte Tove.

»Ich bin ja nie mit ihm allein«, gab Mamma Carlotta zurück. »Obwohl ...« Nun fiel ihr ein, dass sie Tove noch nicht von Saskias Rückfall erzählt hatte. »Das Kind liegt in der Nordseeklinik, und Ulla Andresen hat gesagt, nun könne sie endlich mal wieder spazieren gehen.«

»Also kann es sein, dass Sie demnächst öfter mit Andresen allein sind?«

Mamma Carlotta gefiel Toves Frage nicht. »Der Auslieferer ist ja oft im Laden«, beruhigte sie sich selber, aber ihre Stimme klang nicht besonders optimistisch. »Sie meinen, Andresen könnte mir etwas tun?«

»Wenn er herausfindet, dass Sie ihn verdächtigen! Besser, Sie stecken Ihre Nase nicht zu tief in Andresens Angelegenheiten! Aber ich werde tun, was ich kann. Fietje und ich, wir helfen Ihnen, Andresen zu überführen. Mal sehen, was Fietje zu melden hat, wenn er kommt. Er wollte sich heute Vormittag in der Nähe von Fisch-Andresen rumtreiben und ein Auge auf Sie haben, Signora.« Tove zog seine Mundwinkel nach unten. »Wenn Fietje sich irgendwo rumtreibt, schöpft ja niemand Verdacht.«

Mamma Carlotta fühlte die Dankbarkeit wie wohltuende Wärme in sich aufsteigen. »Wie nett von ihm.« Voller Freude fiel ihr ein, dass sie sich revanchieren konnte. »Sagen Sie Fietje, ich weiß jetzt, wo der Freund wohnt, der ihn schon lange sucht.«

Tove starrte sie eine Weile nachdenklich an, dann fragte er: »Was für ein Freund?«

»Einer, der ihn lange nicht gesehen hat. Ich sollte ihm sagen, wo Fietje wohnt, aber das wusste ich ja nicht. Ich fand es komisch, dass er Fietje nicht in Käptens Kajüte besucht hat, wo er ihn doch des Öfteren hier gesehen hat. Aber anscheinend möchte er lieber mit Fietje allein sein.«

»Allein?«, wiederholte Tove gedehnt und wurde noch nachdenklicher.

Mamma Carlotta konnte sich keinen Reim auf seinen Tiefsinn machen. »Jedenfalls kann Fietje seinen Freund besuchen, wenn er will«, fuhr sie resolut fort. »Ich habe nämlich heute zufällig erfahren, dass er in der Pension Störtebeker wohnt. Direkt neben Fisch-Andresen. Aber ich sag's Ihnen ganz ehrlich, Tove: Besonders gut gefällt mir dieser Freund nicht. Er hat mich erkannt, als er mich im Laden angetroffen hat. Schließlich hatte ich ihn schon mehrmals in der Nähe von Käptens Kajüte gesehen und einmal sogar mit ihm gesprochen. Aber er hat über mich hinweggesehen, als wäre er mir niemals begegnet. Das ist nicht nett.«

Mamma Carlotta wartete darauf, dass Tove ihr beipflichtete, aber nichts geschah. Er schien plötzlich unter seinen Würsten nach einem verborgenen Schatz zu suchen, denn er hob jede einzelne hoch und besah sich ihre Rückseite. Dann fragte er: »Wie sah er denn aus, dieser Freund von Fietje?«

Mamma Carlotta brauchte nicht lange zu überlegen. »Groß, schlank, mit einem hageren Gesicht. Er trägt immer eine rote Schirmmütze.« Sie rutschte von ihrem Hocker und legte das Geld für ihren Rotwein auf die Theke. »Sie sagen Fietje Bescheid?«

»Mach ich«, nickte Tove und erwiderte Mamma Carlottas Abschiedsgruß nicht. Das fiel ihr aber erst auf, als sie schon wieder auf dem Fahrrad saß.

15

Erik verlor kein Wort mehr über Sörens unbefugtes Eindringen in Björn Mendes Wohnung. Nachdem er Ulla Andresens in Silber gerahmtes Foto lange genug betrachtet hatte, beschloss er: »Wir suchen weiter. Wenn wir was finden, besorge ich uns den Durchsuchungsbeschluss nachträglich.«

Er zögerte, und Sören ergänzte an seiner Stelle: »Und wenn wir nichts finden, sorgen wir dafür, dass niemand was merkt. Auch Björn Mende nicht.«

Sie nahmen also den Inhalt der Schränke sehr vorsichtig in Augenschein. So kamen sie zwar langsam voran, aber da die Wohnung klein war, ließ ihre Zuversicht keinen Augenblick nach.

Endlich entdeckte Erik in einer Kommode des Wohnzimmers ein paar Schubladen, in denen Björn Mende Persönliches aufbewahrte: Bilder seiner Mutter, ältere Fotos, vermutlich von Verwandten, ein altes Ehepaar tauchte häufig auf, wahrscheinlich seine Großeltern.

»Nicht viel«, meinte Sören, »wenn man bedenkt, dass er aus einer Villa ausgezogen ist.«

»Er hat wirklich kaum etwas mitgenommen«, nickte Erik. »Vielleicht, weil man ihm nicht mehr zugestanden hat?«

»Oder weil er nichts mitnehmen wollte, was ihn an sein Leben in dieser Villa erinnerte.« Sören blickte seinen Chef nachdenklich an. »Als der Vater starb, blieb Björn Mende mit seiner Stiefmutter zurück. Er muss damals ein Junge von vierzehn oder fünfzehn Jahren gewesen sein.«

»Und da wir wissen, wie garstig seine Stiefmutter war, ist es möglich, dass er nicht besonders glücklich mit ihr war.«

Sören nickte. »Es gibt kein Foto von Christa Kern. Nichts, was an sie erinnert.«

»Auch kein Foto von seinem Vater.«

»Doch, auf dem Hochzeitsbild seiner Eltern ist der Vater zu sehen.« Sören hielt ein Foto mit einem Paar hoch, das an einem romantischen Teich stand und sich glücklich anlächelte. Der Mann im Frack, die Frau in einem rüschenbesetzten weißen Brautkleid. »Und dann noch dieses Foto ...« Er reichte Erik ein Bild, das nur noch zur Hälfte bestand. »Das könnte auch ein Hochzeitsfoto seines Vaters gewesen sein. Er trägt ebenfalls einen Frack. Ungefähr zehn Jahre später, würde ich tippen.«

»Aber die Braut wurde abgeschnitten.«

Sören grinste. »Lässt auf ein gestörtes Verhältnis zur Stiefmutter schließen.«

»So gestört, dass er sie umgebracht hat?«

Sören wollte gerade zu einem Fotoalbum greifen, zog aber die Hand wieder zurück. »Ein gestörtes Verhältnis allein ist kein Motiv. Und dann nach so vielen Jahren. Warum?«

Erik öffnete den nächsten Schrank. »Lassen Sie uns weitersuchen.« Er blätterte alte Zeugnisse, Studienbescheinigungen und abgelehnte Bewerbungen durch. »Nichts, was uns weiterhilft.«

Aber dann pfiff Sören durch die Zähne. »Mende war in psychiatrischer Behandlung. Er ist monatelang einmal wöchentlich nach Flensburg zum Treffen einer Therapiegruppe gefahren.«

»Der Besuch bei einem Psychiater macht einen Menschen noch nicht verdächtig«, sagte Erik und betrachtete Björn Mendes Freischwimmerzeugnis.

Aber dann fuhr er erschrocken auf. Denn Sören ließ sich geräuschvoll in seinen Sessel fallen. Im ersten Moment alarmierte Erik nur die Angst, der Sessel könnte der groben Behandlung nicht gewachsen sein, aber im zweiten begriff er, dass sein Assistent etwas Bedeutsames gefunden hatte.

»Den kennen wir doch!«, stieß Sören hervor. »Sehen Sie mal!« Er hielt Erik die Jahreskarte eines Hallenbades hin, die mit einem kleinen, aber scharfen Foto versehen war.

Erik starrte es lange an, dann erkannte er ihn auch. »Der Auslieferer von Fisch-Andresen! Das ist Björn Mende?«

Sören erhob sich, was der Sessel mit einem dankbaren Ächzen quittierte. »Also ist Björn Mende zurzeit auf Sylt. Er war auch auf Sylt, als Christa Kern ermordet wurde.«

Erik legte ihm beruhigend eine Hand auf die Schultern. »Jetzt nicht ausflippen, Sören. Erstens wissen wir nicht, ob er wirklich zur Tatzeit auf Sylt war, und zweitens ...«

»Wo soll er sonst gewesen sein? Er arbeitet bei Andresen.«

»Er könnte aber am Wochenende frei gehabt haben und nach Husum gefahren sein. Wir haben doch gehört, dass er sich regelmäßig beim Arbeitsamt gemeldet hat. Er muss also gelegentlich nach Hause zurückgekehrt sein.« Erik runzelte die Stirn. »Ob das Arbeitsamt von seiner Tätigkeit bei Andresen weiß?«

Sören nickte zerstreut. Er hielt jetzt einen Schnellhefter in der Hand, den er hastig durchblätterte. Dann blieb er an einer Stelle hängen, las und las, ließ sich erneut, diesmal etwas vorsichtiger, in den Sessel fallen und las weiter.

»Was ist los?«, fragte Erik nervös.

»Er hat Buch geführt«, antwortete Sören, »über die Versammlungen der Therapiegruppe. Hören Sie mal zu: Das Weib hat mein ganzes Leben zerstört, endlich konnte ich es aussprechen. Und ich konnte erzählen, was sie mit mir gemacht hat.«

»Das Weib? Sie glauben, damit ist Christa Kern gemeint?«

»Könnte doch sein! Und hier: Die anderen verstehen jetzt endlich, warum ich sie hasse. Endlich! Ich habe es gesagt. Sogar Einzelheiten konnte ich preisgeben. Laut und deutlich! Vor den anderen! Ich glaube, die Last der Erinnerung fällt tatsächlich allmählich von mir ab.«

»Last der Erinnerung«, wiederholte Erik nachdenklich. »Wenn die Last wirklich seine Stiefmutter ist ...«

»Todsicher! Hier noch was: Jeder hat mir bestätigt, dass ich nicht schuld bin. Sie ist schuld, nur sie! Und mein Vater, der diese Schlampe ins Haus geholt hat.« Sören blickte auf. »Es muss sich um Christa Kern handeln.« Hastig las er weiter: »Vielleicht schaffe ich es doch, mich von ihr zu befreien. Und vielleicht funktioniert dann bei mir alles wieder normal. Zum Glück hilft Ulla mir. Mit ihr zusammen kann ich es schaffen.«

»Normal?« Erik runzelt die Stirn. »Was mag er damit meinen?«

»Keine Ahnung.« Sören nahm den Blick nicht vom psychiatrischen Tagebuch Björn Mendes. »Detlef glaubt auch, dass ich es schaffe. Wer darüber reden kann, sagt er, hat sogar schon den zweiten Schritt zur Bewältigung geschafft. Der erste war, überhaupt zu erkennen, was mit mir geschehen ist.«

»Wer ist Detlef?«, fragte Erik.

»Der Psychiater, der die Gruppe leitet.« Sören blätterte zum Anfang des Tagebuchs, wo eine Visitenkarte mit einer Büroklammer befestigt war: »Dr. Detlef Baron in Flensburg.« Er sah seinen Chef fragend an. »Wie wär's, wenn wir einen Abstecher nach Flensburg machen, ehe wir auf die Insel zurückkehren?«

Erik überlegte nicht lange. »Okay. Rufen Sie bei Dr. Baron an und fragen Sie, ob er zu sprechen ist.«

Während Sören die Nummer des Psychiaters wählte, sah Erik sich im Badezimmer um. In einem weißen Porzellanbecher stand eine Zahnbürste. Auf der Suche nach einer Plastiktüte ging er in die Küche, und in einer Schublade fand er, was er suchte. Bevor er ins Bad zurückkehrte, öffnete er die Tür eines Unterschranks, hinter der er den Abfalleimer vermutete. Er warf einen langen Blick hinein. Als er das benutzte Papiertaschentuch entdeckte, lächelte er.

Sören hatte gerade das Telefongespräch beendet, als Erik wieder ins Wohnzimmer trat. »Dr. Baron ist zu Hause«, erklärte er, »aber über Patienten reden will er nicht. Er beruft sich auf seine ärztliche Schweigepflicht. Auch über das, was in den Gruppengesprächen geäußert wurde, will er nichts sagen.«

»Ich dachte es mir«, gab Erik zurück. »Also ist es sinnlos, nach Flensburg zu fahren.«

Sören nickte. »Stimmt wohl, aber ... Ich habe eine Liste mit den Teilnehmern der Gesprächsgruppe gefunden. Ulla Andresen steht übrigens auch drauf.«

Erik war nicht überrascht. »Dann haben die beiden sich vielleicht dort kennen gelernt.«

»Vielleicht können wir uns bei den anderen Teilnehmern umhören?«, schlug Sören vor. »Es ließe sich damit erklären, dass wir Björn Mende suchen. Wir fragen einfach, wo er sein könnte, daraus ergibt sich dann vielleicht ein Gespräch, in dem wir mehr erfahren.«

»Versuchen wir's. Am besten, Sie klappern die Telefonnummern während der Fahrt ab. Wohnen die alle in Flensburg?«

»Nicht alle. Ich fange einfach mit denen an, die auf unserer Strecke liegen.« Plötzlich starrte er auf zwei Plastiktüten, die Erik in der Hand hielt. In einer steckte eine Zahnbürste, in der anderen ein Papiertaschentuch. »Was soll das scin?«

»DNA-Material«, gab Erik zurück. »Wenn wir hier schon an den gesetzlichen Bestimmungen vorbei ermitteln, dann auch richtig.«

Felix hatte beim Weitsprung einen persönlichen Rekord aufgestellt, und Carolin, die sportliche Höchstleistungen verabscheute, war dazu ausersehen gewesen, die Schüler der ersten Jahrgänge zu betreuen. So hatte sie Gelegenheit gehabt, ihre pädagogischen Fähigkeiten zu erproben, und war deshalb ebenso zufrieden wie ihr Bruder mit dem Ergebnis des Sportfestes. Beide waren in der Turnhalle mit Müslistangen und Milchgetränken versorgt worden und daher ohne Weiteres damit einverstanden, das vorbereitete Mittagessen nicht anzutasten, damit es ein Abendessen wurde.

»Wir könnten eine Radtour machen«, schlug Felix vor und wandte sich an seine Schwester. »Lass uns der Nonna das Wattenmeer zeigen. Das kennt sie noch nicht.«

Mamma Carlotta hatte zwar heimlich von einem Nachmittag im Sessel vor dem laufenden Fernseher geträumt, aber sie schluckte den Wunsch herunter. Nein, es gab nichts Schöneres, als mit ihren beiden Enkelkindern einen Nachmittag am Watt zu verbringen. Und als sie unterwegs mehrfach von ihnen wegen ihrer Radfahrkünste gelobt wurde, war Mamma Carlotta glücklich, dass sie auf die Siesta verzichtet hatte. Was war eine Siesta schon gegen das erste selbst verdiente Geld und die Möglichkeit, einem Mörder auf die Schliche zu kommen!

Sie überquerten die Westerlandstraße und radelten die breite, schnurgerade Braderuper Straße hinab, Mamma Carlotta im Windschatten ihrer Enkelkinder. Irgendwann fiel Carolin zurück, ließ ihren Bruder vorausfahren und schob sich an die Seite ihrer Großmutter. Leise begann sie von Ekke Nekkepen zu erzählen, dem Wassermann. Dessen

Meerfrau Ran war sehr hässlich, deshalb verwandelte sich Ekke Nekkepen manchmal in einen flotten Seemann, lief dann den Kapitänstöchtern nach und schenkte ihnen kostbaren Schmuck.

»Eines Tages verliebte er sich in Inge von Rantum. Er schenkte ihr Ringe und goldene Ketten und nannte sie seine Braut. Und da Inge alle Geschenke angenommen hatte, konnte sie später so leicht keinen Rückzieher machen. Aber bald wurde ihr der Seemann unheimlich, und sie wollte, dass er sie wieder freigab. Doch Ekke Nekkepen war dazu nicht bereit. Er sagte: Nur wenn du in drei Tagen meinen Namen erraten kannst, bist du frei. Er war sich ja ganz sicher, dass Inge niemals dahinterkommen könnte, wie er wirklich hieß. Inge lief herum und fragte alle Leute, aber niemand kannte den Namen ihres Bräutigams, und wenn sie ihn im Dünental traf, versuchte sie es mit allen möglichen Namen, aber nie war der richtige dabei. Dann lief sie einmal sogar nachts in die Dünen, weil sie vor lauter Verzweiflung nicht schlafen konnte. Und da saß Ekke Nekkepen auf einer hohen Düne und sang den Mond an.«

Felix drehte sich um und lachte. »Heute soll ich brauen, morgen soll ich backen, übermorgen will ich Hochzeit machen. Ich heiße Ekke Nekkepen, meine Braut ist Inge von Rantum. Und das weiß niemand, nur ich allein!«

»Nun wusste Inge seinen Namen«, lächelte Mamma Carlotta.

Carolin nickte. »Und Ekke hat einen Korb bekommen. Manche haben im Deutschunterricht natürlich das Märchen von Ekke Nekkepen genommen, ich bin die Einzige, die sich für Rotkäppchen entschieden hat.«

Nun fiel auch Felix zurück, setzte sich an die andere Seite seiner Großmutter, und zu dritt radelten sie nebeneinander her. »Mama hat sich von Papa gern die Sylter

Sagen erzählen lassen«, sagte er und sah in die tief hängenden Wolken. »Der Himmel ist ganz nah«, fügte er an, sah wieder nach vorn und trat fester in die Pedalen, damit seine Großmutter und seine Schwester ihn nur von hinten sahen.

Carolin gelang ein kleines Lächeln. »Wenn du da bist, Nonna, ist er noch ein bisschen näher.«

Es dauerte eine Weile, bis sie in der Braderuper Heide ankamen, da Mamma Carlotta an jedem Haus etwas fand, das bewundert werden musste, mal ein blau gestrichenes Gartentor, dann das Fenster eines Erkers mit vielen Sprossen und üppigen Blumen dahinter. Mamma Carlotta konnte sich nicht vorstellen, dass es sich größtenteils um Zweithäuser handelte, die nur gelegentlich bewohnt wurden. »Madonna! Was für eine Verschwendung!«

Schließlich kamen sie an einem Parkplatz an, der sich wie ein hässliches Provisorium am Rande der Bebauung in eine Ecke drängte. Zu dieser Jahreszeit parkte kein einziges Auto dort, aber Carolin versicherte, dass er im Sommer nicht ausreichte, um die Fahrzeuge der Feriengäste aufzunehmen, die in der Braderuper Heide wandern wollten.

In geschwungenen Linien hob sich die rostige Heidefläche in die grauen Wolken, am Horizont verschwammen Himmel und Wasser. Sie stellten die Fahrräder ab und liefen die Holzwege entlang, die bis zum Rand des weißen Kliffs führten, von dort ging es auf vielen Holzstufen hinunter zum Strand. Die Kinder tobten lachend hin und her, Mamma Carlotta stand da, sah aufs Watt hinaus und lauschte auf das Klingen der Natur. Das Säuseln des Sandes, das heisere, höhnische Lachen einer Möwe, das Summen des Windes und das Lispeln des Dünengrases.

Felix hob ein paar Muscheln aus dem feuchten Sand und legte sie seiner Nonna in die Hände. Mamma Carlotta betrachtete sie eingehend. Es kam ihr vor, als hätte das

Meer, das sich ständig verändern musste, sich in einer Muschel eine feste Gestalt gesichert. In manchen Muscheln fanden sich kleine, überschlagende Wellen, in anderen Wasserwirbel und winzige Strudel. Tiefes bedrohliches Nachtblau gab es in der einen, zartes Rosa und Gelb in einer anderen. Keine Muschel hatte eine Farbe, die es nicht auch am Himmel oder im Meer gab.

Die schönste steckte sie in ihre Jackentasche. »Die nehme ich mit nach Umbrien.«

Sie stiegen die Treppe zum Kliff wieder hoch und wanderten über die Holzstege zurück. In die stille Einsamkeit brach von ferne eine Bewegung. Ein Wagen tastete sich auf die Heide zu, ein Lieferwagen, ein zerbeulter Lieferwagen. Er blieb an der Einfahrt des Platzes stehen. Mamma Carlotta sah, dass Tove Griess ausstieg und sich suchend umsah. Als er zu ihnen herüberspähte, hob sie winkend die Hand. Aber Tove wandte sich abrupt um und drehte ihr den Rücken zu.

Mamma Carlotta war enttäuscht, aber dann fiel ihr ein, dass Tove sie wohl nicht kompromittieren wollte. Er wusste ja, dass Erik ihren Kontakt mit dem vorbestraften Tove nicht guthieß. Wie rücksichtsvoll von ihm!

Mamma Carlotta ging bereitwillig auf sein Spiel ein und sah konsequent in eine andere Richtung, während sie mit den Kindern auf die Fahrräder zuging, die am Rande der Heide auf sie warteten. Erst als sie sich wieder auf ihren Sattel schwang, warf sie einen Blick zurück. Tove war nicht mehr allein. Anscheinend hatte er sich hier mit einem Mann verabredet, der gerade auf ihn zuging und ihm die Hand reichte. Er war groß und schlank, und sein hageres Gesicht wurde von einer roten Schirmmütze überschattet. Warum traf Tove sich mit Fietjes altem Freund?

Gaby Woicke gehörte zu den Frauen, die unkritisch werden, wenn sie jemanden vor sich haben, der ihnen zuhören will. Sobald sie etwas gefragt wurde und alles danach aussah, dass jemand echtes Interesse an ihrer Antwort hatte, verlor sie Ängste, Hemmungen und auch jede Vorsicht. Das hatte Sören schon während des Telefongesprächs zu spüren bekommen, was ungefähr eine Strecke von dreißig Kilometern in Anspruch genommen hatte. Kein Zweifel focht sie an, dass es richtig sein musste, zwei fremde Männer zu empfangen, die ihr zuhören wollten. Und die Frage, ob die beiden wirklich von der Polizei waren, stellte sie sich anscheinend nicht. Als Erik und Sören vor ihrer Tür erschienen, war sie jedenfalls überrascht, dass die beiden es für nötig hielten, ihr die Dienstausweise vorzulegen.

Sie war die Fünfte auf Sörens Liste. Die Wohnungen der anderen vier hätten erheblich verkehrsgünstiger gelegen, aber der erste Teilnehmer der Therapiegruppe wollte sich zunächst bei Dr. Detlef Baron vergewissern, ob es richtig sei, über ein anderes Mitglied der Gruppe Auskunft zu geben, der Zweite hatte keine Zeit, und der Dritte wollte nicht an die Therapiegruppe erinnert werden. Das vierte Mitglied war eine Frau und prinzipiell zur Aussage bereit, aber ihr Mann würde jeden Augenblick von der Arbeit zurückkommen, und der liebte es nicht, wenn Besuch seinen Feierabend störte. Gaby Woicke war also ein Lichtblick für Sören. Sie nahm zwar nur am Rande zur Kenntnis, dass es nicht um sie, sondern um Björn Mende ging, war aber auskunftswillig und stellte Sören damit erst mal zufrieden.

Als er den roten Knopf seines Handys drückte, war er bereits darüber informiert, dass Gaby Woicke bis zum achten Lebensjahr von ihrem Vater verprügelt worden war, bevor sich ihre Mutter scheiden ließ und einen anderen Mann heiratete, der seinerseits die Mutter verprügelte. Als auch der ausgezogen war, kam der dritte Ehemann, der wiederum von der Mutter verprügelt wurde. Und Gaby schien immer zwischen den Fronten gestanden und jedes Mal was abbekommen zu haben. Kein Wunder, dass sie früh geheiratet hatte. Aber dummerweise war sie an einen Mann geraten, der ihr schon in der ersten Woche der Ehe eine Ohrfeige verpasste, die ihr Hörvermögen dauerhaft schädigte, und sie am zweiten Hochzeitstag windelweich schlug. Nun war sie Single und fest entschlossen, sich nie wieder verprügeln zu lassen.

Dr. Detlef Baron hatte sie angeblich die Erkenntnis zu verdanken, dass ein Opfer durch seine Körpersprache die Opferrolle herausforderte, woraufhin Gaby sich erfolgreich im aufrechten Gang und in kämpferischer Haltung versucht hatte. Und außerdem hatte sie durch ihn gelernt, über ihr Leid zu reden, und es darin sogar zu wahrer Meisterleistung gebracht.

»Alle Achtung«, stöhnte Sören und rieb sich sein heißes Ohr. »Wenn das wirklich dem Psychiater zu verdanken ist, dann versteht er sein Handwerk.«

Kurz darauf hielten sie vor einem kleinen Einfamilienhaus in Harrislee. »Mein Mann musste mir eine Abfindung zahlen«, erzählte Gaby Woicke, kaum dass Erik und Sören über ihre Schwelle getreten waren. »Und unterhalten muss er mich auch.« Sie behandelte Sören wie einen alten Bekannten, da sie mit ihm immerhin schon dreißig Kilometer lang geplaudert hatte. »Sie glauben gar nicht, wie das ist, wenn man niemandem erzählen mag, was geschehen ist. Wer will schon zugeben, dass er geschlagen wird?«

Während sie redete, brachte sie es fertig, Erik und Sören ins Wohnzimmer zu führen, sie in je einen Sessel zu bugsieren und den Kaffee einzugießen, den sie zwischen dem Telefongespräch mit Sören und dem Eintreffen der beiden Beamten gekocht hatte.

»Und dann endlich der Augenblick, in dem man es wagt! Man spricht es aus! Niemand lacht einen aus, keiner tippt sich an die Stirn. Nein, alle haben mich ernst genommen. Und langsam, ganz langsam wächst das Gefühl, dass man etwas wert ist. Obwohl man geschlagen wird.«

»Frau Woicke ...« Erik hatte schon ein paar Mal mit verzweifelten Gesten versucht, den Redestrom zu unterbrechen. »Wir suchen ...«

»Detlef hat gesagt ... Dr. Baron, meine ich ...«

»Wir suchen Björn Mende. Haben Sie eine Ahnung, wo er stecken könnte?«

Gaby Woicke war derart verblüfft, dass sie sich verschluckte. Anscheinend hatte sie vergessen, dass die Polizei nicht erschienen war, um Anteil an ihrem Geschick zu nehmen.

Erik war dankbar, dass sie eine Weile mit Husten beschäftigt war, was sie zum Glück am Reden hinderte. »Sie kennen Björn Mende aus der Therapiegruppe. Vielleicht können Sie uns weiterhelfen.«

»Warum versuchen Sie es nicht in seiner Wohnung?«, keuchte Gaby Woicke. »Er wohnt in Husum.«

»Dort waren wir schon«, erklärte Sören. »Sie wissen sicherlich viel von Björn Mende ...«

»Na, das mögen Sie wohl sagen! Wir haben uns wirklich geöffnet in dieser Gruppe. Jeder wusste alles vom anderen. Das war ja Sinn der Sache. Detlef hat immer gesagt, wir sollen alles rauslassen, sonst ...«

»Was hat denn Björn Mende rausgelassen?«

Gaby starrte eine Weile in ihre Kaffeetasse. »Der Björn war wirklich eine arme Sau«, sagte sie dann. »Von der Stiefmutter jahrelang missbraucht! Das muss man sich mal vorstellen! Frauen, die vom Stiefvater missbraucht werden – das gibt's ja öfter. Mein Stiefvater ...«

»Dieser Missbrauch ... geschah der nach dem Tod des Vaters?«

»Nein, nein, das hat schon früher begonnen. Björn fühlte sich schuldig am Unfalltod seiner Mutter. Er hatte nämlich vorher einen heftigen Streit mit seiner Mutter gehabt. Die war sehr erregt gewesen, als sie sich ins Auto setzte, und ... peng!« Gaby Woicke schlug mit der rechten Faust in die linke Handfläche. »Björn war davon überzeugt, dass seine Mutter nicht verunglückt wäre, wenn es diesen Streit nicht gegeben hätte, wenn er lieb zu seiner Mutter gewesen wäre und nicht so frech. Und seine Stiefmutter, der er sich später anvertraute, bestärkte ihn in dieser Ansicht. Sie redete ihm sogar ein, dem Vater die Frau genommen zu haben, weil er nicht lieb zu seiner Mama gewesen war. Zu der zweiten Frau seines Vaters sollte er nun ganz besonders lieb sein ...« Gaby Woicke schüttelte den Kopf. »Als er dann endlich ganz lieb zu seiner Stiefmutter gewesen war, hatte sie ihn in der Hand. Immer wieder musste er ganz lieb zu ihr sein, sonst hätte sie ihn bei seinem Vater angeschwärzt. Ihm wollte sie sagen, Björn hätte sie vergewaltigt. Also musste er tun, was sie von ihm verlangte. Auch noch nach dem Tod des Vaters hat sie ihn mit Drohungen gefügig gemacht. Als Björn volljährig war, konnte er endlich ausziehen. Aber sexuell lief natürlich nicht mehr viel bei ihm nach diesen Erfahrungen. Wer einmal als Kind oder Jugendlicher missbraucht worden ist, wird nie wieder frei in der Liebe sein. Also, mir ging's ja ähnlich, als ich ...«

»Was meinen Sie damit? Was lief nicht mehr bei ihm?« Erik war fest entschlossen, Gaby Woicke nicht von dem Weg abkommen zu lassen, der zu Björn Mende führte.

»Nun, er konnte keinen normalen Geschlechtsverkehr haben«, erklärte Gaby Woicke leidenschaftslos. »Selbstbefriedigung war das Einzige, was bei ihm funktionierte. Klar, dass seine Ehe nicht lange gehalten hat. Er hatte wirklich Pech. Erst die böse Stiefmutter, dann die missglückte Ehe, und anschließend verliebt er sich auch noch in eine verheiratete Frau, die sich nicht von ihrem Mann trennen kann.«

»Sie meinen Ulla Andresen?«, meinte Sören.

Gaby Woicke nickte. »Ich konnte sie ja nicht besonders gut leiden. Und, ehrlich gesagt, hat's mich auch gewundert, dass sie sich auf ein Verhältnis mit einem Mann einließ, der nicht normal mit ihr schlafen konnte. Aber vielleicht gefiel ihr ja auch gerade das, wer weiß.« Gaby runzelte die Stirn und dachte angestrengt nach. »Da fällt mir ein ... später hieß es, dass Björn bei Ulla sein Trauma überwunden hat. Ich glaube, sie war eine Frau, die andere gern von ihrer positiven Kraft überzeugte. Möglich, dass sie die hatte, aber sympathisch war sie mir trotzdem nicht. Ich habe nicht verstanden, warum sie ihren Ehemann überhaupt hasste. Anscheinend nur, weil er nichts von dem halten konnte, was er ihr versprochen hat. Nur deswegen!«

»Was hatte er ihr denn versprochen?«

»Er wollte ein tolles Geschäft aufziehen in Westerland. Filialen auf der ganzen Insel, in ganz Schleswig-Holstein! Seine Frau sollte ein angenehmes Leben an seiner Seite führen. Aber nichts hat geklappt. Am Ende hatte er nicht mal genug Geld, um für sein Kind eine Operation zu bezahlen, die der Kleinen das Leben retten konnte. Er war wohl wie mein Ex! Der hat immer so getan, als wäre die Welt daran schuld, dass er nicht reich geworden ist. An ihm selbst lag es jedenfalls nie ...«

»War Ulla Andresen auch in der Therapiegruppe«, fragte Erik, »um zu lernen, über ihr Schicksal zu sprechen?«

Gaby Woicke nickte. »Sie hat vorher alles in sich reingefressen. Die Krankheit des Kindes, die Ausweglosigkeit und den Hass auf ihren Mann. Darüber ist sie selber krank geworden. Magengeschwüre! Und ihr Internist hat ihr geraten, in die Therapiegruppe zu gehen. Tja, und später ...«

»Später?«

»Später ist sie vor allem gekommen, weil sie in der Gruppe Björn treffen konnte. Wir haben alle gemerkt, dass sich zwischen den beiden was anbahnte. Detlef hat sie einmal direkt darauf angesprochen und gefragt, ob sie darüber reden wollen.«

»Und? Wollten sie reden?«

Gaby Woicke zuckte die Schultern. »Ein bisschen haben sie rausgelassen, aber nicht viel. Für Ulla stand fest, dass sie bei ihrem Mann bleiben musste, solange das Kind lebte. Die Kleine brauchte ein stabiles Umfeld. Die Trennung der Eltern hätte sie wohl nicht verkraftet.«

An der Tür machte Gaby Woicke einen letzten Versuch, das Gespräch auszudehnen. »Wir waren übrigens ganz froh, als Björn nicht mehr zur Gruppentherapie kam. Er hat alle nur negativ beeinflusst. Wenn Sie mich fragen: Seine sexuellen Probleme sind nicht besser, sondern schlimmer geworden. Warum sonst tastet er dauernd zu seinem Hosenschlitz? In der Gruppe wurde darüber getuschelt, dass er sich ständig selbst befriedigt. Zum Beispiel, wenn er zur Toilette ging. Manchmal wurde schon über seine schwache Blase gelacht, aber dann sprach sich rum, dass immer so ein merkwürdiges Stöhnen aus seiner Kabine drang. Er hatte auch ein paar Einzelstunden bei Detlef. Vielleicht hing das ja damit zusammen.«

Inzwischen war es dunkel geworden, sanfter Nieselregen hatte eingesetzt. Erik freute sich auf sein Zuhause, auf die Wärme in der Küche, die wieder gemütlich geworden war, seit seine Schwiegermutter darin schaltete und waltete, und er freute sich darauf, dass Sören ihm wieder ganz selbstverständlich ins Haus folgen würde ...

»Nichts davon zu meiner Schwiegermutter, verstanden?« vergewisserte Erik sich bei seinem Assistenten.

Sören schwieg. Gaby Woickes Redegewalt schien ihn apathisch gemacht zu haben. Schließlich meinte er: »Warum nur ging Björn Mende nach Sylt, wo doch dort seine Stiefmutter wohnte? Und warum ließ er sich von Andresen einstellen?«

»Vermutlich, um in Ullas Nähe zu sein«, meinte Erik. »Und dass Christa Kern auf Sylt wohnte, musste er nicht wissen.«

»Warum hat Björn Mende wohl von dem Vermögen seines Vaters nichts abbekommen?«

Erik warf Sören einen Blick zu. »Wie wär's mal mit Antworten statt mit Fragen?«

Aber Sören kam schon mit der nächsten: »Schaffen wir eigentlich den letzten Autozug noch? Er geht um acht.«

Der Regen wurde immer dichter, und schließlich prasselte er so heftig an die Scheiben, dass Erik das Tempo immer weiter zurücknehmen musste. Erst recht, als kurz vor Niebüll der Scheibenwischer in Streik trat. Es war nur ein Warnstreik, aber er erreichte, dass Erik verunsichert war. Er fuhr nur noch im Schritttempo. Seine Angst vor einem Unfall war größer als die Angst, den letzten Autozug zu verpassen. Er ließ sich auch durch Sörens Murren nicht beeindrucken, der mit abenteuerlichen Empfehlungen aufwartete. »Nun treten Sie schon aufs Gas! Sie sehen so oder so nichts, ob Sie schnell oder langsam fahren. Ich habe keine Lust, die Nacht in Niebüll zu verbringen!«

»Hören Sie doch auf zu nörgeln, Sören. Wenn ich jetzt noch einen Unfall baue, kommen wir auch nicht auf der Insel an.«

Kurz vor der Laderampe überlegte es sich der Scheibenwischer noch mal und wischte minutenlang perfekt, als wollte er genauso wenig in Niebüll übernachten, dann aber gab er seinen Geist vollends auf. Doch da kam die Autoschlange in Sicht, die sich gerade in Bewegung setzte.

»Gott sei Dank!«, stöhnte Sören auf, als der Wagen sicher auf dem oberen Deck gelandet war, und gähnte. »Ich bin fix und fertig.«

»Zu müde fürs Abendessen?«, fragte Erik grinsend. »Ich rufe mal eben zu Hause an und frage, was es gibt.« Er griff zu seinem Handy, das im selben Augenblick zu läuten begann. »Das sind sicher die Kinder, die fragen, wo ich so lange bleibe.«

Aber es war Obermeister Rudi Engdahl. Sören konnte ihn mühelos verstehen, denn Engdahl schrie in das Ohr seines Chefs, als hielte er ihn für schwerhörig: »Schon wieder eine Leiche! Ebenfalls erdrosselt! Und wieder eine Frau!«

16

Braderup, der stille Teil Wenningstedts, hatte an diesem Abend seine Ruhe verloren. Das helle Licht der Spurensicherung war weithin zu sehen, gab in jedem Haus Anlass, aus dem Fenster zu blicken oder die Tür zu einem Abendspaziergang zu öffnen. Erik fragte sich, warum es ihm eigentlich gefiel, dass reiche Leute genauso reagierten wie andere. In Windeseile hatte sich herumgesprochen, was auf dem hässlichen kleinen Parkplatz geschehen war, wo die Heidewanderer ihre Fahrzeuge abzustellen pflegten.

Ulla Andresen saß aufrecht auf dem Fahrersitz, ihr Körper hatte sich nur ganz leicht nach links geneigt. Man konnte meinen, sie hätte sich während des Einschlafens eine besonders bequeme Körperhaltung gesucht. Wer allerdings genauer hinsah, konnte die tiefe Drosselmarke an ihrem Hals erkennen. Grausamer als eine offene Wunde.

Engdahl und Mierendorf waren bereits eingetroffen und hatten mit der Befragung der Anwohner begonnen.

Dr. Hillmot begab sich soeben in eine aufrechte Körperhaltung. Stöhnend hielt er sich das Kreuz, warf einen letzten Blick auf die Leiche und wandte sich dann an Erik und Sören. »Erdrosselt. Genau wie Christa Kern. Auch im Sitzen.«

»Gibt es Hinweise, dass es derselbe Täter war?«, fragte Erik aufgeregt. Er schloss sämtliche Knöpfe seiner Jacke, denn es war empfindlich kalt geworden. Zum Glück hatte es wenigstens aufgehört zu regnen.

Dr. Hillmot hob die Schultern. »Möglich ist es. Auch hier könnte eine Wäscheleine das Strangulierwerkzeug gewesen sein.«

»Könnte? Ist das Tatwerkzeug nicht mehr da?«

Dr. Hillmot schüttelte den Kopf. »Aber es muss hart und fest gewesen sein. So wie die Kunststoff-Wäscheleine im Hause Kern. Bei Anwendung breiter, weicher Seidenschals zum Beispiel sind oft nur sehr geringe Strangulationsmerkmale zu erkennen.« Er wies auf Ullas Hals. »Die Drosselmarke ist tief. So tief wie bei Christa Kern.«

Erik wandte sich an Kommissar Vetterich. »Schuhspuren?«

»Jede Menge. Hier sind heute ziemlich viele Wanderer aufgebrochen und nach der Wanderung wieder abgefahren. Alle Spuren sind frisch.«

»Reifenspuren?«

»Auch jede Menge. Und ebenfalls frisch. Die Wanderer sind erst bei Einbruch der Dämmerung abgefahren. Es gibt hier mehrere Anwohner, die die Wandergruppen beobachtet haben.«

»Wie sieht's mit der Tatzeit aus?«

Dr. Hillmot betrachtete die Leiche noch einmal ausgiebig. »Hier ist es leichter als bei Christa Kern«, sagte er dann. »Ich habe ein Reizgerät mit Nadelelektroden eingesetzt und noch Reizantworten erhalten. Ich würde sagen, die Frau ist seit zwei bis zweieinhalb Stunden tot.«

Erik sah auf die Uhr. »Wir haben jetzt kurz nach neun. Also ist sie zwischen sechs und sieben ermordet worden.«

Dr. Hillmot nickte. »Zwischen halb sieben und sieben. Nach Einbruch der Dunkelheit.«

Erik betrachtete Ulla Andresen noch einmal ausgiebig, dann sagte er leise zu Dr. Hillmot: »Diesmal untersuchen Sie bitte gleich auf Spermaspuren, Doktor.«

»Das gehört zu jeder Obduktion dazu.« Dr. Hillmots Stimme klang beleidigt.

»Sorry, Doktor. Ich meine ja nur ... Die Sache hat absoluten Vorrang. Wir dürfen keine Zeit verlieren.«

Erik gab Sören einen Wink, der sofort zu Eriks Wagen ging und sich hineinbeugte. Als er zurückkam, hielt er zwei Plastiktüten in der Hand.

Erik nahm sie ihm ab. »DNA-Material«, sagte er zu dem Gerichtsmediziner. »Der Mann, dessen DNA-Spuren hier drin sind, hat ein Motiv. Es ist nicht auszuschließen, dass er Christa Kern umgebracht hat.«

»Und diese Frau auch?«, fragte Dr. Hillmot.

Sören wiederholte die Frage, als sie zurückfuhren. »Welches Motiv sollte Björn Mende haben? Er liebte Ulla Andresen doch.«

»Andererseits wissen wir, wie bitter und zynisch sie sein konnte. Denken Sie nur daran, Sören, wie verächtlich sie sich über ihren Mann äußerte. Auch in seinem Beisein. Sie ließ nie einen Zweifel daran, wie sehr sie ihn verachtete, dass sie ihn für einen Schwächling, für einen Versager hielt. Vielleicht hat sie auch Björn Mende so behandelt. Womöglich hat sie ihn ausgelacht, als er sexuell versagte.«

»Ich denke, er hat sein Trauma durch Ulla Andresen überwunden.«

»Sagt Gaby Woicke. Aber sie hat auch gesagt, Ulla Andresen sei voller Hass gewesen.«

»Voller Hass auf ihren Mann.«

»Jemand, der sich vom Schicksal so benachteiligt fühlte wie Ulla Andresen, entwickelt manchmal Hass auf die ganze Welt. Hass auf alle, denen es gut geht.«

»Björn Mende ging es nicht gut.«

»Trotzdem ist es doch möglich, dass sich in der Beziehung zwischen den beiden etwas verändert hatte. Ulla liebte Björn vielleicht nicht mehr. Wenn das so war, dann wollte sie, dass er Sylt verließ, dass er den Job bei ihrem Mann aufgab, dass er ihr aus den Augen ging. Seine Liebe wurde ihr lästig, sie hatte kein Mitgefühl mehr, sie wollte ihm auch nicht mehr helfen. Und als Björn Mende spürte, dass er Ullas Liebe verlor, waren auch seine sexuellen Probleme wieder da. Und dann verhöhnte Ulla ihn deswegen, und er rastete aus. Er fühlte sich wieder in die Zeit zurückversetzt, in der er der schwache kleine Junge war, der der starken Stiefmutter gegenüberstand. Nachdem er sich dieser übermächtigen Person entledigt hatte, scheint es nur konsequent, dass er auch die zweite Frau umbrachte, die ihn mit ihrer Stärke verletzte.«

Sören dachte eine Weile nach, dann nickte er. »Ja, so könnte es gewesen sein.« Ein Grinsen zog über sein Gesicht. »Oder wir bauen wieder auf die Intuition Ihrer Schwiegermutter und verdächtigen Andresen. Ein Motiv hat er auch.«

»Und ob er ein Alibi hat, wird sich gleich zeigen.«

Sören warf einen sehnsüchtigen Blick durchs Fenster, während sie den Weg entlangfuhren. Kurz bevor er in die Straße mündete, die rechts nach Kampen und links nach Westerland führte, öffnete sich das Wohngebiet, in dem Sören lebte.

»Ich bin gespannt auf Andresens Reaktion«, sagte Erik.

»Und Björn Mende? Werden wir den auch heute noch vernehmen?«

Erik schüttelte den Kopf. »Wir sollten ihn in Sicherheit wiegen, bis der DNA-Test fertig ist. Wenn Mende seinen genetischen Fingerabdruck hinterlassen hat, schnappen wir ihn uns sofort. Vorher gibt es keinen Grund für eine Festnahme.«

»Und wenn er abhaut? Wenn er schon abgehauen ist?«

»Das Risiko müssen wir eingehen. Aber er ist nach dem Mord an Christa Kern auch nicht abgehauen. Anscheinend fühlt er sich sicher und zieht es vor, sich unauffällig zu verhalten. Wenn er plötzlich verschwindet, gerät er sofort in Verdacht.«

»Was ist, wenn er nicht abhaut, aber nach Husum zurückwill? Kann ja sein, dass Andresen den Laden schließt und seinen Auslieferer eine Weile nicht braucht. Oder Mende kündigt. Schließlich können wir davon ausgehen, dass er nur deshalb bei Andresen arbeitete, um Ulla nahe zu sein. Und wenn er dann nach Husum zurückkehrt, könnte ihm auffallen, dass ihm eine Zahnbürste fehlt.«

»Wir müssen ihm sagen, dass alle, die mit Ulla Andresen Kontakt hatten, die Insel nicht verlassen dürfen. Sobald die Ergebnisse der DNA-Analyse da sind, wissen wir mehr.«

Sören nickte zufrieden. »Zum Glück hat Björn Mende ja keine Ahnung, dass wir DNA-Material von ihm haben.« Er warf seinem Chef einen Blick zu. »Was machen wir eigentlich mit der Zahnbürste, wenn Mende unschuldig ist? Das Taschentuch wird er ja nicht vermissen, aber den Rest ...«

Erik ließ den Blick nicht von der Fahrbahn. »Das ist doch kein Problem, Sören. Sie haben ja als Kind so oft den Schlüssel verloren ...«

Die Straße, in der Fisch-Andresen lag, war der Stadt keine Beleuchtung wert. Zum Glück hatten die Gewerbebetriebe in der Nachbarschaft ihre Höfe, Werkhallen und Bürogebäude aus Sicherheitsgründen angestrahlt. Dieses Licht bewahrte den Fischladen vor der Finsternis. Die kleine Lampe, die neben der Eingangstür von Fisch-Andresen schaukelte, war dunkel, auch im Verkaufsraum gab es keine Beleuchtung. In den Fenstern darüber brannte jedoch ein schwaches Licht.

Neben der Ladentür entdeckte Erik einen weiteren Hauseingang, der ihm vorher nicht aufgefallen war. Es gab nur einen einzigen Klingelknopf. »Andresen«, las er und klingelte. Wie immer, wenn er eine Todesnachricht überbringen musste, wünschte er sich, niemand wäre zu Hause oder die Angehörigen hätten schon von anderen gehört, was geschehen war.

Es dauerte nicht lange, bis der Türöffner summte. Erik stieß die Tür auf und stand vor einer steilen Treppe, die in die erste Etage des Hauses führte.

Über ihm erschien Wolf Andresen und sah auf ihn herab. »Die Polizei? Um diese Zeit? Ist was mit meiner Frau?«

Erik stieg bedächtig die Treppe hoch, bis er auf derselben Stufe wie Andresen stand. Andresen wich zurück. In seinem Gesicht zuckte es, seine Hände fuhren zum Hemdkragen und nestelten am oberen Knopf herum.

»Es tut uns sehr leid«, begann Erik. »Ihre Frau ist einem Verbrechen zum Opfer gefallen.«

Andresen taumelte zurück. »Tot?« Er drehte sich um, ging durch einen winzigen Flur in ein bedrückend kleines Wohnzimmer und ließ sich dort in einen Sessel fallen. Er drehte den beiden Beamten den Rücken zu und schlug die Hände vors Gesicht. Seine Schultern zuckten, trotzdem glaubte Erik nicht, dass er weinte.

Er blieb stehen und sah sich um, Sören neben sich, der nervös von einem Fuß auf den anderen trat. Der kleine Raum war spärlich ausgestattet mit ein paar Regalen, einer Sitzgruppe und einer breiten Kommode. Im linken Teil des Regals standen große Bildbände, exakt der Größe nach geordnet, im rechten wurden die Nachschlagewerke aufbewahrt, die das Regalbrett nicht ganz füllten und Platz für ein gerahmtes Bild von Saskia ließen. In den unteren Reihen befand sich die Belletristik, Hardcover links, Taschenbücher rechts. Auf dem Tisch lag eine Decke, die Hohlsäume verliefen parallel zu den Tischkanten, die

Fernsehzeitschrift lag exakt in der Mitte, an allen vier Seiten im gleichen Abstand von Hohlsäumen umgeben.

Wolf Andresen nahm das Gesicht aus den Händen, setzte sich aufrecht hin und griff hinter sich, um das Rückenpolster des Sessels glatt zu streichen. »Nehmen Sie doch Platz«, sagte er.

Erik achtete, während er sich auf dem Sofa niederließ, darauf, dass das Kissen in der Ecke nicht angetastet wurde, und bemerkte Andresens schmerzerfüllten Blick, als Sören sich in die andere Ecke auf das Gegenstück flegelte, womit das Gleichmaß zum Teufel war.

»Was ist passiert?«, fragte Andresen, aber noch bevor Erik antworten konnte, erhob er sich und verließ das Zimmer durch die zweite Tür, die in einen weiteren Flur führte, ebenso winzig wie der erste. Erik konnte ein Treppengeländer erkennen. Anscheinend ging es von dort nach unten ins Geschäft und in den Raum, in dem Ulla sich tagsüber mit dem Kind aufgehalten hatte.

Als Andresen zurückkam, hielt er ein Taschentuch in der Hand, mit dem er sich über die Stirn wischte. »Was ist passiert?«, wiederholte er.

Sören übernahm es, die Einzelheiten zu schildern, und Erik war ihm dankbar dafür.

Nachdem Sören geendet hatte, fragte Erik: »Können Sie sich erklären, was Ihre Frau auf dem Parkplatz wollte? War sie dort mit jemandem verabredet?«

Andresen zuckte die Schultern. »Mir hat sie gesagt, sie wolle spazieren gehen, vielleicht auch ein wenig bummeln in Westerland. Möglich, dass sie in der Braderuper Heide spazieren gegangen ist. Seit Saskia in der Klinik ist, wollte sie einfach nur raus. Man muss das verstehen, Ulla kam ja kaum noch vor die Tür, seit es Saskia so schlecht ging.«

»Und wie geht's der Kleinen jetzt?«

Für wenige Augenblicke wich die Kälte aus Andresens Augen, seine Lippen wurden weich, und die Hände zitterten hilflos. »Immer noch schlecht. Wie soll ich ihr sagen, was mit ihrer Mutter geschehen ist?«

»Und wer wird mit ihr nach Boston fliegen?«, fügte Sören hinzu.

»Ich natürlich«, kam es wie aus der Pistole geschossen zurück. »Sobald die Ärzte grünes Licht geben. Und wenn ich den Laden während dieser Zeit schließen muss! Egal!«

Erik betrachtete einen Augenblick sein entschlossenes Gesicht, dann fragte er: »Hatte Ihre Frau Feinde?«

Andresen streifte unverzüglich alles wieder ab, was ihn für Augenblicke verletzlich gemacht hatte. »Nein, warum sollte sie Feinde haben?« Dann wurde seine Stimme nachgiebiger. »Was wusste ich eigentlich von Ulla? Unser Zusammenleben wurde nur noch von Saskias Krankheit bestimmt.«

»Würden Sie sagen, dass Sie trotzdem eine gute Ehe geführt haben?« Als Andresen schwieg, fragte Erik weiter: »Könnte es sein, dass sich Ihre Frau auf diesem Parkplatz mit einem Liebhaber verabredet hatte?«

Erik erwartete eine barsche Reaktion, doch Andresen schüttelte den Kopf, ohne sich über die Tollkühnheit der Frage zu ereifern. »Ulla hatte ja gar keine Gelegenheit, einen Mann kennen zu lernen. Außer ...« Er starrte eine Weile auf das Muster des Teppichs, stellte dann seine Füße mitten in ein Quadrat und fuhr fort: »... außer vielleicht in der Therapiegruppe. Bis vor kurzem hat sie einmal wöchentlich eine Therapiegruppe in Flensburg besucht. Aber von den Leuten, die sie dort kennen gelernt hat, sprach sie wenig. Also, wenn überhaupt ...« Er sprach den Satz nicht zu Ende, sondern ließ ihn durch den Raum schweben, als hoffte er, dass er sich darin auflösen würde.

»Das Auto, in dem Ihre Frau gefunden wurde, war ein grüner Mazda«, stellte Erik fest.

»Ullas Wagen«, bekräftigte Andresen. »Sie wollte ihn unbedingt behalten, obwohl sie ihn nur selten brauchte. Aber sie war nicht bereit, ihn zu verkaufen. Na ja, viel hätte er sowieso nicht gebracht. Er war ja schon dreizehn Jahre alt.«

»Wo waren Sie heute Abend zwischen halb sieben und sieben?«

Nun standen plötzlich Schweißperlen auf Andresens Stirn. »Ich brauche ein Alibi? Sie glauben doch nicht etwa ...«

»Reine Routine. Solche Fragen müssen wir stellen.«

Wolf Andresen gab vor, sich die Antwort zu überlegen, aber Erik spürte, dass er damit nur zeigen wollte, wie abwegig und überflüssig ihm die Frage erschien. »Ich habe um sechs den Laden abgeschlossen«, begann er. »In der Vorsaison lohnen sich längere Ladenöffnungszeiten nicht. Dann wollte ich mir eigentlich die Vorabendserie ansehen, die ich ungern versäume. Aber dann fiel mir ein, dass Ulla und ich morgen einen Termin bei Dr. Hold in der Nordseeklinik haben. Bis morgen früh, hat Dr. Hold gesagt, liegen vielleicht neue Untersuchungsergebnisse vor. Mein Auslieferer hat versprochen, den Laden zu übernehmen, aber er hat morgen Vormittag zwei Lieferungen. Und weitere könnten schließlich jederzeit hinzukommen. Ja, und da fiel mir meine neue Aushilfe ein. Sie wissen doch ...«

»Die Italienerin, die die köstlichen Vorspeisen herstellt«, nickte Erik.

»Haben Sie Ihrer Schwiegermutter eigentlich von Signora Rocchi erzählt?«

Erik sah betreten auf seine Füße. »Das habe ich glatt vergessen. Aber ich werde es nachholen, versprochen.«

Andresen winkte großzügig ab. »Die Signora versteht eine Menge von Antipasti, aber wenig vom Geschäft. Doch sie ist eine patente Person. Deshalb wollte ich sie bitten, morgen früh schon gegen neun bei mir zu erscheinen. Ich traue ihr zu, den Laden für ein, zwei Stunden allein zu versorgen. Ich bin also nach Wenningstedt gefahren, um Signora Rocchi aufzusuchen. Um kurz nach sechs. Ich wusste, dass sie im Dünenhof zum Kronprinzen wohnt, das hatte sie mir erzählt. Aber leider hatte ich keine Ahnung, wie der Besitzer der Ferienwohnung heißt, die sie gemietet hat. Der Hausmeister war nicht zu Hause, deshalb habe ich einfach dort geklingelt, wo Licht brannte, und nach Signora Rocchi gefragt. Aber niemand kannte sie.« Er hob die Schultern. »Kein Wunder eigentlich, in diesen großen Apartmenthäusern kennt ein Feriengast den anderen nicht.«

Ohne lange überlegen zu müssen, konnte Andresen die Wohnungen nennen, in denen er Licht gesehen hatte. »In der dritten Etage rechts habe ich geklingelt, im Erdgeschoss direkt neben dem Aufzug und im Souterrain in der mittleren Wohnung. Man wird Ihnen bestätigen, dass ich gegen halb sieben dort war.«

Erik machte sich Notizen. Dann erhob er sich, und Sören sprang so erfreut auf, als hätte er nicht damit gerechnet, noch vor Mitternacht Feierabend machen zu dürfen. Der Hauptkommissar selbst sorgte dafür, dass die beiden Kissen wieder in den Sofaecken standen, als hätte Andresen persönlich sie ausgerichtet. Der allerdings war trotzdem nicht zufrieden und zupfte im Vorübergehen die Spitzen zurecht, damit sie beide genau auf die äußere Kante des Sofas wiesen.

»Wir müssen morgen noch einmal vorbeikommen, das können wir Ihnen leider nicht ersparen«, sagte Erik zum Abschied. »Ich hoffe, den Besuch in der Nordseeklinik können Sie verschieben. Und sorgen Sie bitte auch dafür, dass Ihr Auslieferer zur Verfügung steht.«

»Björn Mende? Was wollen Sie denn von dem?«

»Es ist unsere Pflicht«, antwortete Erik freundlich, »mit allen Leuten zu reden, die Ihre Frau gekannt haben. Wir tappen ja noch völlig im Dunkeln. Also fangen wir mit den Ermittlungen im Umfeld des Opfers an.«

Es ging auf elf Uhr zu, als Erik und Sören wieder auf der menschenleeren Straße standen. Sören machte aus seiner Müdigkeit keinen Hehl mehr und gähnte, ohne die Hand vor den Mund zu nehmen. Sein Apfelgesicht sah für Augenblicke so aus, als hätte jemand hineingebissen. »Fangen wir etwa morgen um acht an wie immer?«, fragte er misstrauisch.

»Um halb acht«, gab Erik barsch zurück. »Es ist viel zu tun. Zuallererst muss ich meinen Wagen in die Werkstatt bringen, damit der Scheibenwischer wieder anstandslos funktioniert. Und dann müssen wir uns in Ulla Andresens persönlichem Eigentum umsehen. Vielleicht findet sich dort ein Hinweis. Und natürlich müssen wir mit Björn Mende reden. Mal sehen, wie der sich verhält. Ob er zugeben wird, dass er Ullas Liebhaber war?«

Carlotta Capella stellte fest, dass sie noch nie so allein gewesen war wie an diesem Abend. Die Uhr ging auf Mitternacht zu, im Hause herrschte Stille. Die Kinder schliefen natürlich längst, und auch sämtliche Nachbarn schienen sich zur Ruhe begeben zu haben. Nur bei den Kemmertöns drang noch schwaches Licht durch die Gardinen eines Fensters. Mamma Carlotta glaubte, dass es sich um das Schlafzimmer des Ehepaars Kemmertöns handelte. Das hinderte sie daran, an der Tür des Nachbarhauses zu klingeln und den Vorschlag zu machen, ein wenig zu plaudern. In ihrem Dorf wäre es selbstverständlich gewesen, mit einem

Stuhl zur Nachbarin zu gehen, wenn man sich allein fühlte. Die hätte dann ebenfalls ihren Stuhl aus der Küche geholt, und gemeinsam hätte man sich vor die Haustür gesetzt, geplaudert und gehofft, dass eine dritte Nachbarin das Geplauder gehört und ihren Stuhl danebengestellt hätte.

Mamma Carlotta zog die Strickjacke eng um ihren Körper. Die Temperaturen auf Sylt waren es, die menschliche Annäherung behinderten oder sie sogar unmöglich machten. Aber die Sylter schienen sie auch nicht zu wollen. Die Türen, die sich geöffnet hatten, schlossen sich schnell wieder, außer einem »Moin« war selten etwas aus einem Sylter herauszubekommen. All das hatte Mamma Carlotta von Lucia erzählt bekommen. Aber Menschen, die allein in ihren Häusern saßen, weil draußen der Wind heulte und Tage und Nächte so kalt waren, dass niemand sich gern hinauswagte – das hatte Mamma Carlotta sich nicht vorstellen können.

Sie schrak zusammen, als jemand an den Fensterläden rüttelte, und atmete auf, als sie einsah, dass es der Wind gewesen war und kein Verbrecher, der die Schwiegermutter des Hauptkommissars entführen, entehren oder gar umbringen wollte. Wenn in Umbrien jemand nachts an den Fensterläden rüttelte, dann war es ein Nachbar, dessen Frau von den Wehen überrascht worden war, ein Tourist, der sich einen Spaß erlaubte, oder eine Verwandte, deren Sohn aus Rom oder Sizilien zu Besuch gekommen war, was auf dem Dorfplatz gefeiert werden sollte.

Wie pechschwarz die Nacht da draußen war! Die Äste des Kirschbaums schlugen vor dem Mond hin und her, sonst war nichts zu sehen. Mamma Carlotta beschloss, in allen Räumen Licht zu machen, in der Hoffnung, dass Diebe und Mörder von der Helligkeit abgeschreckt wurden. Als sie in die Küche trat, fuhr ein Auto vor. »Enrico! Endlich!«

Sie zog ihren Schwiegersohn über die Schwelle und drückte ihn an sich, als wäre er der einzige Überlebende einer Schiffskatastrophe. Dann zog sie ihm die Jacke von den Schultern, hängte sie an die Garderobe, drängte Erik ins Wohnzimmer, schob ihm den Sessel zurecht und drückte ihn hinein. »Möchtest du ein Bier?«

Keinen Handgriff durfte Erik selber machen. Das Glück, nun vor Sylter Halsabschneidern in Sicherheit zu sein, machte Mamma Carlotta so glücklich, dass sie ihrem Schicksal danken wollte, indem sie ihren Schwiegersohn nach Kräften verwöhnte.

Erik ließ sich zurücksinken und schloss die Augen, als Mamma Carlotta in die Küche hastete, um das Bier aus dem Kühlschrank zu holen. Lucia hatte auch immer auf ihn gewartet. Nie war sie schlafen gegangen, solange er noch nicht da war. Und auch sie hatte ihm, wenn er nach Hause kam, ein Bier hingestellt oder ihm einen Tee gekocht. Dann hatte sie ihn aufgefordert zu erzählen, was sich im Dienst zugetragen hatte. Er konnte sich alles Schreckliche von der Seele reden, was er gesehen hatte, den Ärger, den Überdruss und die Ungerechtigkeiten. Wenn er dann mit Lucia schlafen gegangen war, hatte er sich an sie geschmiegt und gewusst, dass er den nächsten Tag beginnen würde, ohne den letzten hinter sich herzuschleppen.

Er war dankbar, als Mamma Carlotta ihm sein Bier hinstellte, und hätte es ihr gerne gesagt. Aber er fürchtete sich vor der Rührung, die dieses Bekenntnis hervorrufen würde, vor den Erinnerungen und all dem, was diverse Mitglieder der Familie Capella zum Thema Dankbarkeit gesagt hatten. Also begnügte er sich mit einem schlichten »Danke«, setzte das Glas an und trank es zur Hälfte leer. »Genau das habe ich gebraucht.«

»Wurde wieder eine Frau ermordet, Enrico? Madonna! Was ist das nur für eine Insel, auf der ständig gemordet wird!«

Erik legte seiner Schwiegermutter umständlich dar, dass die Kriminalitätsrate auf Sylt ziemlich niedrig sei und Gewaltverbrechen ausgesprochen selten seien, aber Mamma Carlotta wollte davon nichts hören.

»Was ist nun? War es wieder eine Frau? Derselbe Mörder?«

Erik zuckte die Schultern. »Das weiß ich noch nicht.«

Er wollte eigentlich nichts erzählen, nichts preisgeben, nichts verraten, was in ihm noch nicht zur Klarheit gefunden hatte. Aber war ihm früher nicht manches gerade dann klar geworden, wenn er es vor Lucia ausgesprochen hatte? Hatte es nicht oft gereicht, in ihre Augen zu sehen, ihre Zustimmung oder ihre Ablehnung zu erleben, um eine Ahnung davon zu bekommen, wie der Fall zu lösen war?

Erik stellte fest, dass seine Schwiegermutter sich ebenfalls ein Bier einschenkte, obwohl sie doch Bier nicht besonders gern mochte. Sie wollte sich ihm also zugesellen. Indem sie trank, was er trank, wollte sie auch seine Gedanken teilen.

»Ja, eine Frau«, entgegnete Erik und sagte sich, dass Mamma Carlotta am nächsten Morgen sowieso davon in der Zeitung lesen würde. »Du kennst sie sogar.«

»Etwa Frau Kemmertöns?« Erleichtert atmete sie auf, als Erik den Kopf schüttelte. »Die Bäckersfrau? Eine der Kassiererinnen bei Feinkost Meyer? Die Kampener Friseurin? Die Schwester von Christa Kern oder ihre Putzfrau? Oder ... oder etwa Ulla Andresen?«

Mamma Carlotta brauchte lange, um über den Schreck hinwegzukommen, über das Mitleid für das arme Kind, das nun mutterlos war, über die Anteilnahme für Ulla Andresen, die die Genesung ihres Kindes nicht mehr miterleben durfte, und über das Leben, das sie doch noch vor sich gehabt hatte. Den Täter hatte sie dagegen sehr schnell gefunden. »Das war ihr Mann, todsicher!«

»Welchen Grund sollte er haben?«, fragte Erik sanft. »Welches Motiv? Er hätte seinem Kind die Mutter genommen.«

Diesen Einwand fand Mamma Carlotta zwar stichhaltig, aber sie kam schnell zu der Überzeugung, dass Menschen wie Wolf Andresen kein Mitleid kannten, nicht einmal das Mitleid mit dem eigenen Kind. »Seine Frau verachtete ihn, und deshalb hat er sie umgebracht.«

»Woher weißt du, dass seine Frau ihn verachtete?«

Mamma Carlotta wurde schlagartig zu Anna Rocchi und erschrak zu Tode. Doch sie schaffte es, sich nichts anmerken zu lassen. »Ich habe einmal mit Frau Andresen geplaudert, das habe ich dir doch erzählt.«

»Aber warum sollte er sie umbringen? Wenn er mit ihr unglücklich war, hätte er sich scheiden lassen können.«

»Nein, er wollte Rache. Und er wollte das Kind für sich haben. Vielleicht hatte Ulla aber auch herausgefunden, dass er Christa Kern ermordet hat, und ihm gedroht, ihn anzuzeigen.«

Diesen Aspekt fand Erik bemerkenswert, aber er schüttelte ihn schnell wieder ab. »Es sieht alles danach aus, als wäre derselbe Täter wie bei Christa Kern am Werk gewesen. Und du weißt doch, dass der DNA-Test Andresen entlastet hat.«

»Dieser dumme DNA-Test«, schimpfte Mamma Carlotta. »Die Krimis von Miss Marple und Sherlock Holmes waren viel spannender. Die hatten nicht so einen DNA-Test, der alles erklärte. Die mussten noch richtig nachdenken!«

Erik fühlte sich angegriffen. Gekränkt trank er sein Glas leer und machte Anstalten, sich zu erheben. »Ein DNA-Test ersetzt keineswegs die kriminalistische Arbeit«, erklärte er steif.

Mamma Carlotta merkte nicht, dass sie dem Hauptkommissar zu nahe getreten war. »Wirst du auch diesmal einen DNA-Test machen lassen?«, fragte sie. »Gibt es überhaupt wieder … na, du weißt schon … gibt es wieder etwas, was sich testen lässt?«

»Was meinst du?«, fragte Erik und genoss den Gegenschlag. Wer ihm unterstellte, er müsse für die Lösung eines Falles nicht mehr richtig nachdenken, dem geschah es ganz recht, wenn er gezwungen wurde, das Wort Sperma auszusprechen.

Aber Eriks Rache lief ins Leere. Mamma Carlotta stellte fest, dass man dafür erst Dr. Hillmots Arbeit abwarten musste. »Er wird was finden – oder auch nicht. Und wenn er etwas findet, wird das überhaupt nichts bedeuten. Selbst wenn diesmal der Test positiv ausfallen sollte! Schließlich war Wolf Andresen der Ehemann der Toten. Dann beweist der DNA-Test lediglich, dass die Ehe der Andresens besser war, als man dachte.«

Erik lächelte und nickte. Dass es mittlerweile einen anderen Verdächtigen gab, brauchte seine Schwiegermutter nicht zu wissen. »Ich gehe jetzt schlafen«, teilte er ihr mit und sah zu, wie sie die Biergläser in die Küche trug. Auf der Glasplatte waren feuchte Ringe zurückgeblieben. Stirnrunzelnd betrachtete Erik das Durcheinander in seinem Bücherregal. Nachdem Lucia bei ihm eingezogen war, hatte er es irgendwann aufgegeben, seine Bücher alphabetisch zu ordnen, damit sie schnell zu finden waren. Was mochte Andresen bewegen, seine Bücher nach der Größe zu ordnen? Waren es wirklich Zwangshandlungen, so wie Sören glaubte? Konnte Andresen nicht anders, als immer wieder diese Ordnung herbeizuführen? Litt er, wenn seine Ordnung angetastet wurde?

Erik konnte den Gedanken nicht zu Ende denken, denn er stellte fest, dass seine geliebten grünen Kissen mal wieder durcheinander geraten waren. Die Kinder wussten, dass er es liebte, wenn zwei in jeder Sofaecke lehnten, jeweils ein hellgrünes und ein dunkelgrünes. Lucia hatte für diese Ordnung keinen Sinn gehabt, genau wie seine Schwiegermutter. Jetzt lagen zwei Kissen völlig zerdrückt in einem Sessel, das dritte lag auf der Erde, das vierte auf der Fensterbank. Erik nahm sie, schüttelte sie auf und stellte sie sorgfältig in den Sofaecken auf. Zufrieden betrachtete er sein Werk. Er fand, dass jedes Wohnzimmer anheimelnd wirkte, wenn die Kissen einen schönen Platz hatten und nicht zerdrückt waren.

»Gute Nacht!«, rief er der offenen Küchentür zu, während er die Treppe in die erste Etage hinaufstieg.

»Buona notte«, schallte es zurück.

Oben angekommen, spürte Erik das schlechte Gewissen. Seine Schwiegermutter hatte noch nicht viel erlebt, seit sie auf der Insel war. Hoffentlich gelang es ihm, die beiden Mordfälle bald zu lösen, damit er mit Mamma Carlotta noch ein paar schöne Ausflüge machen konnte. Sie sollte doch etwas sehen von seiner Heimat, von der Insel, auf der ihre Tochter glücklich gewesen war.

Er machte kehrt und stieg die Treppe wieder hinab. Aber ehe er Mamma Carlotta eine Wanderung durch die Vogelkoje und eine Schiffsfahrt nach Dänemark offerieren konnte, fragte sie: »Hat Andresen diesmal auch ein Alibi?«

Erik nickte. »Es scheint so, allerdings haben wir es noch nicht überprüft. Er behauptet, er sei zur Tatzeit auf der Suche nach seiner neuen Aushilfe gewesen.« Er stockte und schlug sich vor die Stirn. »Jetzt hätte ich es beinahe schon wieder vergessen! Es gibt da jemanden, der neuerdings bei Fisch-Andresen arbeitet. Eine Italienerin, die genauso köstliche Vorspeisen macht wie du. Du solltest dich mit dieser Anna Rocchi bekannt machen, dann hast du Gesellschaft. Geh doch einfach mal in den Laden und sieh sie dir an. Morgen Vormittag wird sie dort erwartet.«

Mamma Carlotta hatte ihm, während er sprach, den Rücken zugekehrt und sich mit sinnlosen Arbeiten beschäftigt. Das war Erik jedoch nicht aufgefallen, der sowieso der Meinung war, dass italienische Hausfrauen nicht effektiv arbeiteten, sondern vor allem so, dass ein Zuschauer glauben musste, sie schufteten sich zu Tode. Jetzt wandte sie sich um. »Wirst du morgen bei Andresen sein?«, fragte sie.

Erik nickte. »Natürlich! Wir müssen uns gründlich in Ulla Andresens Sachen umsehen. Vielleicht findet sich dort ein Hinweis auf ihren Mörder.« Er dachte kurz nach. »Ich sollte auch mit dieser Anna Rocchi sprechen. Kann ja sein, dass Ulla ihr etwas anvertraut hat. So von Frau zu Frau ...«

Er gähnte und machte sich ein zweites Mal an den Aufstieg in die erste Etage. Diesmal endgültig. Mamma Carlotta blickte ihm nach, bis seine Füße nicht mehr zu sehen waren. Sie fühlte sich so schlecht wie damals, als sie heimlich einen großen Teil von Dinos Ersparnissen abgehoben hatte, um Guido ein Moped zu kaufen. Als der Junge knatternd ums Haus gefahren war, hatte Dino gleich die Wahrheit geahnt. Und als er eine halbe Stunde später einen Rückfall bekam, hatte seine Frau sich zur Strafe mehrere Rosenkränze auferlegt und ein ganzes Jahr auf das Tiramisù verzichtet, das sie nach dem Einkauf auf dem Markt in der Pasticcieria von Signora Iliescu zu sich zu nehmen pflegte. Zwar hatte sie bei der Gelegenheit feststellen dürfen, dass Signora Iliescus Apfelkuchen genauso gut schmeckte, aber sie fand, das tat nichts zur Sache. Sie hatte jedenfalls ihr Gelübde gehalten. Vielleicht brauchte sie ja gar nicht zu beichten, dass sie Erik hintergangen hatte? Und wenn es sich doch als notwendig erweisen sollte, dann würde sich vielleicht ein guter Grund finden, mit dem sie erklären konnte, warum sie sich Anna Rocchi genannt und bei Fisch-Andresen ihr erstes Geld verdient hatte, ohne ihren Schwiegersohn darüber zu informieren.

17

Ein weiterer Mord! Schläft die Kriminalpolizei auf Sylt? Wie viele Bürger müssen noch ihr Leben lassen, bis die Hüter der Ordnung dem Mörder endlich das Handwerk legen?

Wolf Andresen sah blass aus, seine Augen waren rot gerändert, als hätte er wenig geschlafen. Aber sein Haar war so sorgfältig gescheitelt wie immer, sein Hemd und seine Schürze mit der Aufschrift *Fisch-Andresen* waren so makellos wie an jedem Morgen. Als Erik und Sören kurz vor neun vor seiner Ladentür erschienen, rückte er gerade die Hummer-Attrappe zurecht, die von den vielen Windstößen, die mit den Kunden ins Schaufenster fuhren, aus ihrer korrekten Haltung gerückt war. Er begrüßte die beiden Beamten mit einem knappen »Moin«, dann wandte er sich um und begann sein Warensortiment zu ordnen.

»Wollen Sie wirklich den Laden öffnen?«, fragte Erik.

Andresen nickte. »Arbeit lenkt ab. Und die Waren sind ja auch geliefert worden.« Er wies auf das zackige Heer der Makrelen und Heringe, die sich unter seinem Kommando bereits in Reih und Glied aufgebaut hatten. »Björn muss jeden Augenblick kommen. Wenn er nicht mit Lieferungen unterwegs ist, kann er den Laden machen, falls ich es nicht schaffe. Und Signora Rocchi wird ja auch bald erscheinen. Meist kommt sie zwischen zehn und elf.«

»Denn es ist Ihnen ja nicht gelungen, sie früher zu bestellen«, vollendete Erik.

In diesem Augenblick öffnete sich die Ladentür, und der Auslieferer trat ein. »Moin!« Er stockte, strich sich unruhig über den Unterbauch und sah die beiden Beamten unsicher an. »Haben Sie den Mörder von Frau Kern endlich gefunden?«

Es sollte locker klingen, vielleicht sogar schnoddrig, aber Erik ließ sich nicht täuschen. Er hielt Björn Mendes Blick fest, als er sagte: »Es hat einen zweiten Mord gegeben. Frau Andresen wurde gestern Abend tot aufgefunden.«

Björn erstarrte, seine Augen öffneten sich weit, seine Unterlippe sank herab, es schien eine Ewigkeit zu vergehen, bis Eriks Worte in seinem Kopf angekommen waren. Als es so weit war, stöhnte er auf, griff sich mit der Linken zum Hosenschlitz und tastete mit der Rechten nach einem Halt. Andresen sprang hinzu, als Björns Hand den Rand eines Tabletts in der Auslage erwischte, das hochschnellte und die Sprotten, die dort in vollkommener Symmetrie angeordnet waren, durcheinanderbrachte. Man sah Andresen an, dass es ihm schwerfiel, auf eine unfreundliche Bemerkung zu verzichten.

Er griff nach dem Arm seines Auslieferers und drückte ihn so fest, dass sich dessen Gesicht schmerzhaft verzog. »Ja, es ist schrecklich«, sagte er leise und eindringlich. »Schrecklich für uns alle. Am schrecklichsten für Saskia.« Dann ließ er Björn los und machte sich daran, die Sprotten wieder Flosse an Flosse zu legen.

In Björn Mende schien Übelkeit aufzusteigen. Ohne ein Wort verschwand er in dem Raum hinter der Theke, kurz darauf hörte man eine Tür klappen und einen Schlüssel, der sich im Schloss drehte.

Erik wandte sich wieder an Andresen. »Schicken Sie den jungen Mann bitte zu uns, wenn er sich gefasst hat. Wir haben ein paar Fragen an ihn.« Er machte einen Schritt auf den Perlenschnurvorhang zu. »Wir möchten uns ein wenig umsehen.« Er zerteilte den Vorhang und trat in das Zimmer, das noch vor wenigen Tagen drückend eng und wie von Gewitterschwere erfüllt gewesen war. Jetzt schien es größer geworden zu sein, und es war merklich kühler im Raum.

»Ich habe die Heizung abgestellt«, erklärte Andresen. »Die brauchen wir ja zurzeit nicht.«

Erik sah sich um. »Wo können wir anfangen? Wo bewahrte Ihre Frau Briefe auf, Tagebücher, Rechnungen ...?«

Andresen wandte sich um und öffnete den Perlenschnurvorhang wieder. Er nickte zu dem Raum hinter der Theke. »Von dort geht die Treppe hoch in die erste Etage. Da ist Ullas Zimmer.«

Erik und Sören folgten ihm in die Fischküche, wo auf einer langen Anrichte alles bereitlag, was im Lauf des Tages verarbeitet werden sollte: Knoblauch, Tomaten, Basilikum, Zwiebeln, Fenchel, Zucchini, Auberginen ... So hatte es auch in der Küche am Süder Wung ausgesehen, als Mamma Carlotta für die Antipasti eingekauft hatte, die sie einlegen wollte. Italienerinnen waren anscheinend alle gleich, wenn es um ihre Vorspeisen ging. Die Rezepte unterschieden sich nur geringfügig.

Erik stockte, als ein Stöhnen aus dem Toilettenraum drang. Er warf Sören einen Blick zu und dachte an das, was Gaby Woicke ihnen erzählt hatte.

»Vielleicht sollten wir doch noch mal Dr. Baron anrufen«, raunte er seinem Assistenten zu, während sie hinter Andresen die Treppe hochstiegen.

Dieser blieb auf dem kleinen Flur stehen, sodass Erik und Sören auf den oberen Stufen verharren mussten. Erik fühlte sich unwohl, während er zu Andresen aufsah, aber es blieb ihm keine Wahl. Noch weniger, als zu ihm aufzusehen, wollte er sich eng an seine Seite drücken.

Wolf Andresen stand vor einer Tür, die nur angelehnt war. »Das ist ... das war ihr Schlafzimmer. Allerdings benutzte sie es nur selten. In letzter Zeit schlief sie meist unten auf dem Sofa, Saskias Bett neben sich. Die Zimmer hier oben sind sehr klein. Saskias Bett hätte nicht in Ullas Schlafzimmer gepasst, und umgekehrt war es genauso.«

Erik warf einen Blick in jedes Zimmer. Ins Wohnzimmer, das er schon kannte und das keine Spuren des vergangenen Abends mehr trug, ins Kinderzimmer, das mit dem Bett und einem Schrank voller Spielsachen kaum noch Platz zum Spielen ließ, und in Ullas Zimmer, das aussah, als wäre es mal ein Speicherraum gewesen und notdürftig mit einer hölzernen Decken- und Wandverkleidung zu einem Schlafzimmer umfunktioniert worden. Daneben gab es das einzige geräumige Zimmer dieser Wohnung. Andresens Schlafzimmer, das sicherlich mal ein Eheschlafzimmer gewesen war, bevor Ulla es vorgezogen hatte, sich ein eigenes Reich in einem Bodenraum zu schaffen.

Ullas Bett war ordentlich gemacht, das Zimmer aufgeräumt, alles war an seinem Platz, nichts deutete darauf hin, dass sich noch am Tag zuvor eine Frau hier aufgehalten hatte. Anscheinend war Ullas Leben in den letzten Wochen tatsächlich Tropfen für Tropfen in den Raum neben dem Fischladen gesickert. Erik nahm sich vor, sich auch dort umzusehen, wenn sie mit diesem Raum fertig waren.

Er war froh, dass Andresen sich zurückzog. Als Eriks Handy klingelte, hörte er Andresens Schritte noch auf der Treppe, aber als er es aus seiner Jackentasche fingerte, endeten die Schritte, sie entfernten sich nicht. Anscheinend war Andresen auf einer der unteren Treppenstufen stehen geblieben, um das Telefongespräch zu belauschen.

Erik beschränkte sich daher im Wesentlichen aufs Zuhören.

»Die Frau muss von dem Angriff überrascht worden sein«, berichtete Dr. Hillmot. »Genau wie Christa Kern. Abwehrspuren gibt es keine. Sie hat den Täter anscheinend gekannt. Überlegen Sie mal, Wolf: Wenn ein Fremder plötzlich die Autotür öffnet, fährt man doch herum, starrt diesen Fremden an, fragt ihn, was er will ... Verstehen Sie? Ulla Andresen lehnte jedoch im Sitz, das Gesicht der Windschutzscheibe zugewandt.«

»Was schließen Sie daraus?«, fragte Erik.

»Möglich, dass sie sich zunächst umgesehen hat, als die Tür geöffnet wurde. Aber dann hat sie vielleicht gesagt: ›Ach, du bist es‹ und hat sich wieder zurückgedreht.«

»Klingt logisch«, bestätigte Erik. »Und sonstige Spuren?« Er vermied es, die Spuren, an die er dachte, beim Namen zu nennen, solange Andresen auf der Treppe stand.

Dr. Hillmots Stimme frohlockte. »Wieder Sperma!«

»Wo?«

»Diesmal in der Vagina. Das heißt, Ulla Andresen hatte kurz vor ihrem Tod Geschlechtsverkehr.«

»Kurz vorher? Woher wissen Sie das?«

»Die Spermien waren noch aktiv.« Dr. Hillmot räusperte sich. »Und die Menge des Ejakulats, das wir gefunden haben, weist darauf hin, dass der Geschlechtsverkehr erst kurz vorher stattgefunden haben kann.«

»Irgendwelche Zeichen von Gewaltanwendung?«

»Keine. Sie haben es ja gesehen: Auch diese Leiche war vollständig bekleidet. Nein, wenn Sie mich fragen, hat sie im Auto ein Schäferstündchen gehabt und sich danach wieder angezogen.«

»Und wurde dann von ihrem Lover umgebracht?«

»Kann sein. Er hat sich verabschiedet, ist dann ausgestiegen, hat so getan, als ginge er weg und dann ... Aber das ist ja nicht meine Arbeit.« Dr. Hillmot schnaufte vernehmlich. Die Arbeit, die zurzeit auf Sylt für ihn anfiel, war ihm eindeutig zu viel. Und Eile war auch nicht gerade sein Ding. Aber trotzdem sah er ein, dass Gemütlichkeit erst wieder einziehen konnte, wenn die beiden Mordfälle gelöst waren. »Die DNA ist bereits in der Mache. Wenn die Spuren alle übereinstimmen, steht der Täter fest.«

»So ist es«, bekräftigte Erik und beendete das Gespräch. Während er das Handy wegsteckte, hörte er Andresens Schritte, die sich durch die Fischküche entfernten.

Erik lauschte eine Weile, dann sagte er zu Sören, ohne ihn anzusehen: »Habe ich Ihnen erzählt, dass die Staatsanwältin heute Morgen angerufen hat?«

Sören sah überrascht auf. Normalerweise brauchte Erik viel Zeit und jede Menge Pfeifentabak, um sich von einem Telefongespräch mit der Staatsanwältin zu erholen, und sein Schnauzer war anschließend so glatt wie nie. Zwischen den beiden bestand eine Antipathie, deren Ursprung niemand kannte, über die aber immer wieder gerätselt wurde. Der wahre Grund war derart pikant, dass Erik nie darüber geredet hatte. Er war der einzige Polizeibeamte, der wusste, was sich gelegentlich unter dem Rock der Staatsanwältin zutrug. Er hatte ihr Dienstzimmer betreten wollen, viel zu leise angeklopft und darüber hinaus nicht auf ihre Aufforderung einzutreten gewartet. Zwei Todsünden auf einmal. Die Staatsanwältin hatte Hauptkommissar Erik Wolf nie verziehen, dass er von ihren pfirsichfarbenen Unterröcken wusste und von ihrer Gewohnheit, sich die Unterseite der Oberschenkel zu kratzen, wenn sie nachdachte. Und da sie nicht glauben konnte, dass es Menschen gab, die den Einblick in solche Schwächen für sich behielten, missfiel ihr jeder Beamte, der im Polizeirevier Westerland Dienst tat.

»Und?«, fragte Sören. »War sie wieder so biestig?«

Erik schüttelte den Kopf. »Dieser Fall von Kindesmissbrauch und Kinderpornografie, der Schleswig-Holstein zurzeit erschüttert, hat ihr anscheinend den Blick geschärft für das Wesentliche im Leben. Zum Beispiel ist ihr aufgefallen, dass im Westerländer Kriminalkommissariat ordentlich gearbeitet wird.«

Sören grinste ungläubig. »Ehrlich?«

»Vielleicht ist sie auch einfach nur dankbar dafür, dass sie der Presse mal auf etwas anderes antworten darf als auf die Frage, welche honorigen Schleswig-Holsteiner Bürger noch in die Kinderpornografie-Affäre verstrickt sind. Sie schien sehr froh zu sein, dass den Reportern die beiden Morde auf Sylt endlich aufgefallen sind. Und sie hat mich sehr freundlich gebeten, der Pressekonferenz beizuwohnen, die an diesem Wochenende in Flensburg stattfinden soll. Vermutlich am Sonntag.«

Sören konnte es nicht fassen. »Sie hat Sie gebeten? Und dann noch freundlich? Nicht zu glauben!«

Erik konnte in seine Euphorie nicht einstimmen. »Abwarten, Sören! Wenn die Presse am Sonntag mit schwerem Geschütz auffährt, wird es mit der Freundlichkeit bald ein Ende haben.«

Felix zog seine übergroße Jeans so weit herunter, dass der Reißverschluss zwischen seinen Schenkeln baumelte, die Gesäßtaschen mit den Händen nicht zu erreichen waren und die Hosenbeine wie Ziehharmonikas auf seine Füße fielen. Die Schuhe, die er trug, waren die breitesten, die er besaß. Und da er auf die Schnürung verzichtet hatte, sahen sie noch breiter aus.

Mamma Carlotta betrachtete ihn kopfschüttelnd. »Ich hoffe, das ziehst du nicht an, wenn du mich das nächste Mal in Umbrien besuchst.«

»Das ist cool, Nonna!« Felix hängte sich seiner Großmutter völlig uncool an den Hals. »Was wirst du Andresen sagen, wenn er dich fragt, warum du heute nicht gekommen bist?«

»Der wird jetzt andere Sorgen haben«, warf Carolin ein. »Aber was ist, wenn Papa mit Anna Rocchi reden will?«

Mamma Carlotta zuckte hilflos die Schultern. Und wie immer, wenn die Hilflosigkeit sie übermannte, gab sie ihren Händen und ihrer Stimme etwas zu tun, die den Zustand der Hilflosigkeit nicht kannten. Sie ordnete Felix' Haare und klagte über den Verlust seiner schönen dunklen Locken, die dem letzten radikalen Haarschnitt zum Opfer gefallen waren. Sie zupfte Carolin ein paar Strähnen aus den straff zusammengebundenen Haaren und rief: »Ecco, Carolina! So bist du noch hübscher!« Sie strich über die Wand und stellte fest, dass der Maler bestellt werden sollte. Anschließend zupfte sie noch eine vertrocknete Blüte von einem Alpenveilchen und verkündete ihren festen Vorsatz, sämtliche Blumen zu gießen, sobald die Kinder aus dem Haus seien. Erst dann antwortete sie: »Vielleicht geht ja doch noch alles gut. Euer Vater wartet auch diesmal wieder auf das Ergebnis des DNA-Tests, das hat er mir erzählt. Obwohl ich nicht weiß, was in diesem Fall getestet werden soll. Und wenn nach dem nächsten DNA-Test Andresen wieder nicht der Mörder sein soll, dann werde ich es wohl glauben müssen. Obwohl es mir schwerfällt!« Sie seufzte bühnengerecht und fuhr sich durch die Locken, als wollte sie den Regisseur bitten, dieselbe Szene noch einmal zu proben. »In dem Fall gebe ich die Arbeit bei ihm einfach auf. Ich werde ihm erklären, dass ich nach Italien zurück muss. Und er wird eurem Vater dann sagen, dass mit Anna Rocchi nicht mehr zu reden ist. Basta!«

Carolin strich ihrer Nonna zum Abschied über die Wange. »Am besten, du gehst ein wenig am Meer spazieren, das beruhigt.«

»So hat Mama es auch immer gemacht«, nickte Felix. »Du weißt doch, Nonna«, fügte er tapfer an, »am Meer hängen die Wolken tief. Da ist der Himmel ganz nah.«

Er schluckte, dann war er wieder der coole Typ, der nicht so aussah, als würde er jemals weinen oder mit seiner Nonna kuscheln. Carolin lächelte, wie eine Lehrerin einen unvernünftigen, aber durchaus liebenswerten Schüler anlächelt, dann sah Mamma Carlotta den beiden vom Fenster aus nach und dankte dem Himmel für diese wunderbaren Enkelkinder. Und da sie ebenfalls glaubte, dass der Himmel am Meer besonders nahe war, zog sie sich Eriks Jacke über und machte sich auf den Weg zum Strand.

Erik saß auf dem einzigen Stuhl in Ullas Zimmer, Sören hockte auf dem Heizkörper. Auf der Bettkante wäre es zwar bequemer gewesen, aber jeder Ermittler versuchte, wenn er in die Intimsphäre eines Opfers eindringen musste, eine gewisse Distanz zu wahren.

Sie hatten bisher nicht viel entdecken können. »Nichts, was auf ihre Beziehung zu Björn Mende schließen lässt«, stellte Sören fest.

»Kein Wunder«, gab Erik zurück. »Welche Ehefrau bewahrt schon etwas zu Hause auf, was ihren Seitensprung verrät?«

Sören, der ohne jede Eheerfahrung war, konnte dazu nichts beitragen. »Keine verräterischen Rechnungen«, jammerte er, »kein Tagebuch, auch keins von der Therapiegruppe. Vielleicht finden wir im Erdgeschoss etwas?«

»Sicherlich nichts, was sie vor ihrem Mann geheimhalten wollte. Und alles andere ist wahrscheinlich uninteressant für uns.« Erik griff zu einem Stapel alter Briefe, teilte ihn gewissenhaft in zwei Hälften und reichte Sören eine davon. »Lass uns die noch durchgehen. Vielleicht findet sich dort ein Hinweis. Heute Nachmittag sehen wir uns dann im Erdgeschoss um.«

Sören nickte und begann lustlos zu blättern. »Briefe von ihren Eltern, Todes- und Geburtsanzeigen, Danksagungen mit Babyfotos, nur so familiäres Zeug.«

»Lesen Sie es trotzdem.«

»Es gibt nichts Langweiligeres«, stöhnte Sören, »als familiäre Post.« Er stöhnte noch einmal, aber als sich in Eriks Gesicht keine Spur von Mitleid zeigte, ergab er sich in sein Schicksal. Erst als Schritte auf der Treppe ertönten, legte er die Umschläge zur Seite.

Björn Mende trat ins Zimmer. »Herr Andresen hat gesagt, ich soll mich bei Ihnen melden.«

Sören sah seinen Chef fragend an, als der jedoch keine Anstalten machte, das Blatt, das er studierte, aus der Hand zu legen, begann er selbst mit der Befragung: »Sie haben hier im Haus gearbeitet, Herr Mende, Sie haben Frau Andresen also oft gesehen. Vielleicht haben Sie sie sogar gut gekannt? Besonders gut?«

Björn sah ihn nicht an, als er den Kopf schüttelte. »Sie war die Frau des Chefs.«

»Mehr nicht?«

»Mehr nicht.«

»Können Sie uns irgendwas sagen, was uns helfen könnte? Haben Sie einen Verdacht? Kennen Sie ein Motiv? Wissen Sie, ob Frau Andresen Feinde hatte?«

Björn schüttelte schweigend den Kopf, die Hände, die er hinter dem Rücken verschränkt hatte, zuckten nach vorn. Anscheinend hatte sich der Griff zu seinem Hosenschlitz derart automatisiert, dass er ihn nur unter Aufbietung aller Kräfte vermeiden konnte.

»Wann haben Sie Frau Andresen das letzte Mal gesehen?«

»Gestern Nachmittag. Ich traf sie vor der Tür, als ich eine Fischplatte nach Keitum bringen wollte. Sie ging gerade zu ihrem Auto, um wegzufahren.«

»Danach haben Sie sie nicht noch einmal gesehen?«

»Nein.«

»Ist Ihnen was aufgefallen? War irgendwas anders als sonst?« Sören warf seinem Chef einen verzweifelten Blick zu, der sich offenbar immer noch nicht an der Befragung beteiligen wollte.

Björn schüttelte den Kopf. »Nein, sie war wie immer.«

»Wie war sie denn ... immer?«

Nun waren Björns Hände nicht mehr zu halten. Nervös tasteten sie den Hosenreißverschluss herauf und herunter. »Es ging ihr nicht besonders gut. Sie wissen ja, Saskias Krankheit, die Angst, dass sie stirbt. Und Frau Andresen war ja regelrecht eingesperrt im Haus. Nie konnte sie ausgehen, sie musste immer bei dem Kind bleiben. Die Kleine hatte schreckliche Angst, wenn die Mutter nicht da war.«

»Hat Frau Andresen denn nicht Hoffnung geschöpft? Die Operation des Kindes stand doch kurz bevor, ihr Mann hatte genug Geld im Spielkasino gewonnen. Ein seltsamer Zufall, aber ein sehr glücklicher ...« Sören beobachtete Björn scharf, der aber mit keiner Regung erkennen ließ, was er von diesem Zufall hielt. »Frau Andresen war doch sicherlich froh, dass ihrem Kind nun vielleicht geholfen werden konnte.«

Björn nickte. »Ja, aber inzwischen steht alles wieder in Frage. Saskia geht es schlechter denn je. Sie wird künstlich beatmet, das hat mir Frau Andresen gestern erzählt, als ich sie vor dem Haus traf.«

Nun sah Erik endlich auf und schien sich an dem Gespräch beteiligen zu wollen. Aber zu Sörens Verwunderung bat er nur: »Schreiben Sie uns Ihre Adresse auf, Herr Mende. Falls wir noch weitere Fragen haben.«

»Ich wohne nebenan, in der Pension Störtebeker«, gab Björn zurück. »Jedenfalls, solange ich auf Sylt bin. Meine Hauptwohnung ist in Husum.«

Erik blickte wieder auf den Brief und schien nur darauf zu warten, dass Björn Mende sich umdrehte und ging.

»Wir müssen Sie bitten, fürs Erste die Insel nicht zu verlassen«, erklärte Sören. »Alle, die mit Ulla Andresen irgendwie Kontakt hatten, müssen zu unserer Verfügung bleiben.«

»Geht klar«, antwortete Björn und verließ das Zimmer.

Er war noch auf der Treppe, als Erik sagte: »Sehen Sie sich diesen Brief an, Sören. Der Name kommt mir irgendwie bekannt vor. Haben Sie den nicht kürzlich erwähnt? Und der Schreiber hat mal in der Firma Kern gearbeitet. Das könnte doch die Firma von Christa Kerns verstorbenem Mann sein.«

Sören griff zu dem Brief. »Jens Gühlich! Natürlich! Das ist Tove Griess' Schwager. Der Mann, der seine Frau umgebracht hat.«

»Toves Schwester?«

»Ja! Weil sie ihn betrog!«

»Mit Fietje Tiensch!«

»Fünfzehn Jahre hat er gesessen, und vor kurzem ist er entlassen worden. Wieso hat er Ulla Andresen geschrieben?«

»Er war ihr Cousin.«

Während Sören noch las, rief Erik nach Wolf Andresen. Der brachte einen Schwall eiskalten Fischgeruchs mit herein. Und er sah sich in dem Zimmer um, als wäre er lange nicht mehr dort gewesen.

»Sagt Ihnen der Name Jens Gühlich etwas?«, fragte Erik.

Andresen dachte kurz nach und nutzte diese Zeit, um die Tür so weit aufzuschieben, dass sich die untere Kante mit einer Linie des gestreiften Teppichbodens deckte. »Der Cousin meiner Frau! Er hat Ulla immer wieder aus dem Gefängnis geschrieben, wollte Kontakt haben, weil er sich einsam fühlte. Er versuchte es immer wieder mit der Mitleidstour. Aber wer hat schon Mitleid mit einem Mörder?«

»Ein paar Mal muss Ihre Frau ihm aber trotzdem geschrieben haben. Er bedankt sich für ihre Briefe.«

»Schon möglich. Er war nun mal ihr Cousin.«

Nun mischte sich Sören ein. »Jens Gühlich schreibt, dass von den früheren Kollegen der Firma Kern keiner auf seine Briefe geantwortet hat. Ist damit das Unternehmen gemeint, das Christa Kerns Mann gehörte?«

Andresen zuckte zusammen. »Keine Ahnung! Ich wusste nicht, wo Jens Gühlich arbeitete. Ich habe ihn nie kennen gelernt. Als Ulla und ich heirateten, war er schon inhaftiert.«

»Wissen Sie, was das für eine Firma war, die Christa Kerns Mann gehörte?«

»Er hatte irgendwas mit Autos zu tun, das hat sie mir erzählt«, gab Andresen zögernd zurück. »Ich glaube, er hatte einen Kfz-Handel.«

»Wo?«

»Wahrscheinlich in Dortmund. Dort hat Christa Kern ja gewohnt, bevor sie nach Sylt zog.«

Als Andresen die Treppe hinabstieg, rief Erik ihm nach: »Ist Signora Rocchi inzwischen gekommen? Dann schicken Sie sie bitte herauf.«

»Sie müsste eigentlich längst da sein«, rief Andresen zurück. »Aber bis jetzt ist sie nicht erschienen.«

Kurz darauf erschien Rudi Engdahl in der Tür. »Ich komme aus dem Dünenhof zum Kronprinzen.«

Erik erhob sich, zog Rudi Engdahl herein und schloss die Tür. Sören schob das Dachfenster auf, um mit frischer Luft den Platzmangel zu vertreiben.

»Was ist nun?«, fragte Erik. »Hat Andresen ein Alibi?«

Engdahl schüttelte den Kopf. »In den drei Wohnungen, in denen er nach Anna Rocchi gefragt hat, kann man sich zwar an ihn erinnern. Zwei der Befragten haben aber keine Ahnung mehr, um welche Zeit er bei ihnen geklingelt hat. Die haben Ferien, da guckt man nicht so oft auf die Uhr. Der Dritte sagt, es wäre schon beinahe halb acht gewesen. ›Das Quiz‹ mit Jörg Pilawa hätte schon begonnen. Er hat sich nämlich geärgert, dass er dabei gestört wurde.«

»Und wann beginnt ›Das Quiz‹?«, fragte Erik.

»Um zwanzig nach sieben«, erklärte Engdahl.

»Der Weg von Braderup nach Wenningstedt dauert nicht länger als zehn Minuten«, überlegte Erik. »Selbst wenn er vom Tatort erst zu seinem Auto laufen musste, brauchte er nicht länger als eine Viertelstunde. Allerhöchstens zwanzig Minuten. Nein, nein, ein Alibi ist das nicht.«

»Außerdem habe ich mit dem Hausmeister des Dünenhofs gesprochen«, fuhr Engdahl fort. »Er sagt, in dem Haus wohnt keine Italienerin von ungefähr fünfzig Jahren. Das wusste er ganz genau. Zwar besteht das Haus aus Eigentumswohnungen, die von ihren Besitzern selbst genutzt, aber auch vermietet werden. Der Hausmeister ist also nicht unbedingt darüber informiert, wer gerade ein Apartment bewohnt. Aber während der Vorsaison stehen ja die meisten leer. Zurzeit sind nicht einmal zehn bewohnt. Der Hausmeister hat schon jeden gesehen, der in diesen Tagen im Dünenhof wohnt. Und eine Frau, auf die Andresens Beschreibung passt, ist nicht dabei.«

»Seltsam.« Erik schüttelte den Kopf. »Man könnte meinen, diese Frau gibt es gar nicht.« Er nahm den Brief von Jens Gühlich an seine Cousine, steckte ihn ein und erhob sich. »Fragen wir mal Björn Mende. Wenn der die Frau auch noch nicht gesehen hat, halte ich sie für ein Phantom.«

Aber Björn bestätigte, bei Anna Rocchi handle es sich um eine Frau aus Fleisch und Blut. Dass sie im Dünenhof zum Kronprinzen völlig unbekannt war, erzeugte in Wolf Andresen einen geradezu hysterischen Ordnungswahn. Mit fliegenden Fingern schob er hin und her, was ihm in die Hände kam. Ärgerlich fragte Erik den Fischhändler: »Sie haben keine Erklärung dafür?«

»Nein, keine!«, stieß Andresen hervor. »Wahrscheinlich habe ich sie falsch verstanden, als sie mir ihre Adresse nannte.«

18

Der Himmel über dem Meer war hoch, sehr hoch. Klar war er nicht, keine Bläue wölbte sich über die See, nur ein nebelhaftes Dach, zu dünn, um Wolkendecke genannt zu werden. Mamma Carlotta seufzte. Nein, von Lucia war kein Fingerzeig zu erwarten. Musste sie Erik die Wahrheit gestehen? Ihm verraten, dass sie Anna Rocchi war, die sich bei Andresen eingeschlichen hatte? Weil sie nicht an unumstößliche Beweise und schon gar nicht an DNA-Tests glaubte? Wenn Erik sich an den Namen von Lucias Großmutter erinnern könnte, dann wäre sie sowieso längst entlarvt. Aber zum Glück hatten Männer ja ein anderes Gedächtnis als Frauen. Sie selbst hatte sich noch nach zwanzig Ehejahren an die Namen aller Hochzeitsgäste erinnert, die mit Dino verwandt waren, während er selbst Mühe hatte, sich die Namen ihrer Cousinen zu merken, die alle paar Wochen zu Besuch kamen.

Mamma Carlotta wandte dem Meer und dem Himmel tief deprimiert den Rücken zu, stieg die Holztreppe wieder hinauf und hielt nach Fietje Ausschau. In solchen Situationen half am besten eine angenehme Plauderei mit einem Menschen, der höchstens halb so gesprächig war wie sie selbst. Diese Therapie half im Übrigen auch bei Zahnschmerzen, Sorgen um Enkelkinder, Ungeziefer im Gemüsegarten und roten Socken in der Kochwäsche. Aber so gründlich sie sich auch umsah, Fietje war nicht zu sehen. Das Strandwärterhaus war verriegelt, auch die Toiletten für die Badegäste, die im hinteren Teil des Häuschens untergebracht waren, ließen sich nicht öffnen. Und hinter dem großen Fenster konnte Mamma Carlotta nur einen verwaisten Schreibtisch erkennen, auf dem es nichts gab, was an Fietje erinnerte. Wenn er neben dem Strandwärterhaus stand, um die Kurgäste zu kontrollieren, lag dort seine Pudelmütze. Wenn es ihm draußen zu kalt oder zu windig war und er seine Kontrollen hinter der Scheibe durchführte, hing sie am Haken, und Fietje saß an seinem Schreibtisch und zog eine bedeutsame Miene. Außerhalb der Hauptsaison machte Fietje nur Stippvisiten an seinem Arbeitsplatz. Anscheinend störte das niemanden, wenn er dafür in der Hauptsaison bereit war, rund um die Uhr zu arbeiten.

Enttäuscht gab Mamma Carlotta die Hoffnung auf eine Plauderei auf und stellte sich darauf ein, ihre Depression noch eine Weile zu ertragen. Ob Tove schon hinter den Kulissen seiner Imbissstube die Mittagsmahlzeiten vorbereitete? Es war einen Versuch wert, an der Rückseite des kleinen Backsteinhauses zu klopfen.

Schon als sie in den Hochkamp einbog, sah sie Toves zerbeulten Lieferwagen ankommen. Tove bemerkte Mamma Carlotta erst, als er aus dem Wagen sprang. Er blieb neben der Fahrertür stehen und trommelte nervös auf dem Außenspiegel herum, bis sie endlich vor ihm stand. »Gut, dass ich Sie sehe, Signora! Haben Sie schon das Inselblatt gelesen?«

»Das brauche ich nicht. Ich weiß auch so, dass schon wieder ein Mord geschehen ist.«

»Natürlich wissen Sie das! Klar! Der Hauptkommissar wird es Ihnen erzählt haben.« Tove zog die Zeitung aus der Tasche und drückte sie Mamma Carlotta in die Hand. Dann ging er zur Eingangstür von Käptens Kajüte und schloss sie auf. Er winkte ihr, ihm zu folgen.

Mamma Carlotta betrat den kalten, düsteren Raum, der noch kälter und düsterer wurde, als Tove die Tür wieder hinter sich abschloss. Er ließ die Fensterläden stets so lange geschlossen, bis er bereit war, dem ersten Gast die Pommes frites vorzusetzen.

Tove stellte die Heizung an und drückte den Lichtschalter. Erst als er auch den Herd, den Grill und die Kaffeemaschine angeschaltet hatte, wurde es ein wenig behaglicher in Käptens Kajüte.

Carlotta faltete das Sylter Inselblatt auseinander und erstarrte, als sie die Titelzeile las. *Schläft die Kriminalpolizei auf Sylt?* Sie schnappte nach Luft, suchte nach Worten, sah dann aber ein, dass es für die Unverschämtheit der Inselblatt-Reporter keine gab.

Aufgeregt begann sie zu lesen. Noch waren die Berichte dürftig, die Zeitungsreporter konnten nicht mit vielen Fakten aufwarten. *Weibliche Leiche auf dem Parkplatz an der Braderuper Heide aufgefunden!* Mamma Carlotta ließ die Zeitung sinken. Erik hatte den Tatort nicht erwähnt, nur von Ullas parkendem Auto hatte er gesprochen. »Das ist ja dort, wo wir uns gestern gesehen haben.«

»Wir? Gestern?« Tove gab sich große Mühe, so auszusehen, als verstünde er kein Wort. Aber es gelang ihm nicht besonders gut. »Ja, ja, schon möglich.«

»Warum haben Sie sich dort mit Fietjes Freund getroffen? Der Mann hat doch nach Fietje gefragt, nicht nach Ihnen!«

»Freund?« Tove spuckte das Wort in seine Fritteuse. »Sie haben vielleicht eine Ahnung.«

»Ist er nicht Fietjes Freund?«

»Nein, ist er nicht.«

»Was ist er dann?«

»Halten Sie sich da raus, Signora. Das ist besser für Sie.«

Mamma Carlotta war gekränkt. Eigentlich wollte sie sich auf der Stelle erheben, um beleidigt den Imbiss zu verlassen. Aber sie tat es nicht, weil sie merkte, dass trotz des unschön verlaufenden Gesprächs ihre Depression nachließ. Besser ein Gespräch mit einem ungehobelten Kerl wie Tove als gar keine Plauderei. Und Fietjes Freund, der keiner war, ging sie ja auch wirklich nichts an.

»Hat Ihr Schwiegersohn eine Ahnung, wer Ulla Andresen umgebracht hat?«, fragte Tove und ging in den Vorratsraum, um den Rotwein aus Montepulciano zu holen. Ihm war nicht verborgen geblieben, dass er Mamma Carlotta wehgetan hatte und wollte nun dafür sorgen, dass sie ihm verzieh. »Geht aufs Haus«, brummte er, während er das Glas füllte.

»Grazie«, murmelte sie, ohne den Blick zu heben.

Minutenlang blieb es still, wenn man mal von der Margarine absah, die sich schmurgelnd in der Pfanne auflöste. Erst als die Putenschnitzel aufschrien, die ins Fett geworfen wurden, hob Mamma Carlotta den Kopf. »Woher wissen Sie eigentlich, dass Ulla Andresen das Opfer ist? In der Zeitung steht nichts davon.«

»So was spricht sich schnell herum.«

»Davvero?« Mamma Carlotta nahm einen Schluck Rotwein und stellte erst dann erschrocken fest, dass es für Alkohol noch viel zu früh war. Sie horchte in sich hinein und stellte fest, dass ihr Körper einverstanden war. Also war es nicht nötig, einen freigebigen Menschen zu kränken, indem man sein Geschenk zurückwies.

»Ich war bei Fisch-Andresen, um zu sehen, ob dort alles okay ist. Ich habe Ihnen doch versprochen, ein Auge auf Sie zu haben, wenn Sie in der Höhle des Löwen arbeiten.«

Mamma Carlotta legte verwirrt die Zeitung weg. »Und Sie haben heute Morgen bei Andresen erfahren, dass es seine Frau Ulla ist, die ermordet wurde? Waren Sie denn im Laden?«

»Das nicht, aber ...« Tove Griess rettete seine Putenschnitzel vor dem Verbrennen, dann schaltete er seinen Reiskocher an und hob die Kaffeekanne auf die Theke. Bevor er zwei Tassen danebenstellte, sagte er: »Sie sollten ein Auge auf die Ermittlungen Ihres Schwiegersohns haben, Signora. Wahrscheinlich glaubt er auch diesmal nicht, dass Andresen der Mörder ist?«

Mamma Carlotta starrte in ihre Kaffeetasse. »Vielleicht ist er es ja wirklich nicht.«

Tove zögerte. »Schon möglich. Aber besser, wir helfen dem Hauptkommissar ein bisschen bei seiner Arbeit. Das wollten wir doch tun, erinnern Sie sich? Also – Sie kümmern sich weiter bei Andresen um die Antipasti, damit Sie dem Kerl auf die Finger gucken können! Und außerdem erzählen Sie mir, wie weit Ihr Schwiegersohn mit seinen Ermittlungen gekommen ist. Dann werden wir sehen, wie wir ihm helfen können ...«

Erik und Sören stellten den Wagen im Hof des Polizeireviers ab und betraten das Gebäude durch den Hintereingang.

»Gut, dass Sie kommen!«, meinte Enno Mierendorf. »Ich wollte Ihnen gerade durchgeben, was meine Befragung in Braderup ergeben hat.«

»Haben Sie was herausgefunden?«

Mierendorf bedauerte: »Leider nicht viel. Die Anwohner haben natürlich im Lauf des Nachmittags einige Leute gesehen. Die typischen Heidewanderer! Die meisten haben ihre Autos dort abgestellt, wo später die Leiche gefunden wurde. Aber vor Einbruch der Dunkelheit sind die letzten Wanderer aus der Heide zurückgekehrt, haben sich wieder in ihre Autos gesetzt, und dann war Ruhe in Braderup.

Einigen ist aufgefallen, dass ein Auto in Richtung Parkplatz fuhr, als alle anderen schon weg waren. Ein Mazda! Also das Auto des Mordopfers.«

»Sonst ist niemand gesehen worden, der nicht in das Bild der Heidewanderer passte?«

»Doch«, entgegnete Mierendorf zögernd. »Zwei Anwohnern ist am späten Nachmittag ein Mann mit einer roten Schirmmütze aufgefallen. Er sei nicht auf dem üblichen Weg in die Heide hereingewandert, sondern habe in der Gegend herumgelungert, so drückte es einer aus.«

»Herumgelungert hat dieser Mann also! Oder vielleicht ist er nur spazieren gegangen? Durch den Ort geschlendert? Kein Wanderer, sondern einer, der sich einfach die Zeit vertreibt? Wie das manche Urlauber so machen, die nicht wandern wollen, sich aber gern schöne Häuser und Gärten ansehen?«

»Ja, auch möglich«, wandte Mierendorf ein. »Später ist er noch in der Begleitung eines anderes Mannes gesehen worden.«

»Sieht nicht so aus, als würde uns das weiterbringen.« Erik ging auf die Tür seines Zimmers zu. Dort wandte er sich, mit der Klinke in der Hand, um. »Der Täter wird nicht zu Fuß gekommen sein. Aber vermutlich hat er seinen Wagen auch nicht auf dem Parkplatz abgestellt, auf dem wir die Leiche gefunden haben. Er wird entweder vom Weißen Kliff oder von der Straße gekommen sein, die zur Kläranlage führt.« Er ließ die Türklinke los und dachte nach. »Mierendorf, sehen Sie doch mal nach, wo in der Gegend ein Auto günstig geparkt werden könnte. So, dass der Täter sich schnell und unauffällig vom Tatort entfernen kann. Und wenn Ihnen frische Reifenspuren auffallen, verständigen Sie sofort Vetterich.«

»Wird gemacht«, kam es von Mierendorf. »Allerdings könnte der Täter auch mit dem Fahrrad unterwegs gewesen sein. Das ist ja noch unauffälliger als ein Auto. Und er könnte auf Wegen flüchten, die mit einem Auto nicht befahrbar sind.«

»Stimmt. Richten Sie Ihr Augenmerk also auch darauf. Vielleicht hat jemand einen Radfahrer gesehen, der es eilig hatte?« Erik wandte sich an Sören. »Sie kümmern sich um Jens Gühlich. Fragen Sie in der Haftanstalt nach, in der er eingesessen hat, wohin er entlassen wurde. Und erkundigen Sie sich auch bei der Firma Kern, ob man sich dort an ihn erinnert. Sehen Sie nach, ob es in Dortmund einen Kfz-Handel oder ein ähnliches Unternehmen mit dem Namen Kern gibt. Oder eine Firma, die früher Kern hieß.«

Als Dr. Hillmot den Raum betrat, winkte Erik ihn in sein Zimmer. »Wie sieht's aus, Doktor? Wann kann ich die Ergebnisse der DNA-Analyse bekommen?«

Dr. Hillmot ließ sich schnaufend auf einen Stuhl sinken. »Schrecklich, diese Eile! Heute ist Freitag und morgen ...«

»... ist Sonnabend, ich weiß. Aber kommen Sie mir nicht mit einem freien Wochenende!«

»Schon gut!« Dr. Hillmot winkte ab. »Zum Glück bin ich ja nicht verheiratet. Bei mir zu Hause gibt es niemanden, der Wert auf meine Gesellschaft legt. Allerdings auch niemanden, der mir was Leckeres kocht«, ergänzte er und sah aus dem Fenster, als machte er sich Gedanken über die Wetterlage.

Erik grinste. »Schon verstanden. Ich bin sicher, dass meine Schwiegermutter sich über Ihren Besuch freuen wird. Wenn Sie versprechen, morgen mit dem Ergebnis der DNA-Analyse am Süder Wung zu erscheinen, rufe ich sie sofort an, damit sie genug Zeit hat, sich ein Menü zu überlegen und dafür einzukaufen.«

»Das ist ein Wort!« Dr. Hillmot wuchtete sich von seinem Stuhl hoch. »Ich brauche heute Nacht fünf bis sechs Stunden Schlaf, die werden Sie mir hoffentlich zubilligen. Morgen Abend gegen sechs bin ich dann bei Ihnen und lege Ihnen die Ergebnisse neben die Pastateller.«

Er strich sich über den Bauch, als fühle er darin schon die Entfaltung der Ravioli, dann schickte er sich an, das Zimmer zu verlassen. Aber Erik hielt ihn zurück. »Eine Frage noch, Doktor ...« Er wartete, bis Hillmot die Federn des Bürostuhls, die sich gerade von seinem Gewicht erholt hatten, erneut schikanierte. »Können Sie mir was über Zwangshandlungen erzählen?« Er berichtete Dr. Hillmot von Wolf Andresens befremdlichen Bemühungen um eine Ordnung, in der Symmetrie und Übereinstimmung von Linien wichtig waren.

»Eindeutig Zwangsstörungen«, stellte Dr. Hillmot fest, als Erik geendet hatte. »Die meisten Zwangshandlungen beziehen sich auf Reinlichkeit, übertriebene Ordnung oder wiederholte Kontrollen. Diesem Verhalten liegt eine tiefe Angst zugrunde.«

Erik dachte an das, was Sören bei ihrem ersten Besuch im Fischladen Andresens gesagt hatte. »Zwangsstörungen sind also wirklich Angststörungen?«

»Könnte man so sagen«, antwortet Dr. Hillmot. »Das zwanghafte Ritual ist der Versuch, eine Gefahr abzuwenden. Mit einer solchen Verhaltensweise will man gefürchteten Ereignissen vorbeugen, für Ordnung in seinem Leben sorgen, indem man die Gegenstände um sich herum in extremer Form ordnet. Der Zwangserkrankte hat dann das Gefühl, es könne nichts Bedrohliches geschehen.« Dr. Hillmot schien nun selbst Vergnügen an seinen Ausführungen zu finden. »Man unterscheidet verschiedene Zwänge, bei Wolf Andresen geht es eindeutig um einen Ordnungszwang. Er braucht ein festes Ordnungssystem zur Strukturierung seines Lebens und seiner Umwelt. Wenn seine Ordnung zerstört wird, wird ein Teil seines Lebens zerstört.«

Die Federn des Bürostuhls wimmerten, als Dr. Hillmot sich vorbeugte. »Solche Menschen sind Neurotiker. Sie brauchen eine Psychotherapie.«

»Wie entstehen diese Zwangsstörungen?«

Dr. Hillmot lehnte sich wieder zurück. »Oft gibt es ein auslösendes Ereignis. Zum Beispiel könnte in der Kindheit die familiäre Situation in Unordnung geraten sein. Die Eltern lassen sich scheiden, oder die wirtschaftliche Situation der Familie verändert sich dramatisch, die Lebensumstände, die bis dahin sicher waren, werden unsicher, das Kind verliert sein Vertrauen in die Ordnung, die es bisher gestützt hat. Eine Zwangsstörung nennt man auch die Krankheit des Zweifels. Eine massive Unsicherheit bildet das Fundament der Zwangsstörung. Daraus resultieren Angst und Unruhe, was durch die Zwänge beseitigt werden soll.« Dr. Hillmot lächelte. »Irgendwelche leichten Zwänge haben wir alle. Denken Sie mal an das, was Sie tun, wenn Sie Ihre Pfeife stopfen. Sie tun es immer auf die gleiche Weise.«

»Das ist ein Ritual«, wehrte sich Erik, »kein Zwang. Ich liebe das Ritual des Pfeifestopfens und -anzündens.«

Dr. Hillmot nickte. »Klar, aber wann aus dem Ritual ein Zwang wird, ist oft schwer zu erkennen. In dem Augenblick, in dem Sie sich nicht mehr gegen das Ritual wehren können und darunter leiden, sind Sie ein Fall für den Psychiater.«

Erik dachte nach, während er seinen Schnauzer glättete, dann befand er, dass er keineswegs psychiatrische Behandlung nötig hatte. »Danke, Doktor.«

Sören steckte den Kopf ins Zimmer. Ehe er etwas sagen konnte, tönte ihm Dr. Hillmot entgegen: »Morgen Abend kocht die Signora für uns!« Dann sah er Erik verlegen an. »Es ist doch richtig, wenn ich davon ausgehe, dass auch Herr Kretschmer eingeladen ist?«

Erik lachte. »Natürlich. Genau genommen soll das Ganze ja ein Arbeitsessen werden, oder?«

Diese Aussicht holte Sören ganz ins Zimmer hinein. »Meine Freundin wollte zwar mit mir in die Kupferkanne, aber daraus wird dann wohl nichts.« Er sah nicht so aus, als bedauerte er es. »Ich hätte in der Kupferkanne keine ruhige Minute gehabt bei der Vorstellung, dass ich der Einzige bin, der das Ergebnis der DNA-Analyse nicht kennt.«

Dr. Hillmot lachte. »Also dann bis morgen!«

Sören wartete nicht, bis die Tür sich hinter dem Gerichtsmediziner geschlossen hatte. »Jens Gühlich hat nach seiner Haftentlassung ein Zimmer in Dortmund bezogen. Ich habe die Dortmunder Kollegen hingeschickt. Sie sollen mal nach ihm sehen und ganz unauffällig sein Alibi überprüfen.«

Erik nickte zufrieden. »Gut so.«

»Und mit der Firma Kern habe ich auch telefoniert.« Sören ließ sich rittlings auf einem alten Holzstuhl nieder, der eigentlich nur dazu diente, die Aktenberge aufzunehmen, die sich gelegentlich neben Eriks Schreibtisch türmten. »Den Kfz-Handel gibt es noch, er heißt auch noch Kern, obwohl er von einem Konzern geschluckt wurde, nachdem Alfred Kern ihn verkaufte.«

»Kann sich jemand an Jens Gühlich erinnern?«

Sören schüttelte den Kopf. »Nein, nachdem Alfred Kern ihn verkaufte, hat es viele personelle Veränderungen gegeben. Aber ich habe mit einer Dame in der Personalabteilung gesprochen, die sehr freundlich war. Sie hat schnell Jens Gühlichs Personalakte gefunden. Demnach war Jens Gühlich kein angenehmer Zeitgenosse. Weder bei seinen Kollegen noch bei seinen Vorgesetzten beliebt. Er hat viel gestänkert und den Betriebsfrieden gestört, hat sich oft mit Kollegen und sogar mit seinen Chefs angelegt. Anscheinend ein Choleriker und einer, der alle anderen für seine

Probleme verantwortlich macht, nur nicht sich selbst. Als die Sache mit dem Mord passierte, war seine Kündigung schon unterschrieben. Er hatte seine Vorgesetzten faule Bonzen geschimpft, die ihr Geld im Schlaf verdienten, während er sich dafür abschuften musste.«

Erik nickte, aber Sören merkte, dass sein Chef nicht mehr bei der Sache war. »Haben Sie etwa schon was von Dr. Hillmot erfahren?«, fragte er misstrauisch. »Ein vorläufiges Ergebnis des DNA-Tests?«

Erik schüttelte den Kopf. »Dr. Hillmot sagt, Wolf Andresen leidet unter einem Ordnungszwang. Tatsächlich ist ja seine Ordnung zerstört worden, die will er nun zwanghaft wieder zurückholen. Seine Tochter ist lebensbedrohlich erkrankt und seine Frau betrügt ihn. Er ahnte wahrscheinlich, dass sie ihn verlassen würde, wenn das Kind entweder gesund ist oder ...« Er brachte es nicht fertig, den Satz zu Ende zu führen.

Sören nickte. »Und Sie meinen, er könnte seine Ordnung mit einem Mord oder sogar mit zwei Morden wiederherstellen?« Er betrachtete seinen Chef, der gedankenverloren auf seine Hände starrte. »Sie vergessen, dass der DNA-Test ihn entlastet hat.«

Erik seufzte auf. »Stimmt. Es hat keinen Zweck, jetzt weiter darüber nachzudenken. Erst mal sehen, mit welchen Ergebnissen Dr. Hillmot morgen zum Abendessen erscheint.«

Ein kurzes Klopfen, und Rudi Engdahl erschien im Raum. »Da draußen ist eine Dame, die Sie sprechen will. Frau Frenzel.«

Erik erhob sich. »Komisch, die hatte ich schon beinahe vergessen.« Er blieb stehen, wo er stand, und starrte eine Weile zu Boden. »Heide Pedersen übrigens auch«, murmelte er. »Ist es eigentlich richtig, dass wir die beiden total von der Liste der Verdächtigen gestrichen haben?«

Sören grinste. »Sie vergessen das Sperma.«

Erik nickte. »Ja, richtig.« Augenblicke später reichte er Bernadette Frenzel die Hand. »Was kann ich für Sie tun?«

Sie hatte sich verändert. Nun trug sie eine Frisur wie Eriks Schwiegermutter: kurz, lockig und auf ordentliche Weise zerzaust. Außerdem hatte sie Make-up aufgetragen und sich in einen Mantel gehüllt, der von der Friedrichstraße stammen konnte. Anscheinend war sie mit einem Teil des zu erwartenden Erbes bereits shoppen gegangen. Aber das war nicht die einzige Veränderung. Sie war auch liebenswürdiger, entgegenkommender, konziliianter geworden, und ihre Verbitterung war nur noch ein Schatten auf ihrer Freundlichkeit.

»Ich wollte mich mal erkundigen, wie weit Sie mit Ihrer Arbeit gekommen sind, Herr Hauptkommissar. Stimmt es, was das Inselblatt schreibt? Sie tappen noch völlig im Dunkeln? Ich möchte Christa endlich beerdigen, wie es sich gehört.«

Du möchtest sie endlich beerben, dachte Erik bei sich, weil du es nicht erwarten kannst, endlich ihr Geld auszugeben. Ruhig und höflich entgegnete er: »Sie bekommen Bescheid, wenn die Leiche freigegeben wird.«

»Also gut.« Bernadette Frenzel wandte sich um und schwenkte ihre Handtasche, als wollte sie allen das Label von Louis Vuitton zeigen.

»Ach, Frau Frenzel ...« Erik glättete jetzt jedes einzelne Haar seines Schnauzers, bevor er fragte: »Hat Ihre Schwester eigentlich mal davon geredet, dass Herr Andresen sie um Geld gebeten hat?«

Bernadette Frenzel lachte so, wie eine Frau lacht, die es nicht nötig hat, großzügig zu sein. Wie schnell sich ein Mensch verändern konnte, wenn er reich geworden war! »Ja, Christa hat sich immer köstlich amüsiert, wenn sie mir erzählte, wie Andresen Bitte-bitte machte.«

Erik stemmte die Fäuste auf die Schreibtischplatte. »Hat sie erwogen, ihm Geld zu leihen?«

Bernadette Frenzel hob die Schultern. »Keine Ahnung. Aber ich glaube nicht. Es gehörte zu Christas Prinzipien, kein Geld zu verleihen.« Sie verzog ihr Gesicht zu einem hässlichen Lächeln. »Aber es hat ihr Spaß gemacht, gebeten zu werden.«

»Danke, Frau Frenzel.«

Bernadette schaukelte ihr Täschchen von der rechten in die linke Hand. »Ach, was ich noch fragen wollte ... Ist diese andere Frau eigentlich demselben Mörder zum Opfer gefallen?«

Erik sah an ihr vorbei. »Sie werden es in der Zeitung lesen, Frau Frenzel. Noch ist es ein Dienstgeheimnis.«

Verständnisvoll nickte sie, schwenkte ein letztes Mal ihre Tasche, dann schloss sich die Tür.

Erik starrte noch eine Weile auf die Klinke. »Ob die Schwestern sich doch ähnlicher sind, als auf den ersten Blick zu erkennen war? Vielleicht unterschieden sie sich bisher nur dadurch, dass die eine reich und die andere arm war.«

Bernadette Frenzel hatte die Tür kaum ins Schloss gezogen, da wurde sie schon wieder aufgestoßen. Der Mann, der plötzlich im Raum stand, sah angriffslustig aus. Hinter ihm erschien Rudi Engdahl und machte verzweifelte Gesten, die Erik beweisen sollten, dass er alles versucht hatte, um diesen Überfall zu verhindern.

»Das Sylter Inselblatt! Moin, Herr Wolf! Ich brauche da mal ein paar Details. Wie weit sind Sie mit Ihren Ermittlungen?«

»Habe ich Sie hereingebeten?«

»Nee, haben Sie nicht.« Der junge Mann grinste unverschämt. »Aber wenn ich darauf warten soll, erfahre ich nie, womit Sie sich die Zeit vertreiben.« Er sah Erik herausfordernd an. »Darf ich unseren Lesern nun endlich mitteilen, dass Sie eine heiße Spur verfolgen?«

»Nein, dürfen Sie nicht.«

»Sie tappen also immer noch im Dunkeln?«

»Das habe ich nicht gesagt.«

»Es gibt einen Verdächtigen?«

»Ja.«

»Und der wäre?« Der Reporter zückte einen Stift und einen Schreibblock.

»Scheren Sie sich raus«, antwortete Erik.

»Sie wollen also nicht ...?«

»Raus!«

19

Ergebnislose Polizeiarbeit! Anscheinend gibt es einen Verdächtigen für die beiden Sylter Mordfälle! Auf eine Festnahme wartet die Bevölkerung jedoch bisher vergeblich!

Mamma Carlotta raschelte unheilvoll mit der Zeitung. »Imbecille! Stupido! Minorato!« Mit vielen Verwünschungen, die sie ihren Enkeln vorsichtshalber nicht übersetzte, kommentierte sie, was sie las. »Che merda! Wie nennt dieser Schreiberling meinen Schwiegersohn? Schwerfällig? Langweilig? Vai al diavolo!«

Felix stupste seine Großmutter an. »Es muss jetzt sein, Nonna. Am besten, du hältst dir die Nase zu. Das klingt dann so, als wärst du sehr erkältet.«

Auch Carolin redete ihr zu. »Du kannst später weiterlesen. Sonst sucht er noch nach dir, und das könnte peinlich werden. Oder stell dir vor, du triffst ihn zufällig irgendwo.«

»Wenn du noch lange zögerst, ist Papa schon bei Andresen eingetroffen. Und wenn er dann mitbekommt, dass Anna Rocchi anruft, will er selber mit ihr reden. Und was dann?«

Kleinlaut griff Mamma Carlotta zum Telefonhörer und wählte die Nummer, die Carolin ihr auf einen Zettel geschrieben hatte. Als am anderen Ende eine barsche Stimme »Andresen« in den Hörer hustete, war sie auf alles vorbereitet.

»Hier ist Anna Rocchi!«, rief sie viel zu laut und viel zu exaltiert in den Hörer. »Mein tief empfundenes Beileid, Herr Andresen. Ich bin erschüttert über den Tod Ihrer lieben Frau. Als ich es in der Zeitung las, war ich fassungslos. Dieses schreckliche Ende, diese Tragödie! Und die arme Bambina ...«

Felix und Carolin drückten mit aufgeregten Handzeichen ihre Melodramatik zu Boden, und Mamma Carlotta begriff, dass sie sich soeben zu weit von ihrer einstudierten Rolle entfernte. Mit moderater Stimme fuhr sie fort: »Sicherlich ist das Geschäft aufgrund des Trauerfalls geschlossen?«

Andresens Stimme war so schneidend, dass Felix und Carolin mühelos mithören konnten. »Nein, ich halte den Laden geöffnet. Sie wissen doch, Frau Rocchi, Arbeit ist die beste Medizin. Ich habe gestern vergeblich auf Sie gewartet. Wo waren Sie?«

»Ach, Signore!« Fest drückte Mamma Carlotta die Nasenflügel zusammen. »Ich musste das Bett hüten. Eine schwere Erkältung. So schwer, dass ich nicht einmal aufstehen konnte, um Sie anzurufen. Auch heute kann ich noch nicht aus dem Haus gehen, aber Montag dürfte ich wiederhergestellt sein.«

»Also gut«, brummte Andresen, der sich keine Mühe gab, seine Verärgerung zu verhehlen.

»Ich bringe dann auch alle Rezepte mit«, ergänzte Mamma Carlotta eilig, »damit Sie das italienische Angebot weiterführen können, wenn ich abgereist bin.«

»Also gut. Dann bis Montag.«

Mamma Carlotta hatte das Gefühl, dass noch etwas in der Leitung zwischen Westerland und Wenningstedt schwebte, etwas Ungesagtes, worauf sie zum Glück vorbereitet war, ohne dass Andresen es ahnen konnte.

Und da kam es auch schon: »Wo wohnen Sie eigentlich, Frau Rocchi? Ich wollte Sie aufsuchen, um Sie zu bitten, heute Morgen sehr früh im Geschäft zu erscheinen. Aber ich konnte Sie im Dünenhof zum Kronprinzen nicht finden.«

»Kein Wunder«, zwitscherte Mamma Carlotta und vergaß vor lauter Eifer, sich die Nase zuzuhalten. »Ich wohne ja nicht im Dünenhof, sondern im Haus daneben.« Erschrocken setzte sie wieder die Nasenklammer an, als beide Kinder mit zugehaltenen Nasen vor ihr herumsprangen. »Das haben Sie vermutlich falsch verstanden. Mein mangelhaftes Deutsch!«

»Mag schon sein«, kam es zurück. »Dann also bis Montag.«

Mamma Carlotta stand noch mit zugehaltener Nase da, als sie den Hörer längst auf die Gabel zurückgelegt hatte.

»Cool!«, rief Felix. »Das hat er geschluckt.«

Carlotta riss sich zusammen. »Warum auch nicht? Was habe ich überhaupt mit diesem Mann zu tun? Gar nichts! Bin ich ihm verpflichtet? Nur, weil er mir zweimal zehn Euro in die Hand gedrückt hat? Nein! Ich kann machen, was ich will. Andresen soll froh und dankbar sein, dass ich ihn auf die Idee gebracht habe, italienische Vorspeisen anzubieten. Wenn er demnächst gute Umsätze erzielt, dann hat er das mir zu verdanken! Sì!«

»Und er kann ja nicht ahnen, was du weißt«, fügte Carolin hinzu. »Er wird jetzt glauben, dass er dich falsch verstanden hat.«

Mamma Carlotta zupfte Carolin zum dritten Mal an diesem Morgen eine Strähne aus der Frisur. »Ach, Carolina«, seufzte sie, »was bist du doch für ein kluges Mädchen!«

Und da ihr nun schlagartig die Überzeugung kam, dass ihr mit einer so klugen Enkeltochter und einem derart erfindungsreichen Enkelsohn nichts geschehen könne, schlug sie die Hände zusammen und beschloss: »Jetzt wird fürs Abendessen eingekauft! Lasst uns überlegen, was wir kochen wollen. Es muss ein Festessen werden. Schließlich erfahren wir heute Abend, wer der Mörder ist!«

Erik fühlte sich müde und abgespannt, als er nach Hause kam. Aber er wusste, das hatte nichts mit seiner körperlichen Verfassung zu tun, sondern hing damit zusammen, dass der Tag ergebnislos verlaufen war. In dem Zimmer hinter dem Perlenschnurvorhang, in dem Ulla Andresen seit Wochen den größten Teil des Tages und auch der Nacht zugebracht hatte, war nichts aufgetaucht, was sie weitergebracht hätte.

Auf dem Nachhauseweg hatte er noch einmal zusammen mit Sören alle Untersuchungsergebnisse Revue passieren lassen und war ein weiteres Mal zu der Überzeugung gekommen: »Der genetische Fingerabdruck wird den Täter überführen. Und wenn Björn Mende diesen Fingerabdruck hinterlassen hat, dann ist er der Mörder. Sowohl Christa Kern als auch Ulla Andresen hatten sexuellen Kontakt mit ihm, beide waren anschließend tot.«

Während Erik im Wohnzimmer den Aperitif einschenkte, meinte Sören: »Diese Übereinstimmung kann wirklich kein Zufall sein. Bei Björn Mendes Stiefmutter liegt das Motiv auf der Hand, bei Ulla Andresen lässt es sich leicht konstruieren.«

Sie prosteten sich zu, nippten an dem Sherry, redeten darüber, ob er trocken genug sei.

»Hat Mierendorf eigentlich am zweiten Tatort etwas entdeckt? Irgendwelche Spuren?«

Sören schüttelte den Kopf. »Auf dem Parkplatz gibt es sehr viele Spuren, das ist das Problem. Ein Auto in der Gegend unauffällig zu parken, ist auch so eine Sache. In der Nähe der Kiesgrube vielleicht. Aber auch da gibt es jede Menge Spuren, und zwar von den vielen Baufahrzeugen.«

»Und ein Radfahrer ist auch niemandem aufgefallen?«

Sören schüttelte erneut den Kopf. »Mierendorf hat alle Braderuper befragt. Fehlanzeige.«

Sie blickten eine Weile in den Garten hinaus, versorgten sich gegenseitig mit ihren Erfahrungen, wo der Sherry, den sie tranken, am preiswertesten zu bekommen sei, und gaben sich Mühe, kein Wort mehr über die beiden Mordfälle zu verlieren.

Erik nickte zum Wohnzimmertisch hinüber, wo ein aufgeschlagenes Fotoalbum lag. »Die Kinder haben wieder mit ihrer Nonna alte Fotos angesehen. Es ist merkwürdig ... bis sie hier ankam, war es mir unerträglich, diese Erinnerungen auf dem Tisch liegen zu sehen, jetzt mag ich das aufgeschlagene Album. Seit meine Schwiegermutter im Haus ist, sind die Erinnerungen lebendiger geworden und damit erträglicher.« Er starrte auf die alten Schwarz-Weiß-Fotos, die Lucias Eltern und ihre Großeltern zeigten, als diese noch Kinder waren, und deren Geschwister. »Ich hätte viel eher die alten Fotos heraussuchen sollen, anstatt sie aus Angst vor der Trauer wegzuschließen. Mir war auch gar nicht klar, wie sehr die Kinder durch diese Fotos getröstet werden. Ich hatte geglaubt, die Erinnerungen würden ihnen wehtun.« Er lächelte, und Sören blieb ganz still und bewegungslos, damit sich dieses Lächeln möglichst lange hielt. »Den Kindern ist noch gar nicht aufgefallen, dass ich dieses Fotoalbum nie in den Schrank zurückstelle, obwohl ich abends gern Ordnung schaffe.« Er seufzte. »Wenn auch am nächsten Morgen schon wieder alles in Unordnung geraten ist.«

Nun nahm Sören wieder einen Schluck und bewegte sich mit ein paar Schritten durchs Zimmer, denn das Lächeln gehörte jetzt wieder dem Hauptkommissar und nicht mehr dem Privatmann Erik Wolf. Sie kamen auf Andresens Ordnungszwänge zu sprechen, verglichen sie mit ihren persönlichen Vorstellungen von Ordnung und überprüften am eigenen Beispiel Dr. Hillmots Behauptung, dass aus einem Ritual schleichend ein Zwang werden kann.

Dann endlich klingelte es, und Erik und Sören ließen ihren Smalltalk fallen wie eine heiße Kartoffel. Kurz darauf trat Dr. Hillmot ein. Nein, er trat nicht ein, er trat auf. Und er war nicht der Überbringer einer Nachricht, er war die Nachricht selbst. Unanfechtbar, unumstößlich, über jeden Zweifel erhaben. Hätte ihm jemand einen Lorbeerkranz aufs Haupt gedrückt, er hätte vermutlich nicht abgewehrt. »Wir haben ihn!«

Erik spürte das heiße Gefühl des Triumphs in sich aufsteigen. Er kannte es genau, er genoss es, es war der Augenblick, der jede Mühe lohnte. Dass er trotzdem äußerlich ganz ruhig blieb, wunderte niemanden. »Die DNA-Spuren im ersten und zweiten Fall stimmen überein mit dem DNA-Material aus Husum?«, fragte er vorsichtshalber.

»Ganz eindeutig!« Dr. Hillmot strich sich über den Bauch und begab sich in die Küche, ohne sich lange bitten zu lassen. »Signora! Ich habe die Nacht durchgearbeitet, um den heutigen Abend mit Ihnen genießen zu können!«

Dass Carlotta Capella ihn etwas zerstreut begrüßte, fiel Dr. Hillmot nicht auf, denn er hatte sein Augenmerk nach einem kurzen Blick in das Gesicht der Köchin unverzüglich auf das Ergebnis ihrer Kochkunst gerichtet. »Vitello tonnato!«, schwärmte er. »Sie machen mich zu einem glücklichen Mann.«

»Es war nicht Andresen?«, fragte Mamma Carlotta.

»Nein, Björn Mende«, entgegnete Erik. »Kein Zweifel.«

»Aber warum?«

Erik hielt seiner Schwiegermutter zugute, dass sie zu wenig, fast gar nichts von Björn Mende und seinen Problemen wusste, also war es kein Wunder, dass sie nicht an seine Schuld glauben mochte. Als sie aber nach dem Vitello tonnato, nach der Minestrone und nach den Fettuccine alla Genovese immer noch versuchte, Andresen die Morde in die Schuhe zu schieben, wurde er ungeduldig. »Finde dich damit ab, dass Andresen zwar ein unangenehmer Typ ist, aber kein Mörder.«

»Björn war doch in Ulla Andresen verliebt!«

»Wer sagt das? Er hat mir ihr geschlafen, das ist etwas ganz anderes.«

»Er hat seine Stiefmutter zu Recht gehasst«, überlegte Mamma Carlotta weiter. »Sie war eine schreckliche Frau, grausam, hinterhältig, obszön, schamlos ...« Ihr Wortschatz versagte angesichts der Heimtücke. »Aber warum quält und tötet er sie nach so vielen Jahren? Wenn er das tun wollte, warum nicht eher? Warum erst jetzt? Und welchen Grund hatte er, Ulla Andresen zu töten?«

»Ich habe es dir doch schon erklärt«, antwortete Erik. »Seine sexuellen Probleme! Sie wird ihn lächerlich gemacht haben. Da ist er ausgerastet.« Er bat seine Schwiegermutter, sich um das Dessert zu kümmern, damit er mit Sören so bald wie möglich nach Westerland fahren konnte, um Björn Mende zu verhaften. »Er wird es uns erzählen. Wahrscheinlich bekommen wir heute noch ein Geständnis. Gegen die Ergebnisse eines DNA-Tests helfen keine faulen Ausreden, keine falschen Aussagen, keine Ausflüchte – nichts!« Erik nickte seinem Assistenten zu. »Wir werden ihn in die Mangel nehmen.« Er sah erst auf die Uhr, dann zu Mamma Carlotta, die keine Anstalten machte, das Dessert aufzutragen.

Sören hatte den Nachtisch fest im Auge und winkte ab. »Mende wiegt sich in Sicherheit. Er kann nicht ahnen, was wir gegen ihn in der Hand haben. Es kommt auf eine Stunde mehr oder weniger nicht an.«

»Was ist mit dem Geld?«, fragte Mamma Carlotta. »Hat Björn es genommen?«

Carolin mischte sich ein. »Vielleicht hat er es Ulla Andresen gegeben. Und ihr Mann hat nur behauptet, er hätte in der Spielbank gewonnen, damit niemand weiß, woher das Geld kommt. In Wirklichkeit ...«

»... haben die Andresens Björns Tat gedeckt«, fügte Sören an. »Ja, das wäre möglich.«

Mamma Carlotta zupfte eine Strähne aus Carolins Haaren und sagte: »Was bist du doch für ein kluges Mädchen, Carolina.«

»Und dann hat Ulla Andresen gedroht, Björn Mende zu verraten!« Felix wollte auch seinen Teil beitragen. »Und deshalb hat er sie umgebracht.«

Leider fand er nicht so viel Zustimmung wie seine Schwester. »Warum sollte sie ihn verraten wollen?«, fragte Sören. »Dann hätte sie ja die vierzigtausend Euro hergeben müssen. Und was wäre dann mit Saskias Operation?«

Erik waren jetzt sämtliche Süßspeisen der Welt egal. »Wir fahren in die Pension Störtebeker! Umgehend! Ich will diesen Kerl endlich zwischen die Finger kriegen.«

Das graue Haus der Pension Störtebeker hatte schon viele Geschäftszweige beherbergt. Es sah so aus, als hätte es mal zu der Spedition gehört, die direkt dahinter lag. Und der kunstvolle Anstrich der Fensterläden, von denen jeder eine andere Farbe und ein anderes Muster trug, ließ darauf schließen, dass hier auch mal ein Anstreicherbetrieb zu Hause gewesen war, der die Fassade seiner Firma für die Präsentation seiner Produktpalette genutzt hatte. Ein großes Schild, das neben anderem Gerümpel hinter einem Müllcontainer lag, bewies, dass es hier auch mal jemand mit einem Gymnastik- und Massage-Studio versucht hatte. Und ein Wohnhaus für sozial schwache Familien war es vermutlich auch schon gewesen. Die Leuchtbuchstaben über der Tür verrieten, dass es heute eine Pension war. Das Haus von Fisch-Andresen nebenan stand unbeleuchtet da, nur in der ersten Etage brannte ein kleines Licht.

Sören klingelte, eine quäkende Stimme drang aus der Sprechanlage. »Ja, bitte?«

»Kriminalpolizei. Bitte machen Sie auf.«

Als sie vor der winzigen Rezeption standen, hatte die Frau mit der quäkenden Stimme sich noch nicht entschieden, wie sie auf das Erscheinen der Polizei reagieren sollte. Sie lächelte, doch ihre Augen rasten zwischen Sören und Erik hin und her, ihre Hände flatterten auf der Theke herum. Sie war das personifizierte schlechte Gewissen. Erik fragte sich, was sie wohl auf dem Kerbholz hatte, ließ den Gedanken aber schnell wieder fallen. Hier ging es nicht um Betrügereien oder illegale Prostitution, sondern um Mord. Er hörte, dass sich in der ersten Etage eine Tür öffnete. Schritte auf dem Flur, eine andere Tür, die geöffnet, geschlossen, verriegelt wurde. In der Pension Störtebeker hatten die Zimmer kein eigenes Bad.

»Wir möchten zu Björn Mende«, erklärte Sören, nachdem er seinen Dienstausweis präsentiert hatte. »Welche Zimmernummer?«

Die Verwandlung der Frau vollzog sich in Windeseile. Das schlechte Gewissen huschte aus ihrer Miene, ebenso rasch machte sich Entrüstung darauf breit. »Hat er etwa was angestellt?«, fragte sie. »In unserem Hause verkehren anständige Gäste. Ein Krimineller wird sofort auf die Straße gesetzt.«

Die Tür in der ersten Etage wurde wieder entriegelt, eine andere öffnete sich gleichzeitig. Zwei leise Männerstimmen, dann wurde eine der Türen umständlich abgeschlossen.

»Welche Zimmernummer?«, wiederholte Sören.

Jetzt war es still da oben. Womöglich stand jemand auf dem Flur und lauschte. Erik wurde unruhig. »Welche Zimmernummer?«, fragte er nun ebenfalls.

»Noch nie war die Polizei in diesem Haus!«

In diesem Augenblick wurde oben die Tür hastig geöffnet und geschlossen, der Schlüssel drehte sich im Schloss.

»Verdammt! Nennen Sie uns jetzt endlich die Zimmernummer!«

»Elf«, kam es quäkend zurück.

Erik raste die Treppe hoch, musste erst umständlich nach einem Lichtschalter suchen, dann sah er die Elf. Er klopfte. »Herr Mende?«

Nichts rührte sich.

»Herr Mende! Bitte öffnen Sie!«

Er glaubte einen Laut zu hören. Ein Fenster, das geöffnet wurde, scharrende Geräusche, ein scharfes Knirschen, dann Stille.

»Aufmachen! Polizei!«

Als sich wieder nichts rührte, rief Erik hinunter: »Schnell! Den Schlüssel von Nummer elf!«

»Aber ich kann doch nicht ... Sie können doch nicht einfach ... Außerdem hängt der Schlüssel nicht hier. Herr Mende ist ja in seinem Zimmer.«

»Den Generalschlüssel! Sofort!«

Erik wunderte sich über Sörens dröhnende Stimme. Die Frau schien ebenfalls beeindruckt zu sein, denn wenige Augenblicke später stand Sören mit dem Generalschlüssel neben Erik. Aber das Zimmer war leer. Durch das geöffnete Fenster drang kalte Luft herein. Sie roch nach Schmieröl, Fisch, Döner und ein klein wenig nach Nordsee.

Erik beugte sich hinaus. Unter dem Fenster gab es eine Garage, auf die musste Mende gesprungen sein, und von dort in den Hof von Fisch-Andresen. Schemenhaft konnte

Erik das kleine Gartenhaus am Ende des Grundstücks ausmachen und das Tor dahinter, das sich noch zu bewegen schien. Björn Mende war entwischt!

»Vermutlich läuft er über die Bahngeleise«, rief Sören und griff nach seinem Handy. »Ich alarmiere die Kollegen von der Schutzpolizei. Sie sollen ihn schnappen.«

Erik nickte müde. Bis die Kollegen kamen, würde Björn längst auf der Keitumer Landstraße sein und dort vielleicht jemanden finden, der ihn mitnahm. Oder aber er flüchtete. Vielleicht zum Flughafen, wo es jetzt ruhig war.

Erik griff ebenfalls nach seinem Handy. »Flüchtiger Tatverdächtiger! Unbedingt die Bahnhöfe und die Fähren kontrollieren! Die Fluggäste natürlich auch. Eine Personenbeschreibung folgt. Die muss auch an alle Fischer gehen, die morgen rausfahren. Kann sein, dass der Flüchtige versucht, mit einem Fischerboot von der Insel zu kommen.«

In diesem Moment wurde die Nachbartür geöffnet und wieder verschlossen. Schritte auf dem Flur, ein Mann ging an der geöffneten Tür von Björn Mendes Zimmer vorbei. Er stutzte, warf einen Blick auf Erik und Sören, schien fragen zu wollen, was sie in diesem Zimmer machten, überlegte es sich dann aber anders und ging weiter.

Ein Mann mit einer roten Schirmmütze! Erik hörte ihn die Treppe hinabsteigen und das Klirren des Schlüssels, den er auf die Rezeption legte. Er überlegte kurz. Die rote Schirmmütze berührte etwas in seiner Erinnerung, aber er konnte sich nicht entsinnen, was es war.

Sören ließ aufatmend sein Handy sinken. »Er kommt nicht von der Insel herunter. Mende muss uns zufällig gehört haben, als er vom Bad in sein Zimmer ging.« Er seufzte tief auf. »Na, jedenfalls hat er uns mit seiner Flucht schon ein Geständnis geliefert. Nun müssen wir den Kerl nur noch einfangen, dann können wir den Fall zu den Akten legen.«

Erik ging müde die Treppe hinab. »Das Zimmer wird versiegelt«, sagte er zu der Pensionswirtin. »Morgen kommt die Spurensicherung.«

»Und wer zahlt die Zimmermiete?«, quäkte es hinter ihm her.

Aber er zog es vor, diese Frage zu überhören. Erik trat auf die Straße, Sören dicht hinter sich, die Tür der Pension Störtebeker fiel krachend hinter ihnen ins Schloss.

»Verdammt!«, sagte Erik. »Verdammt, verdammt!«

Der Abend war sternenklar und windstill gewesen. Zu still. Das wusste Erik, als er von den rüttelnden Rollläden und den Zweigen geweckt wurde, die ans Fenster peitschten. Hatte es eine Sturmwarnung gegeben? Nein, er legte sich ins Kissen zurück und schloss die Augen wieder. Wer auf einer Nordseeinsel wohnte, lebte mit dem Wetter. Wenn es eine Sturmwarnung gab, wurde überall auf der Insel darüber geredet. Die Alten erzählten von der letzten Sturmflut, und die Jungen sahen zu, dass sie alles in Sicherheit brachten, was Beute des Windes werden konnte. Unmöglich, darüber hinwegzusehen, ohne die Gefahr zu erkennen.

Wenn der Wind ums Haus heulte so wie jetzt, hatte Lucia sich dicht an ihn geschmiegt, wie ein Kind eine Hand auf seine Brust gelegt und ihren Kopf in seine Halsbeuge. »Sag mir, dass es keine Sturmflut gibt«, hatte sie dann gebettelt.

Es war niemals eine Sturmflut geworden. Lucia hatte nie eine erlebt. Zum Glück. Wenn der Sturm sich in der Nacht erhoben hatte, waren sie oft am nächsten Morgen zum Strand gegangen, wo die rote, zerfetzte Fahne flatterte. Die Schultern voran, mit vorgelegtem Körper, hatten sie sich vorwärtsgestemmt, und Lucia hatte gelacht. Sprechen konnten sie nicht, denn der Wind verschlug ihnen den

Atem. Lucia hatte den Sturm einmal mit der Liebe verglichen, mit der Umarmung eines feurigen Liebhabers. Das Heranziehen und Loslassen, das Locken und Drängen, das Kosen und Niederdrücken. »Wie die Leidenschaft«, hatte sie gesagt.

Nein, ein Sturm war es nicht, noch nicht, aber ein heftiger Wind, der immer wieder etwas Neues fand, mit dem sich klappern, rasseln und klirren ließ, eine neue Ritze, in die er heulen konnte, und neue Wolken, die er vor dem Mond hertrieb. Erik stand auf. Er würde keinen Schlaf finden, das wusste er.

Er warf sich einen Bademantel über und schlich die Treppe hinab. Die Nacht war hell, er machte kein Licht. Wo mochte Björn Mende jetzt sein? Ob er irgendwo Unterschlupf gefunden hatte? Es gab zu dieser Zeit viele ungenutzte Ferienapartments. Wahrscheinlich hatte er sich Zugang zu einer leer stehenden Wohnung verschafft und verbrachte nun die Nacht unter einem sicheren Dach. Wohin mochte er sich wenden, wenn er erwachte? Natürlich würde er versuchen, die Insel zu verlassen. Aber das würde ihm nicht gelingen. Jedenfalls nicht, wenn die Kontrollen so streng und gewissenhaft durchgeführt wurden, wie Erik sie angeordnet hatte.

Auch Mamma Carlotta erwachte. Vor dem Fenster ihres Zimmers führten zuckende Schatten ein verrücktes Schauspiel auf, sie rasten über die Wände, verharrten manchmal sekundenlang völlig regungslos, um dann wieder ihren Tanz nach der heulenden Melodie zu beginnen, nach dem Rhythmus des Windes. Carlotta stand auf. Sie würde nicht schlafen können bei dem Spektakel, das dort draußen aufgeführt wurde. Und außerdem wollte sie unter den Zuschauern sein.

Während sie ihren Bademantel überzog, brüllte der Wind auf, dass sie erschrak, dann sang er einen lang anhaltenden, klagenden Ton, der immer schärfer wurde und die Nacht durchschnitt.

Im Wohnzimmer stand schon ein weißer Bademantel am Fenster. »Enrico?«

Ihr Schwiegersohn drehte sich um. Sie konnte nicht erkennen, ob er lächelte, aber sie hörte es an seiner Stimme. »Du kannst auch nicht schlafen?«

Schweigend sahen sie eine Weile gemeinsam dem Spiel des Windes zu, dann fragte Mamma Carlotta: »Weiß Andresen eigentlich, dass sein Auslieferer der Mörder seiner Frau ist?«

Erik nickte in den Mond. »Er war fassungslos.«

»Und wusste er, dass seine Frau mit Björn Mende ein Verhältnis hatte? Oder ahnte er es?«

»Nein, er war völlig überrascht. Natürlich wusste er auch nicht, dass Mende Christa Kerns Stiefsohn war.«

»Der arme Mann!« In einem Augenblick der Windstille sah Mamma Carlotta, dass Erik grinste. »Ja, ich weiß, was du denkst. Sympathisch ist er mir immer noch nicht, aber Mitleid habe ich nun doch mit ihm.« Und leise fügte sie hinzu: »Hoffentlich geht es wenigstens Saskia bald besser. Und hoffentlich kann er dann mit ihr nach Boston fliegen und sie operieren lassen. Es wäre schrecklich, wenn er auch noch das Kind verlöre.«

Erik antwortete nicht, aber Mamma Carlotta wusste, dass er ebenfalls Mitleid mit Andresen hatte. Auch ein ungeliebter Partner hinterließ eine Lücke.

Mamma Carlotta starrte in den Mond. Eigentlich war es nicht nötig, am Montag erneut als Anna Rocchi bei Andresen aufzutauchen. Wozu? Es gab keine Beweise mehr zu sammeln. Tove und Fietje brauchten sich auch keine Sorgen mehr zu machen, dass sie in der Höhle des Löwen zu Schaden kommen könnte. Wenn sie sich nun einfach nie wieder bei Andresen blicken ließ?

Andererseits wäre es unfair, Andresen jetzt im Stich zu lassen. Schon einmal hatte sie ihn hängen lassen, und für Montag hatte sie ihm sogar die Rezepte versprochen. Nein, es war schlimm genug, dass sie sich mit falschen Verdächtigungen bei ihm eingeschlichen hatte.

Noch ein- oder zweimal würde sie bei ihm arbeiten und dann behaupten, sie müsse nach Italien zurück. Irgendwie hatte die Arbeit ja auch Spaß gemacht. Und ganz ehrlich: Sie hätte gerne miterlebt, wie es weiterging mit Saskia. Außerdem lockte sie die Sensationslust zu Fisch-Andresen. Natürlich nur ein kleines bisschen, nur so viel, dass sie später in ihrem Dorf eine gute Geschichte erzählen konnte. Ein Sylter Fischhändler, dessen Frau ermordet worden war – und sie, Carlotta Capella, hatte mit ihm über diesen Schicksalsschlag gesprochen! Und nicht nur das! Sie hatte vorher sogar mit dem Mörder Seite an Seite in der Fischküche gearbeitet. Eine Attraktion, die auf ihrem Dorfplatz so schnell nicht übertroffen werden konnte.

20

Die Autoschlange war ungewöhnlich lang. Warum rumpelte es auf den Planken des Sylt-Shuttles nur bedächtig, während es sonst bei großem Andrang auf ihnen ratterte wie in der Nähstube einer eiligen Schneiderin? Lag es an dem Sturm, der Landratten in Angst und Schrecken versetzen konnte? Vielleicht waren viele aufgebrochen aus Angst, dass der Hindenburgdamm bald geschlossen würde. Spätestens bei Windstärke zehn fuhr kein Autozug mehr durchs Watt.

Aber Erik merkte bald, dass etwas anderes dahintersteckte, und das erfüllte ihn mit großer Befriedigung. Beamte der Bereitschaftspolizei hielten jeden Wagen an, warfen einen Blick auf die Insassen, winkten Familien mit kleinen Kindern und Autos mit weiblichen Fahrgästen durch, führten aber bei allen anderen eine Personenkontrolle durch. Niemand öffnete bei dem Sturm gern ein Fenster, erst recht wollte niemand aussteigen, aber die Beamten waren unerbittlich. Erik würde während der Pressekonferenz erwähnen, wie gut die Insel überwacht wurde. Für Björn Mende gab es kein Entkommen.

Erik selbst zählte als allein reisender Mann zu denen, die ausgiebig kontrolliert werden sollten. Lächelnd reichte er dem Kollegen, der sich verzweifelt die Mütze festhielt, seinen Dienstausweis. »Schön, dass Sie so gründlich arbeiten. Solange der Tatverdächtige sich auf der Insel aufhält, besteht die Chance, ihn bald zu erwischen.«

Der junge Beamte lachte. »Herr Wolf persönlich! Ihnen haben wir es also zu verdanken, dass wir uns hier beschimpfen lassen müssen.«

Erik lächelte zerknirscht. »Tut mir leid, aber Sie wissen ja ...«

»Job ist Job! Klar!« Der Bereitschaftspolizist tippte sich an die Mütze und winkte den Hauptkommissar durch.

Erik fühlte sich wohl, als sein Auto mit fest angezogener Handbremse auf dem Oberdeck stand. Der Wagen schüttelte sich im Wind, aber er stand sicher und fest. Auf diesem Weg würde Björn Mende die Flucht nicht gelingen, so viel war klar! Auf die Kontrollen im Lister Hafen vertraute Erik ebenso. Die Fischerboote allerdings waren ein Schwachpunkt, eine Lücke, durch die Mende schlüpfen konnte. Womöglich hatter er mit einem der Fischer, die regelmäßig ihren Fang zu Andresen brachten, Bekanntschaft geschlossen. Und wenn er dem genug Geld bot ... Doch es sprach nichts dafür, dass Björn Mende Geld zur Verfügung hatte, mit dem er einen Fischer bestechen konnte. Seine Geldbörse war im Pensionszimmer geblieben, seine EC-Karte auch. Wenn er niemanden hatte, der ihm half, standen seine Chancen schlecht. Außerdem würde im Laufe des Tages sein Konterfei auf der ganzen Insel ausgehängt werden. Vetterich hatte in der Pension Mendes Papiere gefunden, es gab also ein Foto, das vervielfältigt werden konnte. Nein, die Verhaftung war nur eine Frage der Zeit.

Je länger Erik nachdachte, desto ruhiger sah er der Begegnung mit der Staatsanwältin und den Fragen der Reporter entgegen. Dass er die Fahrt nach Flensburg zu einem Besuch bei Björn Mendes Psychiater nutzen wollte, würde er nicht erwähnen. Das erweckte womöglich den Eindruck, dass er sich seiner Sache noch nicht ganz sicher war.

Aber er wollte diese Gelegenheit unbedingt nutzen. Erik hatte das Gefühl, dass er Björn ein Stück näher kam, wenn er mit Dr. Baron über ihn reden konnte. Es kam ihm so vor, als wäre er ihm bereits auf den Fersen, wenn er begreifen konnte, warum dieser junge Mann mindestens einen Menschen umgebracht hatte.

Dr. Baron war nicht erstaunt gewesen, als Erik ihn anrief. Er hatte schon in der Zeitung von Ulla Andresens Ermordung gelesen und im Radio die Suchmeldung gehört. Daher wusste er auch, dass Björn Mende in dringendem Verdacht stand, Ulla ermordet zu haben. Zum Glück redete Dr. Baron nicht mehr von seiner ärztlichen Schweigepflicht, sondern war der Meinung, dass diese Dramatik es rechtfertigte, über seinen Patienten zu sprechen. »Zumal sie beide in einer Therapiegruppe waren, in der sowieso offen geredet wurde. Was ein Patient dort preisgibt, kann nicht der Schweigepflicht unterliegen, schon gar nicht der ärztlichen. Er muss ja zum Beispiel damit rechnen, dass andere von den Gruppengesprächen erzählen.«

Erik dachte an Gaby Woicke. Wie Recht Dr. Baron hatte! »Sie haben aber auch Einzelgespräche mit Björn Mende geführt?«

»Richtig. Ulla Andresen dagegen hat sich nur an den Gruppengesprächen beteiligt.«

Erik versicherte, dass es ihm hauptsächlich darauf ankam, Björn Mende zu verstehen. Fakten, die die Beweislage sicherten, erwartete er von Dr. Baron nicht. Daraufhin war der Psychiater ohne Weiteres bereit gewesen, ihn zu empfangen. Und das, obwohl Sonntag war.

Dr. Detlef Baron war ein großer, vierschrötiger Mann, der in einem kanadischen Holzfällercamp nicht weiter aufgefallen wäre. Seine Augen dagegen waren sanft und gleichzeitig aufmerksam. Er praktizierte im vierten Stock eines Altbaus in der Nähe des Hafens. Anscheinend hatte er seine psychiatrische Praxis in seine Wohnräume integriert. Kinderstimmen drangen durch die Wände und gelegentlich das helle Rufen einer Frau.

Erik nahm in einem großen Raum Platz, in dem augenscheinlich die Gruppentherapie abgehalten wurde. Ein Stuhlkreis für etwa ein Dutzend Patienten war aufgestellt worden, Dr. Baron zerstörte ihn, indem er einen Stuhl in den Kreis hineinrückte und sich Erik gegenübersetzte.

»Björn Mende soll also ein Mörder sein?«

Erik nickte. »Es spricht alles dafür. Wir haben zwei DNA-Tests.«

Dr. Baron hob die Augenbrauen. »Zwei?«

»Björn Mende steht nicht nur im Verdacht, Ulla Andresen ermordet zu haben, alles spricht dafür, dass er auch der Mörder von Christa Kern ist.« Erik sah, dass Dr. Baron mit dem Namen nichts anfangen konnte, und ergänzte: »Seine Stiefmutter.«

»Ach, du meine Güte!« Dr. Baron sah sorgenvoll drein. »Ein schwieriger Fall«, murmelte er. »Leider hat er die Gruppentherapie abgebrochen. Dabei tat sie ihm so gut! Ich weiß nicht, warum er nicht mehr gekommen ist. Ich habe versucht, ihn anzurufen, aber er ging nie ans Telefon.«

»Er lebte in der letzten Zeit auf Sylt.«

Dr. Baron sah überrascht auf. »Bei Ulla?«

»In Ullas Nähe. Er hat bei ihrem Mann gearbeitet.«

Dr. Baron stieß die Luft aus. »Warum bin ich nicht selber darauf gekommen? Er klammerte sich ja an Ulla. Seit er sie kannte, glaubte er wieder an ein normales Leben.«

»Normales Leben? Was meinen Sie damit?«

»Ein Leben ohne Pornos und Onanie.« Er blickte auf und sah in Eriks überraschtes Gesicht. »Sein Leben hat sich jahrelang nur darum gedreht. Pornos und Onanie. Er litt an Sexsucht. Ob er geheilt ist? Ich wage es zu bezweifeln.«

»Sexsüchtig als Folge des sexuellen Missbrauchs?«

Dr. Baron nickte. »Wenn von sexuellem Missbrauch die Rede ist, denkt fast jeder an männliche Täter und die Mehrzahl an weibliche Opfer. Aber es gibt eben auch die weiblichen Täter und ihre männlichen Opfer. Die Täterinnen sind meist schwache Persönlichkeiten, die auf dominante Personen unterwürfig reagieren und bei schwachen Personen dominieren. Die Stiefmutter war anscheinend mit einem dominanten Mann verheiratet, auf den sie so unterwürfig reagierte, wie er das von ihr erwartete. Sie litt aber darunter, und das kompensierte sie, indem sie die Dominanz an seinen Sohn weitergab. Als Björn elf war, hat sie den ersten Porno mit ihm zusammen gesehen. Bilder, die der Junge nie aus seinem Kopf bekam. Kurz darauf fing er an zu onanieren. Am Ende hielt er es kaum eine Stunde irgendwo aus, ohne sich zu befriedigen. Weil es ihm dann besser ging, weil dadurch für eine kurze Weile sein Schmerz betäubt war.«

»Schmerz? Hat seine Stiefmutter ihm Gewalt angetan? Körperliche Gewalt?«

Dr. Baron schüttelte den Kopf. »Sie hat ihm seine Selbstachtung genommen. Sie wusste, dass er sich schuldig fühlte, weil seine Mutter sich nach einem Streit mit ihm ins Auto gesetzt hatte und in ihrer Erregung viel zu schnell gefahren war. Er lebte in der ständigen Angst, sein dominanter Vater könnte herausbekommen, dass der Sohn schuld am Tod seiner Frau war. Nicht noch einmal wollte Björn derart schuldig werden. Und auf diese Weise bekam seine Stiefmutter Macht über ihn. Als sie ihn einmal gezwungen hatte, konnte sie es immer wieder tun, weil Björn große Angst davor hatte, dass sie seinem Vater verraten würde, was er getan hatte. Sie drohte ihm sogar damit, seinem Vater zu sagen, dass er sie vergewaltigt hätte. So schaffte sie es, ihn immer wieder zu zwingen, sie oral zu befriedigen.«

»Und als der Vater gestorben war?«

»Da waren Zwang und Schuld längst ein vertrautes Muster geworden. Björn glaubte, sich dem Zwang seiner Stiefmutter nicht entziehen zu können. Er schaffte es erst, als er achtzehn war und eine junge Frau kennen lernte, die so war wie seine Stiefmutter: dominant! Er ließ sich von ihr herumkommandieren und war froh, dass sie ihn ganz für sich allein haben wollte. Mit ihrer Hilfe schaffte er es, sich von seiner Stiefmutter zu befreien. Er heiratete mit achtzehn und nahm den Namen seiner Frau an. Die beiden zogen weit weg von der Stiefmutter, sie hörten nie wieder voneinander.«

»Aber er ging zu Ulla nach Sylt, obwohl seine Stiefmutter auch dort lebte.«

Dr. Baron dachte eine Weile nach. »Dann wusste er es nicht«, sagte er mit großer Bestimmtheit. »Björn hätte sich niemals freiwillig in ihre Nähe begeben. Sein Hass auf sie war viel größer als seine Liebe zu Ulla.«

»Wie lange hat seine Ehe gehalten?«

»Nur ein paar Monate. Björn hatte sich natürlich durch die Ehe und den neuen Namen gar nicht von seiner Stiefmutter befreit, wie er geglaubt hatte. Nur äußerlich, nicht innerlich. Normaler Geschlechtsverkehr war für ihn weiterhin unmöglich, er onanierte immer noch. Und als er das Internet entdeckte, wurde es noch schlimmer. Er musste gar nicht mehr in die Öffentlichkeit, um sich Pornofilme zu besorgen, er setzte sich einfach zu Hause vor den Computer und verbrachte dort den Großteil des Tages. Seine Arbeit verlor er, Freunde hatte er nie gehabt, und seine Frau verließ ihn.«

»Aber ihren Namen behielt er.«

Dr. Baron nickte. »Nichts sollte ihn mit seiner Stiefmutter verbinden, er wollte nicht einmal denselben Namen tragen wie sie. Es war auch der Name seines Vaters, den er mittlerweile genauso hasste wie seine Stiefmutter. Björn Mende ging sogar so weit, dass er das Erbe seines Vaters ausschlug. Er lebte an der Armutsgrenze, obwohl er ein vermögender junger Mann hätte sein können.«

»Wissen Sie zufällig, wo seine geschiedene Frau lebt? Ich würde sie gerne aufsuchen.«

»Sie hat einen Kanadier geheiratet und lebt jetzt in Kanada.« Dr. Baron sah Erik bedauernd an. »Es dürfte schwer sein, sie zu finden.«

Erik winkte ab. »Ist nicht so wichtig.« Dann konzentrierte er sich, um wieder an den Gesprächsfaden anzuknüpfen. »Wie kam Björn Mende zu Ihnen?«

»Über die SLAA. Sex and Love Addicts Anonymous. Wenn Sie so wollen, die anonymen Sexsüchtigen. Er wollte von den Pornos und der Onanie weg, weil sie ihn an einem normalen Leben hinderten. Aber Gruppen der SLAA gab es nicht in seiner Nähe, daher kam er schließlich zu mir. Auf Empfehlung eines SLAA-Mitglieds.«

»Wie würden Sie seine Beziehung zu Ulla Andresen kennzeichnen?«

»Die Folgen von sexuellem Missbrauch sind vielfältig. Bei Björn Mende äußerten sie sich in einem extremen Klammern an Bezugspersonen. Er war ständig auf der Suche nach Liebe, war aber andererseits zu einer Beziehung mit emotionaler Tiefe und Vertrauen gar nicht mehr fähig.«

»Und was empfand Ulla für ihn?«

Dr. Baron seufzte. »Bei Ulla lagen die Verhältnisse natürlich ganz anders als bei Björn. Was sie brauchte, war eine Beziehung außerhalb ihres engen, eingegrenzten Lebens. Sie sicherte sich die Beziehung zu Björn, indem sie ihm half. Ich war immer in Sorge, dass sie irgendwann mit ihm Schluss machen würde. Dann nämlich, wenn sie glaubte, Björn ausreichend geholfen zu haben. Ich wusste, nach der Genesung ihrer Tochter oder nach ihrem Tod würde sie sich von ihrem Mann trennen. Und genauso klar war, dass Ulla sich dann nicht auf eine weitere – und vor allem nicht auf eine so komplizierte – Beziehung einlassen würde. Der Verdacht, dass Björn von Ulla zurückgewiesen wurde, ist also nicht ganz abwegig.«

»Können Sie sich vorstellen, dass Björn auf eine solche Zurückweisung derart gewalttätig reagiert?«

Dr. Baron zuckte die Schultern und antwortete nicht.

»Noch etwas: Es ist nicht auszuschließen, dass Björn das Geld für Saskias Operation seiner Stiefmutter gestohlen hat. Nach deren Ermordung.«

Dr. Baron sah überrascht auf. »Sie meinen Raubmord?«

Erik nickte. »Allerdings spricht das Geld doch eigentlich dagegen, dass Ulla ihn zurückwies. Wenn sie die Beziehung beenden wollte, dann hätte sie damit sicherlich gewartet, bis die Operation stattgefunden hat. Sie musste doch sichergehen, dass ihr das Geld blieb. Sie hätte sich Björns Loyalität so lange gesichert, bis Saskia operiert war.«

Dr. Baron nickte langsam. »Stimmt, Ulla war eine kühle Denkerin.« Er betrachtete Erik jetzt aufmerksam. »Aber Sie sind nicht sicher, dass das Geld von Björns Stiefmutter stammt?«

Erik schüttelte den Kopf. »Der Dieb muss gewusst haben, wo das Geld ist. Das spricht gegen Björn. Er kann sich in diesem Haus nicht gut ausgekannt haben. Es war in einem mustergültigen Zustand. Ungewöhnlich aufgeräumt und ordentlich.«

»Tja ...« Dr. Baron sah unruhig zur Tür, hinter der zwei Kinderstimmen darüber berieten, ob man den Papa nun stören dürfe oder nicht.

Erik erhob sich. »Falls Björn sich bei Ihnen melden sollte, geben Sie mir bitte Bescheid?«

Der Wind, der im Laufe des Tages zahm geworden war, fand abends zu seiner Wildheit zurück. Hinter Flensburg hörte Erik die erste Sturmwarnung im Radio. »Der Fährbetrieb zwischen Römö und Sylt wird eingestellt.«

Er erschrak. Wenn nur nicht der Hindenburgdamm gesperrt wurde! Plötzlich ärgerte er sich, dass er nach der unergiebigen Pressekonferenz noch zu Dr. Baron gefahren war. Wenn der Besuch bei ihm auch interessant gewesen war und ihm ein neues Täterprofil eröffnet hatte, eine Nacht in einem Niebüller Hotel war er nicht wert gewesen. Besser, er hätte den Sonntagabend seinen Kindern und seiner Schwiegermutter gewidmet. Es war erstaunlich, dass Mamma Carlotta keine Ansprüche an ihn und den ersten Urlaub ihres Lebens stellte. Natürlich wollte sie etwas erleben. Mamma Carlotta hatte immer etwas erleben wollen.

Der Wagen schüttelte sich unter jeder Bö, Erik packte das Steuer fester an, um in der Spur zu bleiben. Wolken rasten über den Himmel, Laubkronen wurden niedergedrückt und wieder aufgefächert, Geäst wirbelte über die Straße, dünnes Wehklagen drang durch die Luftschlitze, dann wieder barsches Geheul.

Dann endlich der Wegweiser zum Autozug, die Verladerampe kam in Sicht – alle Sorgen waren vergeblich gewesen. Der Autozug wartete, der Fahrplan wurde eingehalten.

Erik lehnte sich zurück und wartete. Irgendwann rumpelte der Zug mit knirschenden Planken los, aber als er Fahrt aufnahm, wurde er ruhiger, beinahe geräuschlos. Jedes Ächzen, jedes Rattern, jedes Knarren riss der Wind sofort an sich und trug es fort.

Wo mochte Björn Mende sein? Vielleicht bewog ihn das Wetter ja zur Aufgabe. Plötzlich wurde es ruhiger da draußen, der Wind flötete, dann wieder fiel er die Windschutzscheibe an, und vorbei war es mit der Ruhe. Nicht einmal die Möwen, die mit dem Wind verbündet waren, konnten es ihm heute recht machen. Immer wieder versuchten sie, sich auf seinen Schwingen auszustrecken, rasten dann mit ihm dahin, aber begannen schon in der nächsten Bö zu trudeln.

In Westerland waren nur wenige Menschen auf der Straße, bis zur Unkenntlichkeit geschützt unter ihren gebeugten Rücken, den verschränkten Armen und den in die Stirn gezogenen Kapuzen. Trotzdem erkannte Erik den Mann, der über die Norderstraße schlingerte. Er hatte seinen Mantelkragen hochgeschlagen, drückte ihn mit beiden Händen auf die Ohren und bemühte sich, auf Kurs zu bleiben, während der Wind immer wieder versuchte, ihn vom Fußweg auf die Fahrbahn zu drängen. Wahrscheinlich kam er aus der Nordseeklinik. Warum war er bei diesem Wetter zu Fuß unterwegs?

Erik wendete in einer Bushaltestelle, fuhr zurück und hielt neben Wolf Andresen. Er wollte sich über den Beifahrersitz beugen und die Tür öffnen, fürchtete aber, dass der Wind sie ihm aus der Hand schlagen würde. Deswegen ließ er nur die Seitenscheibe ein Stück herunter und schrie gegen die Bö an, die in seinen Wagen heulte: »Soll ich Sie nach Hause fahren?«

Andresen beugte sich ins Auto, ohne die Hände von den Ohren zu nehmen. »Ist das denn Ihre Richtung?«

»Steigen Sie nur ein!«

Andresen stöhnte auf, als er neben Erik saß und die Tür und die Fensterscheibe geschlossen waren. »Ich dachte, die frische Luft würde mir guttun. Ich habe nicht damit gerechnet, dass der Wind derart zunimmt.« Er hatte versucht, ruhig und gelassen zu sprechen, aber man merkte ihm an, dass er den Tränen nahe war.

»Ist was mit Saskia?«, fragte Erik vorsichtig.

Andresen schob das linke und das rechte Vorderteil seines Mantels so über die Schenkel, dass sie den gleichen

Abstand zu den Knien hatten. Dann nickte er. »Es schien ihr besser zu gehen. Die künstliche Beatmung wurde abgestellt. Sie öffnete die Augen, nahm ihre Umgebung wahr, aber dann ...« Nun weinte er wirklich. »... dann sah sie mich. Und sie begann zu schreien. Ich hatte damit gerechnet, dass sie nach ihrer Mutter fragen würde, dass sie weinen würde, weil Ulla nicht da war. Aber was, glauben Sie, hat sie gesagt?« Er zog ein Taschentuch hervor, tupfte seine Augen ab und ließ die Hände sinken. »Böser Wolf!«, sagte er so leise, dass Erik ihn kaum verstehen konnte.

Erik legte den ersten Gang ein und fuhr an. Als er den Blinker setzte, um nach links in die Brandenburger Straße abzubiegen, fragte er: »Warum nur dieser Hass? Können Sie sich erklären, warum Ihre Frau dem Kind diesen Hass einflößte?«

Andresen antwortete erst, als Erik vor seinem Geschäft hielt. »Es gibt Frauen«, sagte er, »die lieben nur so lange, wie sie etwas verändern können. Ulla war so eine Frau. Liebe war für sie die Arbeit am Meisterstück. Wenn die Vollkommenheit erreicht war oder wenn klar wurde, dass sie nicht erreicht werden konnte, dann hörte ihre Liebe auf.« Sein Kopf bewegte sich einmal nach links, dann nach rechts, anschließend zweimal nach links und zweimal nach rechts. »Bei Ulla wurde sogar Hass daraus. Es genügte ihr nicht, dass sie mich betrog und mir meine Selbstachtung nahm. Nein, sie musste mir auch noch das Kind entfremden. Was meinen Sie, wie oft ich mich gefragt habe, was eigentlich aus Ullas Liebe zu Saskia werden sollte, wenn das Kind wieder gesund war?« Er nahm die Hände wieder von den Knien und griff nach seinen beiden Kragenspitzen, als wollte er nicht in Versuchung kommen, Erik die Hand zu reichen. »Vielen Dank, dass Sie mich nach Hause gebracht haben. Ich hatte mir wirklich zu viel vorgenommen mit meinem Spaziergang. Bei dem Wind!«

Erik nickte und war dankbar, dass das Persönliche weggeweht war. »Es hat eine Sturmwarnung gegeben«, sagte er. Unter allen Umständen wollte er wieder den Andresen vor sich haben, den er kannte und den er nicht mochte, der keine Gefühle zeigte und so unsympathisch war, dass sich sogar sein eigenes Kind vor ihm fürchtete.

»Haben Sie Björn eigentlich schon gefasst?«, fragte Andresen, während er aus dem Auto stieg.

Erik schüttelte den Kopf. »Aber von der Insel kommt er nicht runter. Wir werden ihn bald verhaften, ganz sicher.«

Als Erik wieder in die Trift einbog, war er erleichtert. So, wie es gut gewesen war, nach Flensburg zu fahren, um mehr über Björn Mende zu wissen, war es gut gewesen, mehr von Wolf Andresen zu erfahren. Während er die Westerlandstraße Richtung Wenningstedt fuhr, dachte er über das nach, was Andresen gesagt hatte. Ulla liebte nur so lange, bis die Vollkommenheit erreicht oder klar war, dass sie nicht zu erreichen war. Hatte sie aufgehört, Björn zu lieben, als sie ihn für geheilt hielt? Als seine Sexualität wieder normal war? Oder hatte sie aufgehört, ihn zu lieben, weil er trotzdem nicht aufhören konnte mit seiner Besessenheit? Und was war mit ihrem Mann? Wäre er ihrer Liebe nur sicher gewesen, wenn er es als Geschäftsmann zur Vollkommenheit gebracht hätte?

Erik hatte Mitleid mit Wolf Andresen, tiefes Mitleid. Aber sympathischer war er ihm deswegen auch nicht.

21

Mörder endlich gefunden und gleich wieder verloren! Wer schützt die Sylter Bürger? Vor dem Mann, der zu allem fähig ist, und vor dem, der nicht fähig ist, uns zu schützen: Hauptkommissar Wolf!

Cousine Isabella war ein sehr spontaner Mensch. Das wussten alle. In Mamma Carlottas Heimat zumindest. Auf Sylt war das weniger bekannt. Deswegen dachte Erik, als um halb sechs morgens das Telefon ging, an einen Todesfall in der Familie, an Björn Mendes Ergreifung und an eine Sturmflut, und das womöglich alles gleichzeitig. Während er blind die Treppe hinuntertapste und sich zum Telefon vortastete, kam eine weitere Befürchtung hinzu: Björn Mende hatte sich eine Waffe besorgt, auf einen Kollegen geschossen und diesen schwer verletzt oder sogar ...

Zum Glück war er an diesem entsetzlichen Punkt am Telefon angekommen. Noch ehe er ausprobieren konnte, ob seine Stimme zu dieser Tageszeit überhaupt funktionierte, wurde ihm die Frage: »Bist du es, Carlotta?« entgegengejubelt.

Erik gab sich keinerlei Mühe, ein fröhliches »Guten Morgen« herauszubringen. Im Grunde kannte er Isabella nicht einmal besonders gut. Jedenfalls nicht gut genug, um ihr nachzusehen, dass sie ihn um halb sechs aus dem Bett holte. Er hatte sie bei einer seiner seltenen Reisen nach Umbrien besucht, weil Lucia es so wollte, und hatte ihren Kuchen gelobt, der so süß gewesen war, dass er sein Sodbrennen erst nach zwei Gläsern Grappa in den Griff bekommen hatte. Auf keinen Fall konnte es zu seinen familiären Pflichten gehören, Isabella zu dieser Zeit freundlich zu begrüßen.

»Hast du schon mal auf die Uhr gesehen?«, knurrte Erik in seinem Sprachkursitalienisch. »Carlotta liegt noch im Tiefschlaf. Ich übrigens vor ein paar Minuten auch noch.«

»Geh und weck Carlotta«, kam es ungerührt zurück. »Sie wird dir nie verzeihen, wenn sie die Neuigkeit nicht als Erste erfährt.«

Erik mochte das zwar nicht glauben, hatte es aber aufgrund von vielen befremdlichen Erfahrungen längst aufgegeben, sich über die Prioritäten bei den weiblichen Mitgliedern der Familie Capella zu wundern. Er stieg die Treppe hoch, um seine Schwiegermutter zu wecken, und hoffte, dass Isabellas Mann schon wach war, damit er ein wachsames Auge auf die Länge dieses Auslandsgesprächs haben konnte.

Ein weiteres Mysterium der weiblichen Capellas war, dass sie ahnten, wenn eine von ihnen etwas Sensationelles zu verkünden hatte. Daher stand Mamma Carlotta schon in der Tür, als Erik in der ersten Etage angekommen war.

»Isabella ist am Apparat? Dann muss etwas aus der Liebe zwischen ihrer Tochter und dem jungen Fernsehschauspieler geworden sein. Wenn Isabella um diese Zeit anruft, muss es mindestens um eine Verlobung gehen. Wenn nicht sogar um eine Hochzeit ...«

Als sie endlich das Telefon in der Hand hielt, begrüßte sie mit einem Schwall italienischer Worte ihre Cousine. Sie hörten sich nicht so an, als wäre darunter auch nur ein einziges des Vorwurfs.

Erik überlegte. Ob er statt zurück ins Bett unter die Dusche gehen sollte? Dies wäre eine einzigartige Gelegenheit, schon gegen sieben am Schreibtisch zu sitzen und alles aufzuarbeiten, was seit Christa Kerns Ermordung liegen geblieben war. Erik gähnte herzhaft und lauschte auf die rhythmisch hervorgestoßenen »Sì!«, »No!« und »Davvero?« seiner Schwiegermutter. Die beiden Mordfälle waren gelöst, es galt nur noch, den flüchtigen Täter zu fassen. Er hatte also einen ruhigen Arbeitstag vor sich. Björn Mendes Ergreifung war nicht seine Aufgabe, sondern die der Kollegen, die zurzeit die Insel durchkämmten. Sie würden ihn bald finden, ganz sicher. Wo sollte er schon hin? Eine Flucht von der Insel kam nicht in Frage. Die Fähre war ja wegen des Sturms nicht gefahren, und keines der Fischerboote ...

»Der Sturm!« Erik horchte, dann lief er die Treppe hinab ins Wohnzimmer. Auch der Sturm hatte die Flucht ergriffen. Unbemerkt hatte er sich davongemacht, wütete jetzt woanders oder war eingeschlafen. Die paar abgerissenen Zweige und Äste! Die wenigen Dachpfannen, Gartenstühle und Plastikeimer! Niemand war zu Schaden gekommen, niemand obdachlos geworden. Ein jugendlicher, übermütiger Sturm, der ein bisschen Unordnung angerichtet hatte und nun so tun wollte, als hätte es ihn gar nicht gegeben.

Erik atmete auf. Also würde er nicht zurück ins Bett, aber auch nicht zum Dienst, sondern in den Garten gehen, um die abgerissenen Äste zusammenzukehren.

Mamma Carlotta hatte gerade ihr Gespräch beendet, als er in die Diele kam. Ihre leuchtenden Augen ließen Schreckliches vermuten. Um sich eine Gnadenfrist zu verschaffen, die sich, wenn er Glück hatte, bis zum Frühstück ausdehnen ließ, nahm er seiner Schwiegermutter das Telefon mit dienstlicher Miene aus der Hand und bedeutete ihr, dass jetzt keine Zeit für Familientratsch sei. Und da Mamma Carlotta zum Glück Hochachtung vor seinem Beruf hatte, konnte er damit rechnen, dass sie seine Aufgaben als Kriminalhauptkommissar der Attraktion ihrer Cousine überordnete.

Er wählte die Nummer des Reviers und war erfreut, dass er Engdahl am Apparat hatte. »Gibt's was Neues? Ist Björn Mende gefasst worden?«

»Leider noch nicht«, bedauerte Engdahl. »Aber es kann nicht mehr lange dauern. Der Sturm hat sich ja zum Glück gelegt. Wenn es hell ist, soll weitergesucht werden. Es ist unwahrscheinlich, dass Mende gestern von der Insel runtergekommen ist.« Er zögerte, ehe er leise ergänzte: »Es wird Zeit, dass wir ihn erwischen. Das Inselblatt hetzt die Bevölkerung gegen uns auf. Haben Sie heute Morgen schon die Zeitung gelesen?«

Erik hatte Glück, Mamma Carlotta war gerade in die Küche gegangen, um dort mit Hilfe eines Espressos über die Neuigkeiten von Cousine Isabella hinwegzukommen. Ungesehen huschte Erik zur Haustür, holte die Zeitung herein und lief die Treppe hoch.

Er verriegelte die Badezimmertür, schob die Zeitung in ein Regal und atmete auf. Wenn er es geschickt anstellte und unbemerkt in den Garten verschwinden konnte, schaffte er es vielleicht sogar, Cousine Isabellas Sensationen zu entgehen. Und da seine Schwiegermutter heute nicht die Zeitung gelesen hatte, würde sie ihm auch nicht stundenlang vorhalten, dass er etwas gegen die schrecklichen Reporter unternehmen müsse, die den Ruf der Familie Wolf gefährdeten.

Als er aus dem Garten kam, war er beglückt, weil sein Plan gelungen war. Carolin und Felix hörten sich die Geschichte an. Anscheinend fanden sie, was sie hörten, sogar bemerkenswert, denn Carolin erkundigte sich mit großem Interesse, wann und wie die frisch Verlobten sich kennen gelernt hätten, und Felix fand es total krass, demnächst mit einem Fernsehstar verwandt zu sein.

Während die Kinder ihre Sachen zusammenpackten und sich verabschiedeten, erschien Sören. »Ich habe gerade auf meinem Handy einen Anruf aus Dortmund bekommen.« Er sagte zu allem ja, was Mamma Carlotta ihm anbot, dann meinte er: »Die Dortmunder Kollegen waren in Jens Gühlichs Wohnung. Wahrscheinlich ist das jetzt gar nicht mehr wichtig, aber merkwürdig finde ich es schon ...«

»Was denn?«, fragte Erik ungeduldig.

»Die Zimmerwirtin von Jens Gühlich hat gesagt, er wäre nach Sylt gefahren. Er hätte da Freunde und Verwandte, die wolle er wiedersehen. Und vielleicht fände er dort auch einen Job, wenn sich jemand für ihn einsetzte.«

Erik sah auf seinen Teller, schob den Toast zur Seite und beschloss, auf das Rührei mit Schinken zu warten. »Merkwürdig ist das wirklich«, meinte er dann, fuhr aber entschlossen fort: »Für unsere beiden Fälle jedoch unerheblich.«

»Immerhin kannte Jens Gühlich beide Mordopfer«, gab Sören zu bedenken.

»Ohne das Ergebnis der DNA-Analyse wäre das tatsächlich eine Spur, die man verfolgen müsste. Aber wir wissen ja, wer der Täter ist.«

Sören nickte nachdenklich. »Und die Tatsache, dass Björn Mende getürmt ist, beweist es zusätzlich.«

Erik grinste. »Aber wenn Sie wollen, können Sie überprüfen, wo Jens Gühlich auf Sylt wohnt. Dann können wir mal mit ihm reden. Schaden kann es ja nicht.«

Sören nickte erleichtert. »Ich werde gleich mal meine Tante anrufen. Die arbeitet im Kurzentrum. Für die bedeutet so was einen Mausklick.«

»Vorausgesetzt, Gühlich wohnt in einem Beherbergungsbetrieb, der seine Gäste ordentlich anmeldet. Wenn er sich privat ein Zimmer gesucht hat, sehe ich schwarz.«

Mamma Carlotta erschien mit der Pfanne am Küchentisch und füllte erst Sören und dann Erik das Rührei auf.

»Hast du Sören schon erzählt, Enrico, dass heute bereits um halb sechs das Telefon ging?«, fragte sie arglistig. Dabei schob sie ihren Teller ein wenig zur Seite, legte die Unterarme gemütlich auf den Tisch und beugte sich zu Sören hinunter. Die Körperhaltung, die sie einzunehmen pflegte, wenn sie sich auf eine lange Zeit des Erzählens einrichtete.

»Von Cousine Isabella kannst du Sören später erzählen, wir haben jetzt keine Zeit.« Mit strenger Miene sah Erik seinen Assistenten an. »Worauf warten Sie? Rufen Sie Ihre Tante an!«

Sören warf einen Blick auf die Uhr. »In einer Viertelstunde tritt sie ihren Dienst an.«

»Versuchen Sie es jetzt schon«, forderte Erik und wich Mamma Carlottas vorwurfsvollem Blick aus.

»Also gut.« Sören zückte sein Handy. Und wie seiner Miene bald abzulesen war, hatte seine Tante an diesem Tag besonders pünktlich die Arbeit aufgenommen. Sie, die auf den alten friesischen Namen Kaiken hörte, schien aber erst von ihrem Neffen wissen zu wollen, ob bei ihm zu Hause alles in Ordnung war, ob die Eltern gesund waren und er selbst immer noch nicht an Ehe und Kinder dachte. Erst dann begriff sie, dass Sörens Anruf dienstlicher Natur war.

Sören hielt eine Hand vors Handy und erklärte leise: »Wie ich schon sagte: Für Tante Kaiken ist das ein Mausklick. Wir können warten.«

Kurz darauf lächelte er und lauschte kurz. »Danke, Tante Kaiken«, murmelte er dann. »Das war wirklich eine interessante Information.«

»Und? Was hat sie gesagt?«, wollte Erik wissen.

»Jens Gühlich hat sich in der Pension Störtebeker ein Zimmer genommen. Da, wo auch Björn Mende wohnte.«

Erik starrte ihn an. Dann nickte er. »Jetzt weiß ich, woran ich mich erinnerte, als der Mann mit der roten Schirmmütze an der offenen Tür vorbeiging.« Sören runzelte fragend die Stirn, und Erik erklärte hastig: »Als Björn Mende durchs Fenster entwischt war, hatten wir seine Tür offen gelassen. In diesem Augenblick kam jemand aus dem Nebenzimmer. Und der trug eine rote Schirmmütze.«

»Ja, und?«, fragte Sören.

»In der Braderuper Heide ist ein Mann mit roter Schirmmütze beobachtet worden. Einmal soll er sogar in Begleitung eines anderen Mannes gewesen sein.«

»Björn Mende?«, fragte Sören.

Erik schüttelte den Kopf. »Wenn ich mich nicht irre, soll der andere um die fünfzig gewesen sein. Mende ist erst neunundzwanzig.«

Sören steckte sein Handy in die Jackentasche. »Dann auf zur Pension Störtebeker! Mal sehen, ob Jens Gühlich wirklich eine rote Schirmmütze besitzt!«

Mamma Carlotta stand in der Küche und schnippelte Gemüse. Dann kümmerte sie sich um die Marinaden, während Andresen Fische ausnahm und ihr ansonsten auf die Finger sah. Als sie ihn noch für einen Mörder hielt, hatte sie nicht gewagt, sich dagegen zu wehren, aus Angst, dass er ihr zur Strafe das Fischmesser in den Bauch rammen könnte. Jetzt war er nur noch ein harmloser, leidgeprüfter Fischhändler, dem sie sagen konnte: »Sie machen mich ganz nervös, wenn Sie mich so scharf beobachten.«

Andresen, der sich an dem veränderten Klima in seiner Fischküche zu erfreuen schien, lachte und entgegnete: »Es ist doch nur, weil mich interessiert, was Sie tun und wie Sie es tun. Falls ich mich mal ganz allein darum kümmern muss.«

Mamma Carlotta wies zu den eng beschriebenen Zetteln, die am Ende der Arbeitsplatte lagen. »Ich habe alles genau aufgeschrieben. Sie werden schon ohne mich zurechtkommen.«

Andresen nahm die Blätter und schob sie zurecht, damit die Papierkanten sich mit der Kante des Tisches deckten. Dann sagte er: »Ich habe mir überlegt, dass ich den Hauptkommissar fragen könnte. Seine Schwiegermutter ist auch Italienerin und zurzeit auf Sylt zu Besuch. Herr Wolf hat mir erzählt, dass ihre Antipasti genauso aussehen wie die, die Sie herstellen.«

Mamma Carlotta fühlte, wie die Hitze aus ihrem Kragen stieg. »Wie geht's eigentlich Saskia?«, fragte sie, weil ihr sonst nichts einfiel, was Andresen ablenken konnte.

»Schlecht«, kam es zurück. »Die Operation ist auf unbestimmte Zeit verschoben.«

Mamma Carlotta atmete auf, als die Ladenglocke schepperte. Andresen drehte sich um und ging hinter die Theke. »Was darf's sein?«

»Ich hätte gern von diesen wunderbaren italienischen Vorspeisen, die Sie neuerdings führen ...«

Mamma Carlotta legte das Gemüse in die Marinaden, wusch sich die Hände und trocknete sie gerade ab, als Andresen zurückkam. »Die Vorspeisen sind wirklich ein Renner«, sagte er. »In der Hauptsaison werde ich meine liebe Mühe haben, für Vorrat und Nachschub zu sorgen.« Er sah sie mit einem Blick an, der wohl bittend sein sollte. Wenn ja, dann sah so ein Hai den Hering an, wenn er ihn bitten wollte, sich fressen zu lassen. »Können Sie nicht morgen noch mal kommen? Ich habe zwei Auslieferungen. Es wäre gut, wenn ich den Laden nicht zumachen müsste.«

»Aber ich kenne mich doch gar nicht aus mit dem Verkauf!«

»Sie werden das schon schaffen. Wie die Waage funktioniert, wissen Sie, und die Preise stehen an allen Waren dran.«

»Also gut.« Wer konnte schon einem armen Witwer, dem bedauernswerten Vater eines schwerkranken Kindes, diese Bitte abschlagen? Und würde es nicht auch eine interessante Erfahrung sein? »Der Fischhändler vertraute mir blind«, würde sie später ihren Freundinnen erzählen, »und ließ mich mit seinem Laden allein. Dieser arme Mann, dem so übel mitgespielt wurde und den ich dennoch für einen Mörder hielt! Dabei war es in Wirklichkeit sein Mitarbeiter. Habe ich euch eigentlich schon erzählt, dass ich mit diesem brutalen Kerl Seite an Seite in der Fischküche gestanden habe?«

»Also gut. Morgen noch einmal«, sagte sie.

Und zum zweiten Mal an diesem Tag sah sie Wolf Andresen lächeln.

Es tat gut, ihn lächeln zu sehen. An der Ladentür, die Klinke schon in der Hand, blickte sie noch einmal zurück. Vielleicht lächelte Wolf Andresen immer noch? Nein, er war wieder damit beschäftigt, alles in Reih und Glied zu rücken, was längst in Reih und Glied war.

Wenige Augenblicke später schepperte die Ladenglocke erneut, so laut wie sonst nie, die Tür fiel klirrend wieder zu, und die Hummerattrappe machte zwei erschrockene Hüpfer.

»Was vergessen?« Andresen blickte Mamma Carlotta fragend an.

Sah er an ihr vorbei? Durchs Schaufenster auf die Straße? Sah er den Wagen, der dort parkte? Die beiden Polizeibeamten, die ausstiegen? Mamma Carlotta sah sich vorsichtig um. Gott sei Dank hielten sie nicht auf die Tür von Fisch-Andresen zu, sondern auf die des Nachbarhauses.

»Was vergessen?«, wiederholte Andresen.

»Ja, den Fisch fürs Mittagessen. Ich wollte noch zwei Dorschfilets mitnehmen.«

Als Carlotta Capella fünf Minuten später einen zweiten Versuch machte, den Laden zu verlassen, stand Eriks Wagen immer noch da. Hastig schloss sie das Fahrrad auf, stieg in die Pedalen und fuhr schon los, ehe sie auf dem Sattel saß. Mit tief gesenktem Kopf preschte sie an der Pension Störtebeker vorbei. Beinahe wäre sie gegen ein parkendes Auto geprallt, das auf der gegenüberliegenden Straßenseite stand. Doch zum Glück fing sie sich rechtzeitig wieder, sodass sie die Karosserie des Lieferwagens nur streifte. Und das war nicht weiter schlimm. Denn der war sowieso arg zerbeult, der rechte Kotflügel fehlte sogar gänzlich. Erst, als Mamma Carlotta in die Trift einbog, fragte sie sich, was Tove hier eigentlich zu suchen hatte.

Jens Gühlich erhob sich und nahm die rote Schirmmütze vom Haken. »Ja, die trage ich meistens.« Er hielt sie Erik hin, als sei es eine besonders schöne Mütze, die bewundert werden sollte. Es war aber nur ein billiges Ding mit der Aufschrift *Coca-Cola,* das Erik ungern in die Hand nahm, weil man ihm ansah, dass es schon lange nicht gewaschen worden war.

Gühlich blieb stehen und sah auf Erik hinab. »Was ist mit meiner Mütze?«

Erik reichte sie ihm, ohne zu antworten. Er versuchte, einen Blick aus Jens Gühlichs grauen Augen aufzufangen, aber es war unmöglich. Gühlich schien unfähig zu sein, einem anderen in die Augen zu sehen. Sein Blick irrte über das Gesicht seines Gegenübers und war ständig auf der Flucht.

Tove dagegen stand da, an die Fensterbank gelehnt, und starrte Erik unverwandt an. Er hatte zornig auf sein Erscheinen reagiert und was von »Einmal Mörder, immer Mörder!« gefaselt. Aber dann hatte er die Hände vor der Brust verschränkt und geschwiegen.

»Sie sind in der Braderuper Heide gesehen worden«, sagte Erik. »Am Donnerstagabend.«

»Ist das verboten?« Jens Gühlich war anfangs ängstlich und unfreundlich gewesen, jetzt versuchte er es mit Aggression. Er wollte den Eindruck erwecken, dass mit ihm nicht zu spaßen sei.

»Es stimmt also. Sie waren in der Braderuper Heide.«

»Ja, ich bin dort spazieren gegangen. Ist ja ganz nett da.«

Erik wandte sich an Tove. »Und Sie? Haben Sie sich mit Herrn Gühlich dort getroffen? Und fragen Sie mich jetzt bitte nicht, ob das verboten ist.«

Tove grinste. »Ja, ich habe mich dort mit meinem Schwager getroffen.«

»Warum gerade dort?«

»Weil es in Braderup schön ist. Wir wollten in der Heide zusammen spazieren gehen.«

Erik wandte sich wieder an Jens Gühlich: »Warum sind Sie nach Sylt gekommen?«

Gühlich zuckte die Achseln. »Dies ist der einzige Ort, wo es Menschen gibt, die sich an mich erinnern können. Nicht nur an das, was mich in den Knast gebracht hat, sondern auch an das, was vorher war.«

»Freundschaft? Verwandtschaftliche Gefühle?«

»Genau!« Gühlich warf Tove einen Blick zu. »Hier wohnt mein Schwager. Er wollte zwar jahrelang nichts von mir wissen, aber als ich an seiner Theke stand, hat er mir ein Bier spendiert.«

Sören mischte sich ein und wandte sich an Tove: »Sie haben Ihrem Schwager verziehen? Immerhin ging es um Ihre Schwester.«

»Meine Schwester war ein Flittchen«, gab Tove zurück. »Das musste ja mal so kommen. Und ich kann verstehen, dass Jens ausgerastet ist.«

»Ausgerastet? Er hat Ihre Schwester nicht im Affekt getötet, es handelte sich um heimtückischen Mord.«

»Das weiß ich. Aber ich habe beschlossen, einen Strich unter die Sache zu ziehen. Jens und ich, wir sind früher immer gut miteinander klargekommen. Jetzt werden wir wieder gut miteinander klarkommen. Man kann ihn jetzt nicht einfach hängen lassen.«

Erik sah Gühlich fragend an. »Und wen haben Sie noch hier auf Sylt?«

»Hatte«, korrigierte Jens Gühlich. »Meine Cousine Ulla. Aber die ist ja nun nicht mehr. »

»Haben Sie mit ihr geredet? Sie um Hilfe gebeten? Hatte sie Ihnen Hilfe versprochen? Wollte sie Ihnen vielleicht im Laden ihres Mannes Arbeit geben?«

Gühlich schüttelte den Kopf. »Ich bin gar nicht bis zu ihr vorgedrungen. Ihr Alter hat mich vorher rausgeschmissen. Ich hatte es ja geahnt.« Er berichtete, dass Ulla ihm geschrieben habe, ihr Mann wolle den Kontakt mit einem ehemaligen Strafgefangenen nicht. Er habe deshalb gewartet, bis er sie einmal vor dem Haus traf, um allein mit ihr reden zu können. Aber sie sei nie aufgetaucht, sodass er schon geglaubt habe, sie sei verreist oder krank. »Dann habe ich sie im Garten ein paar Mal gesehen, aber ich habe mich nicht getraut, das Fenster zu öffnen und nach ihr zu rufen.« Oft sei sie auch in das kleine Gartenhaus vor der Mauer gehuscht, ergänzte er. »Schließlich habe ich mich dann doch entschlossen, in den Laden zu gehen und nach Ulla zu fragen. Aber das war keine gute Idee.«

»Warum bist du nicht erst zu mir gekommen?«, brummte Tove. »Ich hätte dir gleich sagen können, was mit ihr los ist.«

Jens Gühlich nickte. »Als ich wusste, welche Probleme sie mit Saskia hat, dass sie Tag und Nacht an ihrem Bett sitzt, habe ich keinen Versuch mehr gemacht, zu ihr vorzudringen.«

Tove grinste wieder und Erik hatte zum ersten Mal in seinem Leben den Wunsch, einem Menschen das Lächeln aus dem Gesicht zu schlagen. Er erschrak vor sich selbst, stand auf und verabschiedete sich mit knappen Worten.

»Warum sind Sie so sauer?«, fragte Sören wenig später.

»Weil ich Tove nicht ausstehen kann«, gab Erik zurück. »Und Jens Gühlich auch nicht.«

Sören lachte leise. »Unsere Klientel ist nun mal gelegentlich unsympathisch. Wenn Sie Wert auf netten Umgang legen, hätten Sie Kindergärtner werden sollen.«

22

Sylter Mörder immer noch nicht gefasst!
Und was sagt die Polizei? Hauptkommissar Wolf behauptet: »Es ist nur eine Frage der Zeit, bis wir ihn haben.« Will er die Bevölkerung hinhalten?

Mamma Carlotta fühlte sich nicht gut, als sie erwachte. Sie hatte in der Nacht schlecht geschlafen, war mehrfach aufgewacht und einmal sogar aufgestanden, um in die Küche zu gehen und sich ein Glas Wasser zu holen. Tatsächlich hatte sie sich überdies auch noch einen Vecchia Romagna eingeschenkt, aber konnte das der Grund sein, dass sie sich so schlecht fühlte? Mamma Carlotta dachte nach. Und je länger sie nachdachte, desto sicherer war sie, dass sie nicht nur einen Vecchia Romagna, sondern zwei zu sich genommen hatte. Sie sah es ein, noch ehe sie die Augen aufschlug: Dies konnte kein guter Tag werden.

Dennoch erhob sie sich. Schließlich rechneten ihr Schwiegersohn und die Enkel damit, dass sie Frühstück vorbereitete.

Nach einer Dusche mit einem eiskalten Guss am Ende ging es ihr besser. Ein Blick durchs Fenster machte jedoch alles wieder zunichte. Ein trüber Tag, der noch die Farben des Winters trug und das zarte Pastell, das in den windstillen Ecken bereits hervorgekommen war, mit kaltem Dunst und Nieselregen zudeckte. Trübselig stand Mamma Carlotta am Fenster und legte die Fingerspitzen an die Schläfen.

Wie hatte Lucia nur dieses Wetter ertragen? Ob sie sich dann ebenso schlecht gefühlt hatte wie ihre Mutter an diesem Morgen?

Erik war bereits aus dem Haus, die Zeitung war unauffindbar, Mamma Carlotta verbrachte eine trübselige halbe Stunde, bis in den Kinderzimmern endlich das Leben erwachte. Als Felix in die Küche kam, hatte es mit der Einsamkeit zum Glück ein Ende.

»Endlich! Felice! Ich fing schon an, mich zu langweilen. Euer Vater nimmt neuerdings immer die Zeitung mit ins Büro.«

Felix grinste. »Du wirst dich heute Morgen nicht langweilen, Nonna. Du musst ja gleich zu Andresen. Aber es ist das letzte Mal! Versprochen?«

Andresen! Den hatte sie völlig vergessen! »Ja, das letzte Mal«, flüsterte sie und starrte in das trübe Licht vor der Fensterscheibe. »Dieses Wetter macht einen melancholisch.«

Carolin drückte sich in die Küche, blass und wortkarg wie immer. Ohne den Blick zu heben, ließ sie sich am Tisch nieder, legte einen Schnellhefter neben den Teller und vertiefte sich in ihre Aufzeichnungen.

»Schreibst du heute deine Klausur?«, fragte Mamma Carlotta mitleidig und zupfte ihrer Enkelin heimlich eine Haarsträhne aus dem Zopfband.

Carolin nickte. »Ich muss mir noch ein paar Sätze einprägen, damit ich sie nachher nicht vergesse.«

»Dann musst du sie laut vorlesen«, erklärte Felix. »Was man ausgesprochen hat, prägt sich besser ein, hat meine Englischlehrerin gesagt.«

»Also gut«, begann Carolin. »Der Wolf ist die Perfektion des Bösen. Aber auch im Bösen steckt ein Kern, der aus der Sehnsucht nach Ordnung entsteht. In der Psychologie spricht man auch dann von einem erreichten Ziel, wenn sich das Ziel ins Gegenteil verkehrt hat. Im bösen Wolf kann also möglicherweise auch ein Verfechter der Ordnung stecken.« Sie sah ihre Großmutter fragend an. »Das ist doch ein interessanter Aspekt, findest du nicht auch?«

Mamma Carlotta dachte nach. Was Carolin gesagt hatte, sprach etwas in ihr an. Etwas, was ihr wichtig erschien, etwas, was zu einer neuen Erkenntnis führen konnte, etwas, was ans Licht wollte, aber den Dunst des Vergessens nicht durchbrach.

Nachdem die Kinder zur Schule aufgebrochen waren, ging Mamma Carlotta ins Wohnzimmer und schaffte dort etwas Ordnung. Sie legte die Wolldecke zusammen, schüttelte Eriks grüne Kissen auf und platzierte sie in den Sofaecken, so, wie er es gern hatte. Das Fotoalbum jedoch blieb weiterhin aufgeschlagen auf dem Wohnzimmertisch liegen. Dann zog sie sich Eriks warme Jacke über und holte das Fahrrad. Die kalte Luft würde ihr guttun.

Als sie die Ladentür von Fisch-Andresen öffnete, hatte sie ihre Melancholie überwunden. Sie ging in die Fischküche und band sich eine große Schürze um. Es dauerte nicht lange, da erschien Wolf Andresen hinter ihr und sah ihr wieder so misstrauisch bei der Arbeit zu, als befürchtete er, sie könnte ein paar Tintenfischringe in ihrer Handtasche verschwinden lassen.

»Wie geht es Saskia?«, fragte Mamma Carlotta leise, obwohl sie wusste, dass Andresen auf diese Frage einschlagen würde wie ein Arachnophobiker auf eine Spinne, die sich längst nicht mehr rührte.

Aber diesmal blieb er ganz ruhig. »Der Arzt sagt, sie stabilisiert sich allmählich. Vielleicht kann ich nächste Woche mit ihr nach Boston fliegen.«

Er schien noch etwas anfügen zu wollen, aber in diesem Augenblick schepperte die Ladenglocke gleich mehrmals hintereinander. Ein paar Lkw-Fahrer der benachbarten

Spedition waren alle gleichzeitig auf die Idee gekommen, sich bei Andresen mit Fischbrötchen einzudecken, statt vor der nächsten Gosch-Filiale lange nach einem Parkplatz zu suchen. Mit Wolf Andresens Ruhe war es vorbei. Es fehlte ihm an Matjes- und Rollmops-Brötchen, die er noch nicht in ausreichender Menge vorbereitet hatte.

Mamma Carlotta beschloss, den Abfall zu den Mülltonnen zu tragen, damit Andresen nicht auf die Idee kam, sie mit diesen Arbeiten zu beauftragen. Sie war für italienische Antipasti zuständig und nicht für diese glitschigen, übel riechenden Fische, die sie in Italien höchstens zum Verscheuchen von Ungeziefer verwenden würde. Nein, Andresen musste einsehen, dass er Mitarbeiter brauchte, die Björn Mende ersetzten und auch seine Frau, die immer dann, wenn Saskia ruhig war, im Laden ausgeholfen hatte. Anna Rocchi würde nur noch heute seinen Antipasti-Vorrat vergrößern, ein allerletztes Mal. Dann war Schluss.

Sie klapperte draußen eine Weile mit den Mülltonnen herum, mit dem festen Vorsatz, erst wieder in Andresens Rufweite zu erscheinen, wenn die Lkw-Fahrer den Laden verlassen hatten. Ihr Blick fiel auf die Tür, die vom Garten in den Raum führte, wo Ulla Andresen ihre letzten Lebenswochen zugebracht hatte. Sie war nur angelehnt.

Mamma Carlotta drückte die Tür auf und machte zwei Schritte in den Raum hinein. Durch den Perlenschnurvorhang am anderen Ende des Zimmers konnte sie die Lkw-Fahrer sehen und ihre Stimmen hören. Sie redeten darüber, ob es Sinn habe, auf die Rollmopsbrötchen zu warten, oder ob man sich stattdessen mit einem Hamburger in einer Autobahnraststätte begnügen solle.

Mamma Carlotta betrachtete den Raum, Saskias Bett, den Sessel, in dem Ulla ihre letzte Zeit verbracht hatte, das Märchenbuch, das immer noch auf dem Tischchen lag.

Stets griffbereit. Warum nur immer der Wolf? Der böse Wolf? Wer hatte da eigentlich wen gequält? Ulla ihren Mann? Ulla sich selbst? Oder in Wirklichkeit die Eltern das Kind? Der böse Wolf hatte eine entsetzliche Symbolik in diese Familie getragen. Und nicht nur das! Auch Erik war in diese Symbolik hereingezerrt worden. Wer Wolf hieß, hatte dem Kind Angst gemacht. »Che ingiustizìa!«

Das Märchenbuch lag genau in der Mitte des Tisches, der Sessel stand so, dass die rechte Armlehne mit dem Fußende des Bettchens einen geraden Winkel bildete.

Mamma Carlotta bekam eine Ahnung von der Sicherheit, die Andresen in seiner Ordnung gewann. Sie selbst hatte ja auch die Angst vor dem Meer überwunden, als sie feststellte, dass es gar nicht so unberechenbar war, wie es auf den ersten Blick den Anschein hatte, sondern einer geheimen Ordnung folgte.

»Auch im Bösen steckt ein Kern, der aus der Sehnsucht nach Ordnung entsteht ...« Mamma Carlotta erinnerte sich an die Sätze ihrer Enkelin beim Frühstück. War das Böse in Wolf Andresen aus seiner Sehnsucht nach Ordnung erwachsen? Hatte die Zwanghaftigkeit ihn böse gemacht? Oder war aus dem Bösen ein Zwang entstanden?

»Ein Ziel gilt auch dann als erreicht, wenn es sich ins Gegenteil verkehrt ...« Auch ein Mann wie Wolf Andresen hatte sich Liebe und Geborgenheit gewünscht, Menschen, die zu ihm gehörten, die zu ihm standen. War sein Ziel, dieses gegenteilige Ziel, erreicht worden, als der Mensch, von dem er Liebe und Geborgenheit erwartet hatte, ihn nicht mehr verletzen konnte?

»Im bösen Wolf kann ein Verfechter der Ordnung stecken ...« Wolf Andresen hatte die Ordnung wieder hergestellt. Seine Ordnung! Ulla konnte ihn nicht mehr verhöhnen, sein Kind würde die Angst vor ihm verlieren und ihn wieder lieben können. Ja, so musste es sein!

Mamma Carlotta wandte sich um, trat wieder in den Garten hinaus und lehnte sich an die Hauswand. Eine plötzliche Schwäche überfiel sie. Wenn sie daran dachte, wie oft Erik betont hatte, dass die Ordnung in Christa Kerns Haus völlig unangetastet gewesen war! Würde er ihr glauben, wenn sie ihm erklärte, dass doch jemand das Haus durchsucht hatte? Ein Täter, der die Ordnung sogar verfeinert hatte! Ein Ordnungsfanatiker wie Wolf Andresen!

Der erste Lkw-Fahrer verließ mit einem Rollmopsbrötchen den Laden, die Kasse klingelte, Papier raschelte, Einkaufstüten knisterten. Mamma Carlotta huschte in die Küche zurück. Hektisch sah sie sich um. Sie brauchte einen weiteren Beweis. Einen, der Erik auf jeden Fall überzeugen würde.

Ihr Blick fiel auf den Schrank, der die Geschirrtücher enthielt, Waschschüsseln, Wäscheklammern und Wäscheleinen. Christa Kern war mit einem Stück ihrer eigenen Wäscheleine erdrosselt worden, die Mordwaffe, die bei Ulla Andresen eingesetzt worden war, war nicht gefunden worden. Mit zitternden Händen öffnete Mamma Carlotta den Schrank. Die Tücher schob sie zur Seite, die Plastikschüsseln hob sie heraus. Dann griff sie nach einer Wäscheleine. Knallrot war sie, glänzend, nagelneu. Länge: 4,80 m. Diese Länge war notwendig, um bei Regenwetter am Abend eine Leine in der Fischküche zu spannen und die Geschirrtücher dort zum Trocknen aufzuhängen, damit sie am Morgen wieder einsatzfähig waren. Nagelneu war diese Wäscheleine. Noch mit einer Banderole umwickelt, auf die der Preis aufgedruckt war. Warum hatte Andresen eine neue Leine gekauft? Mamma Carlotta tastete tiefer in den Schrank hinein, ihre Fingerspitzen erhaschten ein weiteres Stück Leine. Diese Plastikschnur war genauso fest wie die neue Leine, doch sie war blau. Und obwohl sie aufgewickelt worden war, erkannte Mamma Carlotta gleich, das sie kürzer war. Sie wog weniger in der Hand, das aufgewickelte Knäuel war magerer.

Mamma Carlotta löste es, das Knäuel fiel auseinander. Das eine Ende war sorgfältig vom Hersteller verknotet worden, während das andere Ende mit einem sauberen Schnitt abschloss. Keine Frage, jemand hatte ein gutes Stück von dieser Leine abgeschnitten. Wer? Und warum? Für Mamma Carlotta lag die Antwort auf der Hand. Der Sache mit der DNA-Analyse hatte sie ja von vornherein misstraut.

Mit klopfendem Herzen stand sie da, das Corpus delicti in der Hand. Sie musste Erik anrufen. Sofort! Mamma Carlotta schlich sich in das winzige fensterlose Quadrat, das Andresen sein Büro nannte. Sie presste die Augen zusammen, konzentrierte sich und holte sich Ziffer für Ziffer Eriks Handynummer ins Gedächtnis. Es gab eine Eselsbrücke, das wusste sie genau. Nach der Vorwahl, an die sie sich noch erinnerte, kamen zunächst Dinos Geburtstag – 29.5. –, dann Lucias Geburtstag – 27.4. – und zum Schluss ...? Richtig, die Anzahl ihrer Kinder: 7.

Mit einem Ohr lauschte sie auf das Tuten im Hörer, mit dem anderen auf Andresens Stimme, der sich gerade mit einem Kunden über die Größe eines Matjesbrötchens stritt. Aber der Ruf ging ins Leere, immer wieder. »Enrico, nimm endlich ab!«, murmelte sie. Andresens Stimme wurde unnachsichtiger, es konnte nicht mehr lange dauern, bis der Kunde verärgert den Laden verließ ...

Erik warf wütend den Hörer auf die Gabel und begann zu fluchen. Sören, der gerade das Zimmer betrat, sah aus, als wollte er auf dem Absatz wieder kehrtmachen. Wenn sein Chef schlechter Laune war, hielt man sich am besten nicht in seiner Nähe auf.

»Wo ist mein Handy?«, brüllte Erik und verlangte von Sören, es auf der Stelle dorthin zu legen, wo es zu sein hatte: auf seinem Schreibtisch neben seinen Rauchutensilien.

»Ich habe Ihr Handy nicht«, stotterte Sören.

»Habe ich es etwa zu Hause liegen lassen?«

Sören hielt es für möglich, sogar für ziemlich wahrscheinlich, hätte aber niemals gewagt, diese Vermutung laut zu äußern.

Der arme Sören musste sich anhören, wie schrecklich unzuverlässig die Kollegen arbeiteten, die Björn Mende zu suchen und vor allem zu finden hatten, und wie unverschämt es sei, dass man es nicht einmal für nötig gehalten habe, den Hauptkommissar zu verständigen, als ein Zeuge Björn Mende in Westerland gesehen habe. »Also ist er tatsächlich noch auf der Insel!«

Sören war so unvorsichtig einzuwenden, dass dieser Zeuge sich auch geirrt haben könne. Daraufhin beschloss Erik, seinen Assistenten zur Strafe mit den Mordfällen und dem flüchtigen Täter allein zu lassen. »Sehen Sie zu, wie Sie klarkommen, ich fahre jetzt nach Haus und suche mein Handy.«

Aufatmend sah Sören seinem Chef nach und hoffte darauf, dass er mit seinem Handy auch wieder einen Teil seiner Gelassenheit wiederfinden würde.

Dass sein Haus still und verlassen dalag, hob Eriks Laune kein bisschen. Ich möchte wirklich mal wissen, wo Mamma Carlotta sich ständig herumtreibt, dachte er.

Sein suchender Blick wanderte durch die Küche, wo sich unzählige Verstecke für ein Handy boten: zwischen dem schmutzigen Frühstücksgeschirr, unter dem achtlos hingeworfenen Geschirrtuch, inmitten diverser Plastiktüten und Einwickelpapiere. Im Wohnzimmer verband sich seine schlechte Laune umgehend mit der freudigen Erkenntnis, dass seine vier grünen Kissen genau dort standen, wo er sie gern hatte. Der Anblick des aufgeschlagenen Fotoalbums konnte ihm daraufhin nichts mehr anhaben. Erst recht nicht, als er das Handy direkt daneben entdeckte. »Meinetwegen sollen die drei in den Erinnerungen schwelgen, solange sie wollen«, brummte er.

Das Display des Handys zeigte an, dass es in seiner Abwesenheit einen Anruf gegeben hatte. Vielleicht der Leiter der Bereitschaftspolizei, der endlich einen Erfolg melden konnte? Erik drückte die Rückruftaste und wartete gespannt auf den, der sich am anderen Ende melden würde.

»Andresen!«

Erik war erstaunt. »Sie wollten mich sprechen?«

Andresens Erstaunen war nicht geringer. »Nein, wie kommen Sie darauf?«

»Sie haben versucht, mich anzurufen. Auf meinem Handy.«

»Sie müssen sich irren. Ich kenne Ihre Handynummer gar nicht.«

»Aha. Nun ... dann handelt es sich wohl um einen Irrtum.«

»So wird es sein. Auf Wiederhören, Herr Hauptkommissar.«

»Auf Wiederhören, Herr Andresen.«

Warum hatte jemand in Andresens Laden seine Handynummer gewählt? Und vor allem, wer? Und wieso wusste Andresen nichts davon?

Geistesabwesend starrte Erik auf ein Foto in dem aufgeschlagenen Familienalbum. Die alte Dame auf dem Bild vermochte er nicht zu identifizieren, sicherlich war sie eine entfernte Verwandte von Lucia, vermutlich längst verstorben. Neben dem Foto hatte Lucia einen Namen notiert, der ihm bekannt vorkam.

»Anna Rocchi!«

Erik starrte das Foto an. Es zeigte offenbar die italienische Aushilfskraft, die bei Fisch-Andresen italienische Vorspeisen herstellte!

Mamma Carlotta stand da wie erstarrt. Was sollte sie antworten, wenn Andresen sie fragte, ob sie das Telefon benutzt hatte? Und was, wenn er wissen wollte, warum sie Hauptkommissar Erik Wolf angerufen hatte? Noch dazu auf seinem Handy, dessen Nummer nur Eingeweihten bekannt war! Wie, um Himmels willen, sollte sie das erklären?

Andresens Schritte kamen in die Fischküche und verharrten hinter Mamma Carlotta. Sie spürte seine wachsamen Blicke in ihrem Rücken, seine Nähe drückte genauso wie das Stück Wäscheleine in ihrer Schürzentasche. Sie war allein mit ihm! Ganz allein. Die Kälte, die von ihm ausging, kroch in ihren Nacken. Sie rechnete jeden Augenblick damit, dass seine Hand nach ihr griff. Warum sagte er nichts? Warum fragte er sie nicht, ob sie telefoniert hatte?

Er stellte sich ebenfalls an die Anrichte, hielt aber einen Abstand von gut zwei Metern. Dann griff er ins Regal, holte einen Scheuerschwamm und begann, die Anrichte zu reinigen. Immer sorgfältig von oben nach unten, jeder feuchte Wisch korrekt neben dem vorherigen.

Mamma Carlotta hob den Blick nicht von den Paprikaschoten, die sie immer weiter zerkleinerte, bis sie viel zu klein für Antipasti waren. Aber sie traute sich nicht, aufzusehen, um nach dem nächsten Gemüse zu greifen, aus Angst, Andresens Blick zu begegnen. Was würde sie darin lesen? Mordlust? Rachedurst? Sie musste hier raus! Weg von dem Mann, der zwei Menschen auf dem Gewissen hatte! Der nicht vor einem dritten Mord zurückschrecken würde, wenn er begriff, dass sie ihn durchschaut hatte.

Das Scheppern der Ladenglocke zerschnitt das Schweigen. Andresen schien zu zögern, aber dann wandte er sich um und ging in den Laden.

Mamma Carlottas Gedanken begannen zu rasen. Was, wenn sie jetzt in den Ladenraum lief und »Mörder! Mörder!« schrie? Oder wenn sie an der Kundin vorbei aus der Ladentür flüchtete?

Doch Andresen blieb in der Türöffnung stehen, während er nach den Wünschen der Kundin fragte. So, als wollte er Mamma Carlotta den Fluchtweg abschneiden. Und dann schloss er die Tür zur Fischküche sogar. Bisher war sie immer geöffnet geblieben! Immer!

Mamma Carlotta lief in den Garten. Hinter dem Gartenhäuschen hatte sie eine Pforte gesehen, durch die würde sie entkommen.

Sie löste die Bänder, ließ die Schürze einfach vom Körper fallen und rannte los. An der Mauer entlang, die Andresens Grundstück von dem Kfz-Handel trennte, an dem Gartenhaus vorbei, hin zu der Pforte, die ... verschlossen war. Mamma Carlotta rüttelte an der Klinke – vergeblich. Sie blickte hoch. Keine Chance, die Pforte zu überwinden. Die Mauer? Auch viel zu hoch!

Mamma Carlotta schluchzte auf. »Dino! Lucia! Helft mir!«

Jetzt musste Andresen klar sein, was sie wusste. Durch ihren Fluchtversuch hatte er Gewissheit bekommen. Es gab nur eine Möglichkeit – das Gartenhaus. Wenn der Schlüssel innen steckte, dann konnte sie sich dort verbarrikadieren, bis Hilfe kam. Hilfe von wem? Von Erik nicht. Wie sollte er wissen, dass sie in Gefahr war? Aber Hilfe von den Kindern! Felix und Carolin wussten, wo sie war, und würden dafür sorgen, dass sie gerettet wurde. Spätestens gegen Mittag würden sie ihre Nonna vermissen.

Die Tür war zum Glück nicht verschlossen. Mamma Carlotta huschte ins Gartenhaus, zog die Tür ins Schloss und spürte schon die Befreiung durch alle Glieder fließen, fühlte, wie ihr Körper leichter wurde, zur Ruhe kam, sich von der Angst befreite. Nur der Schlüssel fehlte – das Gartenhaus war nicht zu verschließen. Was hier aufbewahrt wurde, war es nicht wert, sicher verwahrt zu werden.

Die Angst war wieder da, machte sie schwach und hilflos, lähmte das Denken, die Vernunft und ihren Mut. Mamma Carlotta lehnte die Stirn an die Tür und versuchte zu glauben, dass sie mit ihrem Gewicht den Eingang verbarrikadieren konnte. Da hörte sie das Geräusch. Ein leises Scharren, ein Klicken, Holz auf Holz. Ein Schritt auf nacktem Beton. Angehaltener Atem, der sich befreite. Und dann ein Poltern, zwei Sprünge, ein heranschnellender Körper, Nähe, Geruch, ein Arm, der sie von hinten umfasste und ihre Kehle zudrückte. Und dann eine heisere Stimme: »Still! Sonst bist du tot!«

Mamma Carlotta hätte trotz der Warnung gern geschrien, hätte es womöglich auch getan, wenn sie dazu in der Lage gewesen wäre. Aber der Unterarm drückte weiterhin auf ihre Kehle, würgte sie, nahm ihr die Luft. Der Mann machte ein paar Schritte rückwärts, zog sie mit sich und zischte dabei immer wieder: »Keinen Mucks! Sonst bringe ich dich um.«

Schließlich waren sie an der rückwärtigen Wand des Häuschens angekommen, Mamma Carlotta spürte den Widerstand, den der Körper des Mannes an ihren weitergab. Die Funken beendeten den Tanz vor ihren Augen, der Druck auf ihrer Kehle wurde erträglicher, sie konnte erkennen, wo sie war. Der Mann hatte sie zwischen zwei Schränken hindurchgezerrt in den hinteren Teil des Gartenhauses. Auf dem Boden lag eine Matratze, ein paar Lebensmittel daneben. Anscheinend versteckte er sich hier schon länger. In einem unverschlossenen Haus?

Mamma Carlottas Gedanken funktionierten allmählich wieder. Warum war eigentlich Ulla Andresen so sicher gewesen, dass hier ein Schäferstündchen mit dem Auslieferer unbemerkt bleiben würde? Wahrscheinlich hatten beide gewusst, dass Andresen das Haus niemals betrat. Vielleicht, weil hier all das Spielzeug aufbewahrt wurde, das für Saskia keine Bedeutung mehr hatte?

»Wer weiß noch, dass ich hier bin?«, fragte Björn Mende.

Er ließ sie los, drehte sie herum und warf sie mit derselben Bewegung zu Boden. Mamma Carlotta landete auf der Matratze und schlug mit dem Hinterkopf an ein Möbelstück.

»Anna Rocchi!«, sagte Björn Mende spöttisch, als sie sich aufrichtete. »Woher weißt du, dass ich hier bin?«

»Ich wusste es gar nicht«, flüsterte Mamma Carlotta.

»Du bleibst jetzt hier liegen und rührst dich nicht, klar? Wenn du schreist, komme ich zurück und schlage dir den Schädel ein.« Björn Mendes Blick war der eines Irren, flackernd, mit einem grellen Mittelpunkt, der sowohl Angst als auch Entschlossenheit bedeuten konnte. »Ich kann dir auch später noch den Schädel einschlagen«, warnte er. »Es kommt auf einen Toten mehr oder weniger nicht an. Die Polizei hat Beweise gegen mich in der Hand. Wenn sie mich erwischen, bin ich dran.« Dann war er mit zwei Schritten an der Tür und riss sie auf.

Als Mamma Carlotta sich hochrappelte, sah sie noch durch das kleine Fenster, wie er über die Mauer in den Hof der Kfz-Werkstatt sprang. Für ihn war die hohe Mauer kein Hindernis ...

Mamma Carlotta stand neben der Matratze und strich sich die Kleidung glatt. Björn Mende! Sie hatte den Beweisen nicht glauben wollen, hatte ihrer Intuition mehr vertraut. Nun hatte sie die Quittung für ihre Borniertheit bekommen. Nun wäre sie selbst beinahe zu Björn Mendes Opfer geworden.

Erik musste auf der Stelle erfahren, was passiert war. Auch dann, wenn dabei herauskommen würde, dass seine Schwiegermutter einen Unschuldigen verdächtigt und sich sogar bei ihm eingeschlichen hatte, um ihn zu überführen. Darauf kam es jetzt nicht mehr an. Sie musste ihn wissen lassen, wo er Björn Mende finden konnte, das allein zählte. Mit der Angst vor seinen Vorwürfen würde sie sich später befassen.

Sie lief gerade in dem Augenblick aus dem Gartenhaus, in dem Andresen aus der Tür der Fischküche trat. Es fehlte nicht viel, und sie hätte sich in seine Arme gestürzt.

»Was ist los mit Ihnen, Frau Rocchi?«, fragte er.

Schwer atmend stand Mamma Carlotta vor ihm. »In dem Gartenhaus ... Björn Mende ... wir müssen die Polizei verständigen.«

»Was wollten Sie in dem Gartenhaus?«

Mamma Carlotta legte Wert darauf, diesen Teil ihrer Geschichte so knapp wie möglich zu erzählen. Sie holte die Wäscheleine aus ihrer Schürzentasche und hielt sie Andresen hin. »Das habe ich gefunden. Zufällig«, ergänzte sie, auch wenn das nicht ganz der Wahrheit entsprach. »Und da dachte ich ...«

»Da dachten Sie, ich wäre der Mörder, den die Polizei sucht?«

Mamma Carlotta blickte zu Boden und antwortete kleinlaut: »Scusi. Jetzt verstehe ich es auch nicht mehr.«

Er nahm ihr die Leine aus der Hand. »Aber Sie wissen doch, dass Björn Mende nicht nur meine Waren ausgeliefert hat, sondern auch in der Küche half. Natürlich hatte er Zugang zu der Wäscheleine. Er hat sie oft am Abend gespannt, um die Geschirrtücher zum Trocknen aufzuhängen.«

Mamma Carlotta nickte. Einmal, zweimal, sie hörte gar nicht mehr auf zu nicken. Warum war sie nicht selbst auf die Idee gekommen? Natürlich hatte Björn Mende sich sein Mordwerkzeug hier besorgt. In seinem Pensionszimmer gab es keine Wäscheleine.

Andresen griff nach ihrem Arm. Seine Hände waren nicht so grob, wie sie geglaubt hatte, sondern sanft und behutsam. Er führte sie in das Zimmer hinter dem Perlenschnurvorhang und drückte sie in den Sessel, der immer noch neben Saskias Bett stand. »Ruhen Sie sich aus, Frau Rocchi. Ich hole Ihnen ein Glas Wasser. Und dann werde ich den Hauptkommissar anrufen.« Er reichte ihr ein Glas, das sie dankbar entgegennahm. »Ich hoffe, dieser Kerl, der meine arme Ulla auf dem Gewissen hat, bekommt endlich seine gerechte Strafe.«

Mamma Carlotta setzte das Glas nicht ab, sondern trank so lange, bis es leer war. Wie weich Andresens Stimme jetzt klang! Und wie klar sein Blick war!

Sie lehnte sich erleichtert zurück. Blieb also nur noch, sich vor Erik zu rechtfertigen und zu hoffen, dass er ihr verzieh.

Sie schloss die Augen, während sie auf Andresens Stimme lauschte. »Frau Rocchi hat durch Zufall das Versteck von Björn Mende gefunden. Er ist über die Mauer geflüchtet. Wenn Sie sofort Ihre Leute losschicken, werden Sie ihn bald erwischen.« Dann entstand eine lange Pause, und schließlich hörte sie Andresen sagen: »Ja, natürlich! Das ist kein Problem. Ich werde Frau Rocchi persönlich zu Ihnen bringen.« Wieder eine Pause, dann war Andresens Stimme noch eine Spur konzilianter geworden. »In der Braderuper Heide, sagen Sie? An der Kläranlage? Ja, gut. Ich werde mit Frau Rocchi dorthin fahren.«

Als er zu Mamma Carlotta zurückkam, lächelte er sogar. »Der Hauptkommissar möchte, dass ich Sie zu ihm bringe.

Er ist gerade mit den Spurenfahndern in der Braderuper Heide. Anscheinend sind dort neue Hinweise gefunden worden. Er kann dort nicht weg, möchte aber sofort mit Ihnen reden.«

Mamma Carlotta erhob sich. »Und Björn Mende?«

»Natürlich hat Herr Wolf sofort die Fahnder verständigt. Sie werden in wenigen Augenblicken das Gewerbegebiet durchkämmen. Sicherlich sind sie bereits unterwegs.«

Mamma Carlotta war beruhigt. Sie ging zu dem Garderobenständer, um ihre Jacke vom Haken zu nehmen. Aus den Augenwinkeln sah sie, dass auch Andresen seine Jacke überwarf und das Stück Wäscheleine in die Tasche steckte.

»Warum tun Sie das?«

»Nun, es handelt sich schließlich um die Tatwaffe. Der Hauptkommissar wird sie sehen wollen.« Er holte die Wäscheleine noch einmal heraus und betrachtete sie bekümmert. »Kann sein, dass wir die Fingerabdrücke des Täters ruiniert haben.« Er seufzte auf. »Aber ich werde die Leine trotzdem mitnehmen.«

»Und der Laden?«, fragte Mamma Carlotta, während sie durch den Verkaufsraum ging.

»Der Mörder meiner Frau ist mir wichtiger«, gab Andresen zurück und öffnete ihr die Tür. Während er sie von außen abschloss, sah Mamma Carlotta Toves Lieferwagen vor der Pension Störtebeker stehen. Warum nur besuchte er den Mann, der seine Schwester umgebracht hatte? Sie verstand ihn einfach nicht. Menschen, die keinen Familiensinn hatten, wollte sie auch nicht verstehen. Wie konnte man mit dem Mörder der eigenen Schwester freundschaftlichen Kontakt pflegen?

23

Ullas alter Mazda war noch nicht von der Spurensicherung zurückgebracht worden, auf dem Parkplatz neben dem Haus stand nur der Lieferwagen mit der Aufschrift *Fisch-Andresen.* Mamma Carlotta hielt darauf zu, aber Andresen dirigierte sie über die Straße auf einen Garagenhof. »Hier steht mein Wagen.«

Umständlich öffnete er das Tor der letzten Garage, feiner Schmutz wirbelte ihnen entgegen, als es nach oben schwang. Es war anscheinend lange nicht geöffnet worden.

Den alten Golf, den er aus der Garage fuhr, hatte Mamma Carlotta noch nie gesehen. Die Frage, warum er ihn statt des Lieferwagens benutzte, stellte sie sich erst, als sie schon auf der Straße fuhren, die bis nach List führte. Aber auf eine Antwort wollte sie es nicht ankommen lassen.

Als sie an der Polizeistation vorbeifuhren, reckte Mamma Carlotta den Hals, um die parkenden Autos auf dem Hof des Reviers zu sehen. Eriks Wagen konnte sie nicht ausmachen. Auch, warum es ihr auf diese Kontrolle ankam, fragte sie sich erst später. Und ebenso, warum eine unerklärliche Angst sie beschlich.

Andresen fuhr langsam und sehr ruhig. Jede Verkehrsregel beachtete er gewissenhaft, kein einziges Mal überschritt er die Geschwindigkeitsbegrenzung. Erst als Mamma Carlotta sich zum dritten Mal fragte, warum sie Angst hatte, fand sie eine Antwort: Es war Andresens Ruhe, die sie unruhig machte. Seine Nervosität war wie weggeblasen, seine flatternden Hände hielten das Lenkrad fest in der Hand, sein Gesicht war unbeweglich, die Augen blickten starr geradeaus. Keine zuckenden Mundwinkel, keine bebenden Nasenflügel, keine wippenden Brauen, keine trommelnden Finger. Der geheimnisvolle Rhythmus, von dem Wolf Andresen angetrieben wurde, die Bewegungen, in denen er sich immer wieder der Symmetrie seines Körpers vergewisserte, das Spiegeln der einen Körperhälfte in der anderen, das alles gab es nicht mehr.

Carlotta war froh, als Andresen rechts in die Braderuper Straße einbog. Nur noch wenige Minuten, dann würde sie Erik gegenüberstehen und über ihre Angst lachen. Und lachen würde sie auch, wenn Andresen dann erfuhr, dass sie die Schwiegermutter des Hauptkommissars war. Würde sie wirklich lachen? Vielleicht. Vielleicht auch nicht.

Der Parkplatz, auf dem Ulla Andresen ihr Leben gelassen hatte, war leer. Warum parkte Andresen ausgerechnet hier? Er schien nicht daran zu denken, dass das Stück Himmel über der Braderuper Heide das Letzte gewesen war, was seine Frau vor ihrem Tod gesehen hatte.

Mamma Carlotta blickte sich um, als Andresen das Auto abstellte. »Ich sehe keinen einzigen Polizeiwagen.«

Andresens Gesicht blieb unbewegt. »Herr Wolf hat gesagt, er sei mit seinen Leuten bei der Kiesgrube in der Nähe der Kläranlage. Wahrscheinlich haben sie dort die Wagen geparkt.«

»Warum fahren wir nicht auch dahin?«

»Es ist ja nur ein kurzer Fußweg.« Andresen zeigte auf einen Pfad, der vom Parkplatz wegführte. »Nur zwei- oder dreihundert Meter.«

Mamma Carlotta lief voraus, Andresen folgte ihr eilig, bis er auf gleicher Höhe war, dann zwang er ihr seinen

Schritt auf. Er sagte kein Wort, hatte die Hände in die Taschen seiner Jacke versenkt und hielt den Blick auf dem Boden. Erst als sie an einer Weide entlanggingen, auf der zwei Pferde standen, sah er auf. »Zur Kiesgrube geht es hier entlang«, sagte er und stieg eine kleine Böschung hoch.

Carlotta kletterte ihm hinterher und atmete tief durch, als sie sich auf einer Erhebung wiederfand, die einen weiten Ausblick bot. Die Grube, die sich zu ihren Füßen auftat, war gewaltig. Auf ihrem Grund sah sie einige große Fahrzeuge stehen, Radlader, Planierraupen, Muldenkipper, gearbeitet wurde dort jedoch zurzeit nicht. Sie sah sich um, blickte zur Kläranlage jenseits der Kiesgrube, zur Mülldeponie daneben, über der Schwärme von Möwen kreisten. »Wo ist die Polizei?«

Sie wandte sich Andresen zu – und erschrak zu Tode. Leblose Fischaugen glotzten sie an. Sah Andresen sie überhaupt? Oder starrte er durch sie hindurch?

Seine Stimme klang so müde, als langweilte ihn das, was nun gesagt werden musste. »Sie schnüffeln herum, Frau Rocchi. Was wollten Sie Hauptkommissar Wolf sagen, als Sie versucht haben, ihn anzurufen?«

Mamma Carlotta war unfähig zu antworten. Björn Mende war der Mörder! Per DNA-Test überführt! Warum also machte Andresen ihr Angst?

»Sie haben sich bei mir eingeschlichen«, fuhr Andresen fort. »Sie wohnen weder im Dünenhof noch im Nachbarhaus.« Immer noch klang seine Stimme, als sei ihm dieses Gespräch von Herzen zuwider. »Was hätten Sie Hauptkommissar Wolf erzählt, wenn wir ihn wirklich hier angetroffen hätten?«

Mamma Carlotta drehte sich in alle vier Himmelsrichtungen. Nirgendwo war ein Auto zu sehen, von Erik und seinen Leuten keine Spur. Hinter ihr lag der Weg verlassen da, und auf der anderen Seite der Kiesgrube war kein Mensch zu sehen.

»Was haben Sie mit mir vor?«, fragte sie mit zitternder Stimme. Sie drehte sich zu Andresen und stellte fest, dass er die Wäscheleine aus der Tasche gezogen hatte. Entsetzt wich sie zurück. »Was wollen Sie?«

»Sie wissen doch, worum es mir geht.« Andresen legte die Seilenden sorgfältig aufeinander und straffte die doppelte Leine, in der es keine Spiralen gab, nur Parallelität. »Es geht mir um meine Tochter. Nur um sie. Ich will, dass sie gesund wird. Danach ist mir alles egal. Und ich will, dass sie die Angst vor dem bösen Wolf verliert. Wenn es niemanden mehr gibt, der ihr einredet, der Wolf sei böse, dann wird alles gut. Vielleicht kann ich nächste Woche mit Saskia nach Boston fliegen.«

In Mamma Carlotta fiel eine Gewissheit nach der anderen zusammen. »Was haben Sie vor?«

»Erst einmal beantworten Sie meine Fragen.« Andresen lachte, ohne die Mundwinkel zu heben, ohne seinen Gesichtsausdruck zu verändern. »Raus mit der Sprache! Wer sind Sie wirklich? Und was haben Sie herausgefunden?«

»Warum haben Sie mich hierher gelockt?« Mamma Carlotta starrte gebannt auf die Leine zwischen seinen Händen, die sich straffte, lockerte, straffte, lockerte.

»Wann hören Sie endlich auf, meine Fragen mit Gegenfragen zu beantworten? Ich will wissen, wer Sie sind. Was wollen Sie von mir? Und was wissen Sie?«

»Ich hab's Ihnen doch erzählt«, versuchte sie es verzweifelt. »Das Nichtstun gefällt mir nicht. Ich brauche Beschäftigung. Auch im Urlaub ...«

»Ich glaube Ihnen kein Wort!«, fuhr Andresen sie an. Wieder straffte er die Leine und zeigte ihr, wie stark sie war.

Mamma Carlotta tastete sich ein paar Zentimeter zurück, aber sie merkte, dass sie Gefahr lief, die Böschung hinabzustürzen. Einen winzigen Schritt machte sie zur Seite, dann noch einen.

Aber Andresen folgte ihr unerbittlich. »Wer sind Sie? Wer hat Sie beauftragt, mich auszuspionieren?« Seine Stimme wurde immer leiser, Mamma Carlotta hatte Mühe, ihn zu verstehen. Sie schüttelte den Kopf, weil sie kein Wort herausbrachte, und starrte auf seine Hände. »Wer immer Sie geschickt hat – hier wird er Sie nicht finden. Niemals! An dieser Stelle wird in der nächsten Zeit nicht gearbeitet. Möglich, dass hier Hausmüll und Bauschutt entsorgt wurden. Umso besser! Ihre Leiche wird in diese Grube rollen, und ich werde dafür sorgen, dass sie nie wiederauftaucht.« Er grinste, ohne zu lächeln, hob die straff gespannte Leine an, beschrieb mit ihr einen Kreis und straffte sie wieder. »Touristinnen sind ja oft so leichtsinnig. Gehen ins Watt, ohne sich einem erfahrenen Wattführer anzuvertrauen. Und dann werden sie nie wieder gesehen ...«

Mamma Carlotta begriff mit einem Schlag, dass sie nur eine einzige Chance hatte, sich gegen Wolf Andresen zu wehren. Gegen seine Kraft würde sie nicht ankommen, gegen seine Skrupellosigkeit auch nicht, aber gegen seinen Zwang, das Leben seiner eigenen Ordnung zu unterwerfen.

Andresen rechnete mit einem Fluchtversuch, doch nicht mit einem Angriff. Als Carlotta Capella ihm die Leine aus der Hand schlug, die gerade in diesem Moment den Zustand vollkommener Symmetrie erlangt hatte, war er völlig überrumpelt. Sie glitt ihm aus den Händen, verworren, regellos, die Enden fielen auseinander, jedes dorthin, wo es zufällig zu liegen kam, die Symmetrie zerfiel, die Ordnung war zerstört. Mörderische Wut verzerrte Andresens Gesicht.

Eriks schlechte Laune war wie weggeblasen. Von diesem Augenblick an gab es gar keine Laune mehr, keine gute, keine schlechte. In einem merkwürdigen Zustand der Neutralität befand er sich, als er wieder ins Auto stieg. Er wusste, dass er etwas Spektakuläres entdeckt hatte, konnte aber nicht erkennen, was es bedeutete. Nur dass es außergewöhnlich war, das wusste er. Ihm war klar, dass er dieser Entdeckung auf der Spur bleiben musste, ohne aber zu ahnen, wohin sie führen könnte. Und er ahnte nicht einmal, wo seine Ermittlungsarbeit einsetzen sollte.

Erst einmal zu Fisch-Andresen! Von dort war der Anruf gekommen, von dem Andresen selbst nichts wissen wollte. Er würde sich in seinem Laden umsehen, auch in der Küche, im Keller, im Garten ... überall. Und wenn er nichts fand? Die Leere tat sich erneut auf, die Angst rollte in ihr herum wie eine winzige Kugel in einem riesigen Fass. Jede Bewegung verursachte ein Geräusch, das sich vervielfachte und lange nachhallte. Wonach sollte er suchen? Nach Carlotta Capella? Nach Anna Rocchi?

Er nahm die L 24, weil er dort schneller sein würde als auf der Westerlandstraße, um die Geschwindigkeitsbeschränkung kümmerte er sich nicht. Trotzdem empörte es ihn, als ihm ein Lieferwagen mit halsbrecherischer Geschwindigkeit entgegenkam, der noch dazu einen Lkw trotz Gegenverkehrs überholte. Ein verbeultes Ding war es, dem ein Kotflügel fehlte. Obwohl Erik den Aufdruck an der Seite des Wagens nicht erkennen konnte, wusste er, dass dort *Käptens Kajüte* stand. »Ist Tove jetzt völlig verrückt geworden?«, murmelte er wütend vor sich hin.

Ein paar Minuten später stand er vor Fisch-Andresen, aber der Laden war verschlossen. Ein Kunde wandte sich gerade kopfschüttelnd ab. »Der hat's wohl nicht nötig, seine Ladenöffnungszeiten einzuhalten.«

Nun bekam Erik es mit der Angst zu tun.

Tove Griess in seinem zerbeulten Lieferwagen fiel ihm wieder ein. Vier, fünf Schritte, und er stand vor der Tür der Pension Störtebeker. Es dauerte nicht lange, bis ihm die Stimme, die er schon kannte, aus der Sprechanlage entgegenquäkte, aber Erik war bereits am Ende seiner Geduld angekommen. »Aufmachen! Polizei!«

Die Tür öffnete sich.

»Ist Jens Gühlich in seinem Zimmer?«

Die Frau mit der quäkenden Stimme schüttelte den Kopf. »Er ist mit seinem Schwager weggefahren. Vor ein paar Minuten.«

Erik machte auf dem Absatz kehrt und verließ die Pension ohne einen Gruß. Als er zu seinem Wagen zurückging, fiel ihm ein, dass er am Fenster von Gühlichs Pensionszimmer gestanden hatte und von dort in Andresens Garten sehen konnte. Die Rasenfläche, das kleine Blockhaus, das hintere Tor ...

Er holte sein Handy hervor und wählte Sörens Nummer. »Funken Sie alle Kollegen an. Ich muss wissen, wohin Tove Griess fährt. Sein zerbeulter Lieferwagen fällt vielleicht einer Streife auf. Er fährt nämlich wie der Teufel.«

Erik startete seinen Wagen und nahm denselben Weg, den er gekommen war. Den Weg, den auch Tove Griess genommen hatte. Er passierte gerade den Ortsausgang von Westerland, als Sören anrief. »Der Kerl muss wirklich fahren wie ein Verrückter. In Wenningstedt ist er nach Braderup abgebogen. Trotz roter Ampel. Hinter ihm ist es zu einem Zusammenstoß gekommen, aber Griess ist einfach weitergefahren.«

»Ich brauche Verstärkung«, rief Erik in den Hörer. »Kommen Sie mit einem Streifenwagen, Sören, und bringen Sie Engdahl und Mierendorf mit.«

»Was ist denn los?«

»Wenn ich das wüsste!«

Ein paar Sekunden blieb es still in der Leitung, dann sagte Sören: »Mit Björn Mende kann es nichts zu tun haben. Der ist nämlich vor ein paar Minuten gefasst worden ...«

Mit geöffneten Händen stand Andresen da und starrte auf die Vernichtung seiner Ordnung. Sie hatte sich vor seinen Füßen im Dreck aufgelöst.

Wenige Augenblicke nur, aber für Mamma Carlotta lange genug, um sich umzudrehen und loszulaufen. Egal, wohin. Nur weg! An der Kante des riesigen Kraters entlang, auf unebenem Grund, auf nachgiebigem, bröckelndem. Sie musste zusehen, dass sie möglichst schnell auf den Weg kam, wo es sich besser laufen ließ. Von dort war es nicht mehr weit bis zur Straße, wo sie Hilfe finden konnte.

Folgte Andresen ihr? Sie glaubte, seinen keuchenden Atem zu hören, aber es konnte auch der Wind sein, der ihr nachkam. Dann wieder hörte sie seine Schritte – und wusste im nächsten Augenblick, dass es ihre eigenen waren, unter denen sich die Erde löste. Die Möwen schrien ihr zu, sie hätte gern zurückgeschrien, aber dafür reichte ihr Atem nicht und ihre Kraft ebenso wenig. Sie rannte und rannte, stolperte und knickte um, streifte die drosselnde Leine ab, die doch nur der um sich schlagende Kragen gewesen war, und rannte weiter.

»Signora!« Auf der Straße, die zur Kläranlage führte, eine Gestalt. Ein Mann mit einer roten Schirmmütze. »Signora!«

Was wollte er? Ihre Beine wurden plötzlich schwerer. Ihr helfen? Oder steckte er mit Andresen unter einer Decke? Ihre Angst irrte herum und verlor ihr Ziel aus dem Auge.

»Signora!« Noch jemand. Zwanzig Meter weiter! »Signora!«

In diesem Augenblick brach das Erdreich unter ihr zusammen. Mamma Carlotta war zu nahe an den Rand des Kraters geraten, ihre Angst hatte sie unvorsichtig gemacht, ihre Panik blind für andere Gefahren. Verzweifelt griffen ihre Arme ins Leere, ihr nächster Schritt suchte nach festem Grund, aber er löste nur weiteren Erdboden.

Sie stürzte. Zunächst ins Leere, dann in die nachgiebige Wand des Kraters, mit der Schulter, mit der Hüfte, kopfüber, mit den Füßen auf einen hervorstehenden Stein. Sie fiel und fiel, bis sie endlich den erlösenden Schlag erhielt, der ihr das Bewusstein nahm.

Erik fuhr langsam durch das stille Braderup, blickte in jeden Weg, hielt überall an, wo sich ein neuer Ausblick bot. Aber Toves Lieferwagen war nirgendwo zu entdecken. Schließlich bog er in die Einfahrt des Parkplatzes ein, auf dem Ulla Andresen ermordet worden war. Dort stand ein alter Golf, den er noch nie gesehen hatte. Nachdenklich blickte er in das zerzauste Gebüsch, das den Parkplatz einrahmte. Dahinter, das wusste er, öffnete sich die Kiesgrube, neben der Braderuper Heide und dem Wattenmeer ein landschaftliches Kleinod der besonderen Art. Erik erinnerte sich an hitzige Debatten im Sylter Gemeinderat, bis der Bebauungsplan beschlossen worden war, der über die gewerbliche Nutzung der Kiesgrube bestimmte. Sie war daraufhin für das Mischen von Beton und Asphalt und die Aufarbeitung und Zwischenlagerung von Bauschutt vorgesehen worden. Erik hatte damals zusammen mit den Braderuper Bürgern gegen die neue Nutzung der Kiesgrube protestiert, aber vergeblich.

Er stellte den Wagen ab. Bei einer Suche in Braderup gehörten die Kiesgrube, die Kläranlage und die alte Mülldeponie dazu. Auch dann, wenn er gar nicht genau wusste, wonach er suchte.

Die frischen Fußspuren fielen ihm zunächst nicht auf. Aber als er die Böschung hochsteigen wollte, von der aus die Kiesgrube zu überblicken war, stellte er fest, dass jemand kurz vor ihm da gewesen sein musste. Jemand, der mit einem großen Schritt auf die Böschung steigen wollte und abgerutscht war. Eine fußbreite Schleifspur klebte auf der Böschung, noch dunkel, noch feucht, noch ohne bröckelnde Ränder.

Ihm selbst gelang der weite Schritt auch erst im zweiten Versuch. Dann waren es nur noch ein paar Meter auf dem Kamm der Böschung, und schon konnte er die Kiesgrube überblicken. Von der Straße bog ein Weg zur Kläranlage ab und von ihm wiederum eine lange Rampe zum Grund der Kiesgrube, festgefahren von unzähligen großen Fahrzeugen. Auf dem Weg, nicht weit von der Rampe entfernt, sah Erik Toves Lieferwagen stehen. Und am Grund der Grube eine reglose Gestalt, über die sich zwei Männer beugten. Einer der beiden trug eine rote Schirmmütze. Über ihnen kreiste eine Möwe in immer längeren Schwüngen. Sie ließ sich tiefer und tiefer sinken und landete schließlich in der Nähe der drei. Erik wurde auf entsetzliche Weise an einen Aasgeier erinnert, der sich in der Nähe seiner Beute niederlässt und auf den letzten Atemzug wartet.

Er begann zu laufen. Fragte sich, welche Angst ihn eigentlich trieb, wusste aber keine Antwort darauf. Das Opfer, das am Boden lag, hatte er nicht erkennen können. Nur Jens Gühlich, der wegen Mordes gesessen hatte, und Tove Griess, dem alles zuzutrauen war.

Es war schwer, sich auf der holprigen Grasnarbe schnell fortzubewegen, immer wieder rutschte er aus, knickte um, fiel beinahe hin, trotzdem ließ er alle Vorsicht fahren und lief, so schnell er konnte. Wäre Sören bei ihm gewesen, hätte er ihn vorauslaufen lassen und wäre ihm gemächlich gefolgt, weil er schließlich zwanzig Jahre älter war und auch dann die Gemächlichkeit für sich in Anspruch genommen hätte, wenn er auf dem besten Wege zum Sportabzeichen gewesen wäre. Dass er es nicht war, wurde ihm in diesem Augenblick deutlicher denn je.

Er sah erst wieder auf, als die Unwegsamkeit ein Ende hatte, als seine Füße auf der Rampe standen, die auf den Grund der Grube führte. Auch sie war uneben, nachgiebig, hier und da ausgehöhlt, von schweren Rädern durchfurcht, aber wenigstens nicht von Steinen durchsetzt.

»Polizei! Aufstehen! Keine Bewegung!«

Er begann schneller zu laufen, berauschte sich für Augenblicke an der Geschwindigkeit, die plötzlich möglich war, merkte dann, dass seine Beine dem Rest seines Körpers davonliefen, versuchte verzweifelt, sein Tempo zu drosseln, lehnte sich gegen die Laufrichtung, schaffte es aber nur unvollkommen und war, als er sich schließlich dem Ende der Rampe näherte, so dankbar, dass er die Gegenwehr aufgab und nun tatsächlich flog. Bäuchlings, alle viere weit von sich gestreckt – so lag er da. Und er hätte etwas darum gegeben, so liegen bleiben zu dürfen. In aller Ruhe nach Luft schnappen, darauf warten, dass der Schmerz verging und sich dann vergewissern, dass niemand ihn gesehen hatte.

»Polizei!«, keuchte er, kaum dass er wieder auf den Beinen war. »Hände hoch.«

Tove Griess richtete sich auf und reckte grinsend die Arme in die Höhe, wie es nur jemand tat, der genau wusste, dass er dem anderen überlegen war. Jens Gühlich schloss sich an, der schnell begriffen hatte, dass sein Schwager in seiner Einschätzung Recht haben musste. Denn wenn ein Polizist »Hände hoch!« rief, ohne eine Waffe in der Hand zu halten, musste man sich keine großen Sorgen machen.

Und noch jemand richtete sich auf. Mamma Carlotta hielt sich den Kopf und stöhnte so dramatisch, wie sie es auch dann tat, wenn sie sich einen Finger am Kochtopf verbrannt oder beim Kartoffelschälen geschnitten hatte. Erik, der niemals reagierte, wenn in der Küche die Madonna angerufen und in Begleitung vieler Worte nach Pflaster, Wundsalbe und Kopfschmerztabletten gesucht wurde, war in diesem Fall aufs Höchste alarmiert.

»Was ist passiert?«

Mamma Carlotta hielt sich den Kopf. »Ich glaube, ich habe eine Gehirnerschütterung.« Dann griff sie sich hierhin und dorthin, stöhnte manchmal auf und lächelte dann wieder, als hätte sie Schlimmeres erwartet.

Erik sah zu Tove und Jens hinüber, die keine Anstalten machten zu flüchten. »Haben die beiden dir etwas getan? Haben sie dich bedroht?«

Tove Griess mischte sich ein. »Wir wollten Ihre Schwiegermutter nur beschützen. Aber bevor wir Ihnen alles erzählen, sollten Sie erst mal eine Fahndung nach Wolf Andresen einleiten. Vor dem ist Ihre Schwiegermutter nämlich geflüchtet, nicht vor uns. Und vor lauter Angst ist sie in die Kiesgrube gestürzt.« Tove zeigte nach oben. »Ein Wunder, dass ihr nichts Schlimmeres passiert ist.«

Erik griff nach der Hand seiner Schwiegermutter. »Versuch, aufzustehen. Aber ganz vorsichtig.«

Mamma Carlotta genoss die Vorstellung sichtlich. Viel vorsichtiger, als notwendig war, stellte sie ihr Gewicht auf die Beine, bewegte behutsam ihre Arme, drehte den Kopf in sämtliche Richtungen und lächelte Erik an. »Dino und Lucia waren meine Schutzengel. Seit die beiden dort oben auf mich aufpassen, kann mir nichts passieren. Sogar vor ein paar Wochen, als ich auf dem Weg zum Markt über einen Stein gestolpert und hingeschlagen bin ...«

»Was ist passiert?«, fragte Erik. »Du bist doch nicht wirklich von da oben heruntergefallen. Dann hättest du dir den Hals gebrochen.«

Mamma Carlotta lächelte stolz. »Bin ich aber. Und wie du siehst, habe ich mir den Hals nicht gebrochen. Auch sonst nichts.« Sie wedelte mit den Armen, streckte und beugte die Beine und wackelte mit dem Kopf. Dann jedoch zuckte sie zusammen und griff nach ihrer Schläfe.

Erik wandte sich an Tove. »Was haben Sie beobachtet?«

Tove grinste immer noch. »Sie wissen doch, Herr Hauptkommissar, dass man vom Pensionszimmer meines Schwagers in Andresens Garten blicken kann. Tja, und da sah ich Ihre Schwiegermutter. Es sah ganz so aus, als wollte sie weglaufen. Aber das hintere Tor war zu. Dann konnten wir sehen, dass sie in das Gartenhaus lief. Es dauerte nicht lange, und es flüchtete ein Mann daraus. Björn Mende«, ergänzte er nachdrücklich. »Und Ihre Schwiegermutter taumelte ihm nach und lief Wolf Andresen direkt in die Arme.« Nun warf er seinem Schwager einen Blick zu, als erwartete er von dort eine Bestätigung. Aber Jens Gühlich schwieg und sah Erik nur unverwandt an. »Das alles hat uns schon ganz schön stutzig gemacht«, fuhr Tove fort. »Aber richtig alarmiert waren wir, als Ihre Schwiegermutter plötzlich ein Stück Wäscheleine in der Hand hielt, das ihr von Andresen abgenommen wurde. Als wir dann noch feststellten, dass die beiden gemeinsam wegfuhren ...«

»... da sind sie mir gefolgt«, ergänzte Mamma Carlotta zufrieden. »Was für ein Glück! Sonst wäre nämlich Andresen in die Kiesgrube gestiegen und hätte mir hier den Rest gegeben.« Sie strahlte über das ganze Gesicht, als wäre sie nichts Schlimmerem als einem Regenguss nach dem Friseurbesuch entkommen.

Der Veränderung in Toves Lächeln sah Erik mit offenem Munde zu. »Ich habe Ihnen doch versprochen, Signora, dass ich ein Auge auf Sie haben werde, solange Sie bei Andresen arbeiten.«

»Du hast bei Andresen gearbeitet?« Erik stellte fest, dass er nun nichts mehr gegen den Aufmarsch der vielen Fakten tun konnte, die sich bereits in seinem Kopf formiert hatten, deren Parade er aber eigentlich nicht abnehmen wollte. »Als Anna Rocchi«, fügte er an, da er hier anscheinend für völlig ahnungslos gehalten wurde, was er vor ein paar Stunden tatsächlich noch gewesen war. Die Blöße, nach der Bekanntschaft seiner Schwiegermutter mit Tove Griess zu fragen, wollte er sich nicht geben.

Mamma Carlottas Gesicht wurde schuldbewusst. In kurzen schnellen Sätzen erzählte sie Erik, was Carolins Märcheninterpretation in ihr ausgelöst hatte. »Die Ordnung bei Christa Kern war unnatürlich! Das war keine wirkliche Ordnung, sondern das Ergebnis von Wolf Andresens Ordnungszwang. Das wurde mir mit einem Schlag klar. Und dann noch die abgeschnittene Wäscheleine!« Sie blitzte ihren Schwiegersohn trotzig an. »Andresen hat gesagt, er habe mit dir telefoniert! Sonst wäre ich niemals zu ihm ins Auto gestiegen.« Obwohl sie eigentlich längst wusste, dass Andresen sie betrogen und höchstwahrscheinlich mit einem tutenden Telefonhörer gesprochen hatte, versuchte sie dennoch, die Schuld an ihrer Gutgläubigkeit einem anderen in die Schuhe zu schieben. Erik kannte das. Genauso hatte Lucia es auch immer gemacht. Wenn sie das Bügeleisen auf einem Oberhemd vergessen hatte, war der Radiosprecher schuld gewesen, der sie mit der Ankündigung einer Sendung für Kleingärtner daran erinnert hatte, dass die Geranien gegossen werden mussten.

»Du weißt, dass wir Andresen als Täter ausgeschlossen haben«, sagte er. »Ein Stück von der Wäscheleine konnte auch Björn Mende abschneiden. Und was die Ordnung angeht ...«

Aber nun stellte sich heraus, dass Mamma Carlottas Auflehnung nur ein letztes Aufflackern ihrer an sich unverwüstlichen Konstitution gewesen war. Plötzlich wurde sie bleich und ließ sich vornüberfallen. Erik, der wusste, dass er sich niemals an ihre Stimmungswechsel und auch nicht an ihre unerwarteten Bewegungen gewöhnen würde, hätte sie beinahe fallen lassen. Aber zum Glück sprang Tove hinzu, griff nach ihr und zog sie an seine Brust, damit sie nicht zur Erde sank. Erik hätte ihm seine Schwiegermutter gern wieder entrissen, besann sich dann aber darauf, dass er sich in dieser Kiesgrube nicht als Schwiegersohn, sondern als Polizeibeamter aufhielt, und zückte sein Handy. »Verdammt! Kein Netz!«

»Keine Sorge!« Es waren die ersten Worte, die Jens Gühlich sprach. »Wir haben einen Krankenwagen verständigt, ehe wir in die Kiesgrube gelaufen sind, um Ihrer Schwiegermutter zu helfen.«

Erik nickte, betrachtete Mamma Carlotta, die zum Glück gerade wieder die Augen aufschlug, und sprach nicht davon, dass er eigentlich die Absicht gehabt hatte, Sören Kretschmer anzurufen. »Bleiben Sie hier, bis der Krankenwagen kommt!«, sagte er, wandte sich ab und machte sich daran, die Rampe wieder hochzusteigen. Alle paar Meter blieb er stehen und versuchte erneut, Sörens Nummer zu wählen. Immer noch kein Netz! Erik war heilfroh, dass er, bis er oben angekommen war, sehr häufig stehen bleiben konnte, um die Wahlwiederholung zu drücken. So konnte niemand auf die Idee kommen, dass er es niemals geschafft hätte, ohne Verschnaufpausen die Rampe zu bewältigen.

24

Engdahl und Mierendorf waren mit dem Streifenwagen zurück nach Wenningstedt gefahren, Erik und Sören gingen nun gemeinsam zu dem Parkplatz, auf dem Eriks Wagen stand.

Sören tätschelte einem Pferd die Blesse, das an den Zaun gelaufen kam, dann sagte er: »Wir hätten wohl doch auf die Intuition Ihrer Schwiegermutter hören sollen.«

»So ein Blödsinn! Bei unserer Arbeit kommt es nicht auf Intuition, sondern auf Beweise an.« Erik blieb stehen und sah Sören entgegen. »Haben wir die überhaupt?«

»Wir haben Mendes Aussage. Er gibt zu, seine Stiefmutter vergewaltigt zu haben. Als er zufällig ihren Namen im Auftragsbuch sah, ist der Hass mit ihm durchgegangen. Er hat sie gezwungen, so wie sie ihn früher gezwungen hat. Sie hat ihn angefleht, sie zu verschonen, hat ihm sogar vierzigtausend Euro angeboten, weil sie anscheinend glaubte, dass er sie umbringen wollte. Aber er hat das Geld nicht genommen. Mende sagt, er hätte gezögert. Es war ihm bewusst, dass er mit diesem Geld Saskias Leben hätte retten können. Die Versuchung war da. Aber wenn er das getan hätte, wäre alles vergeblich gewesen, was er unternommen hatte, um sich von den Folgen des Missbrauchs zu befreien. Er konnte das Geld nicht annehmen, nicht einmal für Ulla und ihre kranke Tochter.«

»Und Andresen?«, fragte Erik. »Wenn es stimmt, was meine Schwiegermutter sagt, dann wusste er von dem

Geld und hat danach gesucht, obwohl es uns so vorkam, als wäre das Haus nicht durchsucht worden.«

»Anscheinend ist Andresen zufällig zu Christa Kern gekommen, als Björn Mende sie verließ. Er muss seinen Auslieferer gesehen haben. Womöglich kam er sogar, um Christa Kern um Geld zu bitten. Wer weiß, vielleicht hatte er sie schon häufig angebettelt. Aber nach allem, was wir von der Frau wissen, hat sie zugesehen, wie er sich erniedrigte, ihm das Geld in Aussicht gestellt, aber dann doch immer wieder verweigert.« Sören atmete heftig aus, als hätte er eine große Anstrengung hinter sich. »Als sie Andresen ins Haus ließ, hat sie ihm erzählt, was geschehen war. Sie wird auch erwähnt haben, dass sie Björn Geld angeboten hat. Dadurch wusste Andresen, dass sie vierzigtausend Euro im Haus hatte. Und damit war das Schicksal der Kern besiegelt.«

»Und Andresen konnte sich sogar sicher fühlen, denn er wusste, dass wir denjenigen suchen, der den genetischen Fingerabdruck hinterlassen hat. Es sah ja alles danach aus, als gehörten die Vergewaltigung und der Raub zusammen.«

»Das wusste auch Björn Mende. Deswegen hat er sich nie bei uns gemeldet. Er hatte Angst, dass wir ihm nicht glauben. Er ist sogar auf Andresens Erpressung eingegangen.«

»Erpressung?«

Sören nickte. »Auch davon hat er geredet. Andresen hat ihm nämlich damit gedroht, ihn ans Messer zu liefern. Es sei denn, er steuerte die zehntausend Euro bei, die noch fehlten, um Saskias Operation zu finanzieren.«

»Darauf hat Mende sich eingelassen?«

»Irgendwie hat er das Geld zusammenbekommen«, nickte Sören. »Er musste verhindern, dass er unter Verdacht gerät. Versetzen Sie sich in seine Lage! Wenn Andresen zu uns gekommen wäre und uns erzählt hätte, dass er Björn Mende zur fraglichen Zeit am Tatort gesehen hat – was hätten wir getan?«

»Einen DNA-Test veranlasst«, gab Erik wie ein braver Schüler zurück.

Sören nickte zufrieden wie ein Lehrer, der erkennt, dass sein Schüler fleißig gelernt hat. »Das musste er natürlich verhindern.« Ein Grinsen ging über sein Gesicht wie die erste Morgensonne über einen Apfel am Baum. »Er konnte ja nicht ahnen, dass wir uns auf andere Weise DNA-Material besorgen.«

»Und der Mord an Ulla Andresen?«

Sören schien sich schon viele Gedanken gemacht zu haben, denn seine Antwort kam wie aus der Pistole geschossen. »Alles spricht dafür, dass Andresen längst von der Beziehung seiner Frau zu Björn Mende wusste. Aber er hat geschwiegen, um die beiden nicht zu einer Entscheidung zu zwingen. Zu groß war seine Angst, dass die Entscheidung gegen ihn ausfallen könnte. Und dann hätte er sein Kind endgültig verloren. Statt für Ordnung in seiner Ehe zu sorgen, hat er sich damit begnügt, seine eigene Ordnung im Geschäft und in der Wohnung herzustellen. Und nach dem Mord an Christa Kern schwante ihm, wie er all seine Probleme mit einem Schlag in den Griff bekommen könnte. Er brauchte nur zu warten, bis Ulla und Björn mal wieder Gelegenheit zum Sex hatten. Damit hatte Björn einen weiteren genetischen Fingerabdruck hinterlassen. Man würde ihn verhaften, vielleicht sogar verurteilen, Andresen hatte sich damit an ihm gerächt. Und Ulla war er los, die das Kind gegen ihn beeinflusste. Wenn Ulla nicht mehr lebte, konnte er die Liebe seiner Tochter zurückgewinnen, das muss Andresen sich gesagt haben. Saskia würde wieder gesund, würde ihn wieder lieben können – und ein anderer würde für die Taten des wahren Mörders büßen.« Sören betrachtete das konzentrierte Gesicht seines Chefs eine Weile. »Sie müssen zugeben, dass das eine geniale Idee von Andresen war.«

Erik stöhnte auf, als litte er unter der Beweisführung. »Aber warum hat Ulla ihrem Mann ein Alibi gegeben?«

»Sie ahnte natürlich, dass er Christa Kern umgebracht hat. Vielleicht wusste sie es sogar. Sie hat ihren Mann gedeckt, um Saskias Operation nicht zu gefährden. Später hätte sie ihn vielleicht verraten.« Er dachte kurz nach. »Ja, ganz sicher. Das wird auch Andresen sich gesagt haben. Noch ein Motiv, seine Frau umzubringen.«

Erik fuhr den Wagen auf den Hof des Polizeireviers und parkte ihn direkt neben dem hinteren Eingang. »Nun geht das ganze Theater von vorne los. Wir müssen den Täter möglichst schnell finden und verhindern, dass er die Insel verlässt. Leiten Sie alles in die Wege, Sören. Die Bereitschaftspolizei wird sich freuen, wenn sie noch einmal anrücken darf. Ich fahre jetzt erst mal in die Nordseeklinik und lasse mir von den Ärzten erzählen, ob meine Schwiegermutter den Sturz in die Kiesgrube wirklich so gut überstanden hat, wie sie selber behauptet.« Er sah Sören beim Aussteigen zu, dann schüttelte er den Kopf. »Nein, zunächst werde ich nach Kampen fahren.«

Sören steckte sein Gesicht wieder ins Auto. »Was wollen Sie denn in Kampen?«, fragte er verwundert.

»Heide Pedersen besuchen.«

»Und warum das?«

»Ich will noch einmal mit ihr durch Christa Kerns Haus gehen.«

Als Erik aus Kampen zurückkam, setzte Regen ein, und als er bei der Nordseeklinik vorfuhr, goss es in Strömen. Es war später Nachmittag, aber die dichten, dunklen Wolken ließen den Tag früh altern.

Er parkte den Wagen, stieg aus und ließ sich Zeit mit dem Abschließen. Dass er nass wurde, machte ihm nichts aus.

Auf der Station wurde gelächelt. Die Schwester, die Erik nach Carlotta Capella fragte, nannte ihm lächelnd die Zimmernummer. Die Assistenzärztin, die er traf, berichtete ihm lächelnd, dass es keinen Grund zur Sorge gebe. Und die Patientin, die im Bademantel die Tür öffnete, an die er gerade klopfen wollte, teilte ihm lächelnd mit, dass Signora Capella es nicht in ihrem Bett ausgehalten und sich zu einem Spaziergang über die Krankenhausflure aufgemacht habe. Daraufhin sprach Erik beim Stationsarzt vor, der ihm ebenfalls lächelnd erklärte, die Patientin sei bei guter Gesundheit. Erik hätte schwören können, dass vor Mamma Carlottas Einlieferung auf dieser Station schon lange nicht mehr so viel gelächelt worden war.

»Nicht einmal eine Gehirnerschütterung hat sie davongetragen. Nur ein paar Prellungen, Hautabschürfungen und blaue Flecke! Aber trotzdem sollte sie über Nacht zur Beobachtung hierbleiben. Wie ich gehört habe, ist dies der erste Krankenhausaufenthalt Ihrer Schwiegermutter. Ihre Mutter und ihre Geschwister mussten niemals stationär behandelt werden. Sogar ihr Mann ist zu Hause behandelt und gepflegt worden ...«

Erik stand auf und verabschiedete sich, ehe er sich die Krankengeschichten der Familie Capella, die er in- und auswendig kannte, noch einmal aus dem Munde des Arztes anhören musste. »Dann bin ich ja beruhigt«, beschloss er das Gespräch. »Nun muss ich meine Schwiegermutter nur noch finden.«

Der Chefarzt sah ihn verwundert an. »Hat man Ihnen die Zimmernummer nicht genannt?«

»Das schon. Aber wie ich hörte, ist meine Schwiegermutter zu einem Spaziergang durchs Krankenhaus aufgebrochen.«

Dem Chefarzt fiel die Kinnlade herunter. »Anscheinend hätte ich sie doch gleich nach Hause entlassen können.«

Erik winkte ab. »Machen Sie sich keine Vorwürfe, Herr Doktor. Meine Schwiegermutter wird glücklich sein. Sie liebt großes Publikum. Und wann ist sie schon mal in Gesellschaft so vieler Menschen, die ihre Geschichten noch nicht kennen?«

Er entdeckte Mamma Carlotta in einer Nische des Krankenhausflures, in der es ein paar Besucherstühle gab. Dort erzählte sie zwei staunenden Mitpatienten von ihrer Jugend in Umbrien.

Beide griffen nach ihren Gehwägelchen, als Mamma Carlotta ihre Erzählung unterbrach. »Enrico! Endlich! Hast du Andresen verhaftet?«

Erik wartete, bis die Gehwägelchen außer Sichtweite waren, dann setzte er sich zu seiner Schwiegermutter. »Er ist auf der Flucht.«

Mamma Carlotta seufzte theatralisch und wickelte sich in den grünen Bademantel mit der Aufschrift *Nordseeklinik*. »Aber du glaubst mir nun endlich?«

Erik tat es nicht gern, aber er nickte. Dann erzählte er Mamma Carlotta, dass er mit Heide Pedersen im Haus Christa Kerns gewesen war. »Sie hatte am Tag des Mordes nicht bemerkt, dass sich an der Ordnung etwas verändert hatte. Etwas Geringfügiges, aber Entscheidendes. Es war immer sehr aufgeräumt in Christa Kerns Haus. Als ich während der Vernehmung die mustergültige Ordnung ansprach, hatte Heide Pedersen geglaubt, ich wolle ihre Leistungen als Putzfrau anerkennen. Sie fühlte sich geschmeichelt. Aber als ich heute noch einmal mit ihr durch die Räume ging, gab sie zu, dass sich etwas verändert hatte. Es ließ sich eindeutig feststellen, wo Andresen gesucht hatte. Überall dort nämlich, wo aus der normalen eine zwanghafte Ordnung entstanden war. Andresen muss das Schrankfach durchsucht haben, in dem Christa Kern ihre Kerzen aufbewahrte, denn sie lagen nun nach der Größe geordnet da. Genauso war es in dem Fach mit den Blumenvasen. Und in der Schublade, in der die Schreibutensilien aufbewahrt wurden, lag das Papier Ecke auf Ecke, die Stifte waren nach der Größe geordnet, und die Radiergummis und Lineale waren symmetrisch auf den linken und rechten Teil der Lade verteilt worden. Die Geldkassette stand genau in der Mitte des Schrankfachs. Vielleicht hat er bei den Fotoalben den Schlüssel für die Geldkassette gefunden. Heide Pedersen erinnerte sich daran, dass Christa Kern immer dann den Schlüssel der Geldkassette versteckte, wenn sie größere Geldbeträge darin aufbewahrte. Ich bin mit der Pedersen noch einmal durchs ganze Haus gegangen, und als sie wusste, worauf sie zu achten hatte, konnte sie mit großer Sicherheit aussagen, dass Andresen das Wohnzimmer und das Arbeitszimmer durchsucht hat. In beiden Räumen waren die Accessoires aufgestellt wie Zinnsoldaten, die Bücher, hinter denen Andresen gesucht hatte, genau nach den Kanten der Regalbretter ausgerichtet ...«

Erik seufzte auf und schüttelte den Kopf.

»In den übrigen Räumen herrschte die Ordnung, die Heide Pedersen kannte. Eine Ordnung, wie ich sie auch liebe.« Er bedachte seine Schwiegermutter mit einem vorwurfsvollen Blick, dann fiel ihm ein, dass er niemals auf den Namen von Lucias Großmutter gestoßen wäre, wenn Mamma Carlotta so ordentlich gewesen wäre, wie er sich das wünschte. Und was dann geschehen wäre, mochte er sich gar nicht ausmalen.

Vor den Fenstern zog der Abend auf, die Dämmerung webte sich in das Licht des Tages und knüpfte es immer dichter, bis es schließlich dunkel geworden war.

Mamma Carlotta fragte leise: »Wo bewahrte Andresen das gestohlene Geld auf? Hat er es auf die Bank getragen?«

Erik schüttelte den Kopf. »Er hat im Geschäft einen kleinen Tresor für die Tageseinnahmen. Dort liegen fünfzigtausend Euro.« Mit einem anzüglichen Grinsen fügte er an: »Das müsstest du doch wissen. Du kennst dich ja aus hinter den Kulissen seines Ladens.«

Aber Mamma Carlotta nahm sich nicht die Zeit für Gewissensqualen. Sie überhörte Eriks Anspielung mit einem eleganten Wimpernschlag, der nur unwesentlich länger war als ein normaler. »Hatte er Gelegenheit, nach Hause zu fahren und das Geld zu holen?«, fragte sie. »Nach meinem Sturz in die Kiesgrube ist doch eine ganze Weile vergangen, bis du Alarm auslösen konntest.« Ihre Stimme war jetzt so atemlos, als wären ihre Gedanken gerannt und gehetzt.

»Du meinst, Andresen hat diese Zeit genutzt, um das Geld zu holen?« Erik bemühte sich, kühl zu reagieren und seine Schwiegermutter nicht merken zu lassen, was er von ihren Anmerkungen hielt. »Ja, daran habe ich auch schon gedacht. Wir lassen deshalb vor allem den Flughafen kontrollieren. Vermutlich wird Andresen versuchen, einen Piloten zu finden, der ihn für viel Geld ins Ausland fliegt.«

»Das glaube ich nicht«, sagte Mamma Carlotta. »Ich denke, dass er das Geld geholt hat, um es für den Zweck auszugeben, für den es bestimmt war. Dies ist seine letzte Chance, Saskia nach Boston zu bringen. Er wird es versuchen, auch wenn die Ärzte ihm gesagt haben, dass er damit noch warten soll. Aber jetzt kann er nicht mehr warten.« Sie warf einen langen Blick zum Fenster. »Ich wette, er wird Saskia in der Nacht holen.« Plötzlich wirkte Mamma Carlotta sehr aufgeregt. So, als hätte sie das Tollkühne ihrer Gedanken erst erkannt, als sie sie aussprach. »Wir müssen in der Nähe der Kinderstation bleiben, Enrico. Du wirst sehen, Andresen wird dort erscheinen und ...« Ihre Hochstimmung fiel plötzlich in sich zusammen, sie biss sich auf die Lippen. »Das Geld gehört nun ja wohl der Schwester von Christa Kern«, ergänzte sie leise. »Glaubst du, dass sie darauf verzichtet, damit Saskia operiert werden kann?«

Erik dachte an Bernadette Frenzel und glaubte es nicht. Doch er nickte und sagte: »Schon möglich.« Dann erhob er sich und griff nach Mamma Carlottas Arm. »Ich bringe dich jetzt in dein Zimmer. Dann gehe ich zur Kinderstation und rede dort mit dem Dienst habenden Arzt. Saskia muss in der Nacht unter ständiger Aufsicht sein.«

Mamma Carlotta machte sich von ihm frei. »Ich komme natürlich mit. Was glaubst du, warum ich über Nacht hierbleibe?«

»Weil die Ärzte dich unter Beobachtung halten wollen. Der Sturz in die Kiesgrube, deine kurze Bewusstlosigkeit ...«

»Sciocchezze! Mir geht's gut. Die blauen Flecken heilen von selbst. Ich bin natürlich nur hiergeblieben, damit ich ein Auge auf Saskia haben kann.« Sie knotete den Gürtel des Bademantels enger und sah so entschlossen aus, als trüge sie eine schusssichere Weste. »Avanti, Enrico! Wir beziehen Posten vor Saskias Zimmer.«

»Nun mal langsam!« Erik wusste eigentlich, dass solche Beschwichtigungen bei Mamma Carlotta nicht fruchteten, schlimmstenfalls sogar das Gegenteil bewirkten. So zuckte er auch nur resigniert mit den Schultern, als sie energisch den Kopf schüttelte.

»Langsam? No, presto!« Mamma Carlotta marschierte Erik voran. »Ich weiß, wo die Kinderstation ist. Du musst mir nur folgen.« Am Ende des Ganges blieb sie stehen und sah ihrem Schwiegersohn ungeduldig entgegen. »Avanti, avanti!«

Erik fragte sich, ob er in gut zwanzig Jahren nach einem Sturz in eine Kiesgrube wohl auch noch derart hurtig auf den Beinen sein würde. Er schob die Frage beiseite, weil er wusste, dass ihm die Antwort nicht behagen würde.

Die Kinderärztin schüttelte den Kopf, als sie nach Saskia Andresen gefragt wurde. »Sie können nicht zu dem Kind. Es geht der Kleinen schlecht. Sehr schlecht.«

»Sie vermisst ihre Mutter, vero?« Mamma Carlotta fuhr sich über die Augen. »Und jetzt noch der Vater ...«

»Was ist mit dem Vater?«, fragte die Ärztin.

Erik erklärte ihr, warum er es für wichtig hielt, dass Saskia rund um die Uhr bewacht wurde. »Es kann sein, dass Wolf Andresen versucht, das Kind aus der Klinik zu holen.«

Das Kopfschütteln schien zum Beruf der Kinderärztin zu gehören. »Das ist ausgeschlossen! Es wäre entsetzlich, wenn er es versuchte. Saskia würde einen Transport nicht überleben. Sie reagiert auf jede körperliche und seelische Erschütterung mit Krämpfen und Atemnot. An eine Operation ist zurzeit gar nicht zu denken. Und wenn ich ehrlich sein soll – ich glaube nicht, dass es jemals dazu kommen wird ...«

Ein Schrei schnitt ihr das Wort ab. Die Tür sprang auf, eine Krankenschwester rief ins Zimmer: »Schnell! Kommen Sie, Frau Doktor!« Schon war sie wieder verschwunden, ihre Schritte rasten über den Flur, Türen schlugen, weitere Schritte und wieder das Türenschlagen.

Die Kinderärztin sprang auf. »Sie entschuldigen mich!«

Erik und Mamma Carlotta sahen ratlos auf die Tür, die nicht ganz geschlossen worden war. »Anscheinend ein Notfall«, meinte Erik achselzuckend. Zögernd erhob er sich. »Die Einzelheiten kann ich ja später noch mit der Stationsärztin besprechen. Jedenfalls werde ich jetzt Sören anrufen, damit er Saskias Bewachung organisiert.« Er zog sein Handy aus der Tasche, betrachtete es eine Weile zweifelnd, überlegte, ob das Verbot, im Krankenhaus mit einem Handy zu telefonieren, auch für einen Polizeibeamten im Dienst galt, und kam dann zu dem Schluss, dass die Maßnahme, die er zu treffen hatte, wichtiger war als alles andere.

Gerade hatte er im Adressbuch des Handys Sörens Nummer gefunden, als er hörte, dass jemand »Polizei!« rief. Und wieder: »Polizei! Hilfe!«

Schon stand Erik auf dem Flur und lief der Stimme entgegen. Sie gehörte einer jungen Krankenschwester, die in diesem Augenblick auf den Flur stolperte und hilflos wiederholte: »Polizei!« Und dann ein letztes Mal, kaum noch hörbar: »Hilfe! Polizei!«

Erik griff nach ihren Schultern und schüttelte sie. »Was ist passiert?«

»Das Kind«, schluchzte die junge Schwester. »Die Kleine hat sich fürchterlich erschrocken, als der Mann sich über sie beugte. Sie war schon blau angelaufen, als ich ins Zimmer kam. Sie hat gekeucht und kaum noch sprechen können. Sie hat nur gesagt …« Die Schwester schluchzte nun so heftig, dass sie nicht weitersprechen konnte. »Sie hat gesagt …«

»Böser Wolf?«

Die Schwester riss die Augen auf und starrte ihn an. Dann nickte sie. »Ja, böser Wolf! Der Mann ist übers Balkongeländer geflüchtet. Und Saskia … Sie hat nach Atem gerungen, aber …«

Erik schob sie weg und machte zwei Schritte auf die Tür des Krankenzimmers zu, hinter der kein Wort geredet wurde. Aber der Aufruhr dahinter war trotzdem zu hören. Es dröhnte die Reanimation, die verzweifelten Ärzte keuchten, und schließlich verklang alles in einer gewaltigen Stille.

Als Geräte klapperten, leise Stimmen zu hören waren, Rascheln, Tuscheln, ein paar schwere Schritte – da merkte

Erik, dass Mamma Carlotta an seiner Seite stand. »Alles umsonst«, presste sie hervor. »Alles umsonst.«

Schon bei der nächsten Flut war Andresens Leiche angespült worden. Unterhalb des Weißen Kliffs musste er ins Watt gegangen sein. Vielleicht hatte er noch einmal die Nähe seiner Frau gesucht, als er nach Braderup gefahren war? Jedenfalls fand sich sein Wagen auf dem Parkplatz, auf dem Ulla ihr Leben gelassen hatte.

»Er hat alles getan, um sein Kind zu retten«, sagte Mamma Carlotta leise. »Christa Kern musste sterben und die Mutter seines Kindes auch, um Saskia zu retten, die nicht mehr zu retten war. Welch eine Tragödie!«

Felix und Carolin hatten sie zum Friedhof begleitet, hatten mit ihr zusammen die vertrockneten Blumen von Lucias Grab genommen, die frischen in die Vase gestellt und mit ihr zusammen überlegt, welche Blumen aufs Grab zu pflanzen waren, nachdem der Frühling nun endlich sein blaues Band auch um Sylt geschlungen hatte.

Dann schnappten sich die Kinder ihre Schultaschen und liefen zu ihren Fahrrädern, die vor der Friedhofspforte standen. Mamma Carlotta blickte ihnen lange nach, ehe sie ein paar Blumen aus der Vase zupfte.

»Du wirst das verstehen, cara mia«, murmelte Mamma Carlotta. »Du hast ja früher auch oft drei Nelken aus der Grabvase deines Großvaters genommen und sie in die von Maria Leonardo gesteckt, in der nie Blumen standen. Du erinnerst dich? Die junge Frau, die ein uneheliches Kind bekam und es ertränkte, ehe sie sich selbst umbrachte. Die Familie besuchte nie Marias Grab, auch der Kerl nicht, der für diese Tragödie verantwortlich war.«

Mamma Carlotta wanderte mit dem dünnen Sträußchen zum Ende des Friedhofs, wo sich ein frisches Grab an den Zaun drängte, das aussah, als dürfte es nicht dazugehören.

Kein Blumengebinde lag auf der frischen Erde, kein Kranz, nichts war den Verstorbenen mitgegeben worden auf ihre letzte Reise.

»Niemand hat sie begleitet«, sagte Mamma Carlotta leise. »Keine Menschenseele.«

Es hatte Diskussionen in Wenningstedt gegeben, ob es überhaupt richtig sei, diese drei gemeinsam zu beerdigen. Es waren sogar Stimmen laut geworden, die verlangten, einen Mörder nicht dort beizusetzen, wo anständige Wenningstedter Bürger ihre letzte Ruhe fanden. Aber Andresen stammte nun mal aus Wenningstedt, hatte die Grabstelle vor Jahren gekauft, und an seinem Anspruch, dort mit seiner Familie beerdigt zu werden, gab es nichts zu rütteln. Bevor die Diskussion ausufern konnte, hatte der Pfarrer die Beisetzung durchgeführt, ohne dass jemand etwas davon wusste. Nun also ruhte Wolf Andresen hier, neben ihm seine Frau Ulla und mit ihnen ihre Tochter Saskia, die so jung sterben musste, obwohl ihr Vater alles getan hatte, um sie zu retten.

»Wirklich alles!«, flüsterte Mamma Carlotta. »Aber alles war falsch.«

Sie platzierte ihr Sträußchen in der Mitte des Grabes, faltete die Hände und legte im Himmel ein gutes Wort für Wolf Andresen ein. Er würde es gebrauchen können.

Gerade wollte sie sich abwenden, als sie von hinten auf Italienisch angesprochen wurde. »Buongiorno, Signora! Wie nett, Sie wiederzusehen!«

Mamma Carlotta fuhr herum und starrte den gut aussehenden Herrn an, der sie lächelnd betrachtete. Wo hatte sie ihn schon einmal gesehen? In ihrem Dorf? Nein, unmöglich! Nicht einmal als Tourist hätte er dort hingepasst, elegant, wie er war! Also blieb nur eine Möglichkeit: Diese Bekanntschaft musste etwas mit dem einzigen Abenteuer ihres Lebens zu tun haben.

»Welch eine Freude!« Sie vergaß von einem Augenblick zum anderen die Tragik, die mit dem Ort zusammenhing, an dem sie sich befand. Was gab es Schöneres, als eine Reisebekanntschaft zu erneuern und zu vertiefen? »Sie haben mir während des Fluges gar nicht erzählt, dass Sie auch auf Sylt zu tun haben!«

Carlotta Capellas Sitznachbar verriet mit keiner Silbe, dass er während des Fluges kaum zu Wort gekommen war. »Eigentlich hatte ich auch nicht vor, nach Sylt zu fahren«, antwortete er. »Aber als mein Geschäftstermin in Hamburg erledigt war, las ich in der Zeitung von dem tragischen Schicksal eines alten Bekannten. Nach meinem Abitur bin ich ein halbes Jahr durch Deutschland gezogen, da meine Mutter deutsche Vorfahren hat. Auf Sylt war ich ungefähr vier Wochen. Damals habe ich mit Wolf Andresen ehrenamtlich in der Vogelkoje gearbeitet. Es scheint, als sei ihm in seinem Leben nicht viel geglückt. Man sagte mir, er läge hier begraben ...«

Das waren für die nächsten Stunden die letzten zusammenhängenden Sätze, die er von sich geben durfte. Mamma Carlotta griff aufgeregt nach seinem Arm. »Sie kannten Wolf Andresen? Kommen Sie, ich kann Ihnen eine Menge von ihm erzählen. Stellen Sie sich vor, er wollte auch mich umbringen ...«

Der römische Geschäftsmann warf einen Blick zurück auf das frische Grab, dann verzichtete er auf das stille Angedenken an den alten Freund. Denn Mamma Carlotta kündigte an, ihm die ganze Geschichte in allen Einzelheiten erzählen und ihn anschließend ihrer Familie vorstellen zu wollen.

»Haben Sie schon das Sylter Inselblatt gelesen? Der Hauptkommissar, der dort lobend erwähnt wird, ist mein Schwiegersohn! Er hat ganze Arbeit geleistet. Ich werde Ihnen alles genau erklären. Ich hoffe, Sie haben viel Zeit ...«

Ein Mafioso auf Sylt

*Cover- und Preisänderungen vorbehalten

Gisa Pauly

Tod im Dünengras

Ein Sylt-Krimi

Piper Taschenbuch, 336 Seiten
€ 11,00 [D], € 11,40 [A]*
ISBN 978-3-492-25345-1

Erik Wolfs Spaziergang mit Mamma Carlotta, seiner italienischen Schwiegermutter, ist ganz beschaulich – bis der Kommissar in den Sylter Dünen einen Toten entdeckt. Dann wird auch die Besitzerin einer Boutique ermordet. Erik findet heraus, dass deren Mann kurz zuvor eine Auseinandersetzung mit einem italienischen Schutzgelderpresser hatte. Wenig später wird der Mafioso selbst erschlagen aufgefunden. Ein entfernter Verwandter von Mamma Carlotta! Sofort mischt sie sich in die Ermittlungen ein ...

Leseproben, E-Books und mehr unter www.piper.de